本研究为 2008 年国家社科基金青年项目"清末民初女性犯罪研究(1901—1919)"阶段性成果(项目编号：08CZS011)

FEMALE MISCONDUCT AND
JUDICIAL RESPONSE
An Investigation Based on Judicial Statistics
during the Late Qing Dynasty and Early Republic of China

女性失范与
司法应对

基于清末民初司法统计的考察

艾 晶 著

中国社会科学出版社

图书在版编目（CIP）数据

女性失范与司法应对 ：基于清末民初司法统计的考
察 ／ 艾晶著. -- 北京 ： 中国社会科学出版社，2025.
5. -- ISBN 978-7-5227-4477-3

Ⅰ．D929.5
中国国家版本馆 CIP 数据核字第 2024PM2730 号

出 版 人　赵剑英
责任编辑　耿晓明
责任校对　杨　林
责任印制　李寡寡

出　　　版　中国社会科学出版社
社　　　址　北京鼓楼西大街甲 158 号
邮　　　编　100720
网　　　址　http：//www.csspw.cn
发 行 部　010-84083685
门 市 部　010-84029450
经　　　销　新华书店及其他书店

印　　　刷　北京明恒达印务有限公司
装　　　订　廊坊市广阳区广增装订厂
版　　　次　2025 年 5 月第 1 版
印　　　次　2025 年 5 月第 1 次印刷

开　　　本　710×1000　1/16
印　　　张　14.75
字　　　数　228 千字
定　　　价　75.00 元

目　　录

导　言

一　选题的依据、意义

中国的犯罪学起步较晚，直到 20 世纪二三十年代，才引起了学者们的重视，但当时的多数著作都是翻译介绍外国的一些研究成果。[1] 直到社会学家严景耀的《中国的犯罪问题与社会变迁的关系》[2] 的出现，才开辟了中国犯罪学的新领域。[3] 女性学更是一门新兴的学科，特别是中国的女性学，起步更晚。[4] 且人们多注重女权主义的研究，关注的大都是精英女性的一些活动，如妇女解放、家庭革命、妇女参政等，对下层社会的女性并未给予足够的重视。学者们的研究相当薄弱，对她们日常生活的细节了解并不多。一般都认为，"中国妇女被闲置在家庭和家族之中，她们的抛头露面受到社会风俗和传统道德的限制，尤其是在那些有男人出没的地方。但现有的资料表明，在传统的都市，妇女们特别是下层妇女，实际上在公共场所享受到了相当大的自由。即使是在习惯上男性处于统治地位的领域，妇女们仍然占有一席之地"[5]。然而，到目前为止，史学家们对晚清乃至民国时期大多数妇女的生活状况，仍然关注不多，女性犯罪几乎还是女性学的一

① 参见康树华《犯罪学：历史·现状·未来》，群众出版社 1998 年版，第 353 页；杨再明、秦扬主编《犯罪学》，四川大学出版社 2004 年版，第 33 页。

② 严景耀：《中国的犯罪问题与社会变迁的关系》，吴桢译，北京大学出版社 1986 年版。

③ 参见康树华《犯罪学：历史·现状·未来》，第 354 页。

④ 魏国英主编：《女性学概论》，北京大学出版社 2000 年版，"导言"。

⑤ 王笛：《街头文化：成都公共空间、下层民众与地方政治，1870—1930》，李德瑛、谢继华、邓丽译，中国人民大学出版社 2006 年版，第 127—128 页。

大空白的研究领域。清末民初，女权运动的勃兴使女性的地位有了一定的提高，妇女们逐渐意识到自身的地位和权利，开始走出家门，走向社会；女学的兴起，反缠足运动的大力提倡，女报的创办以及婚姻家庭观念的变迁等，都给了女性一些可以沐浴到的"自由空气"。但处于这一转型时期的部分女性却因为走向社会而步入了犯罪的道路，形成了一个新的社会问题。笔者在翻阅清末民初妇女问题的资料时，发现人们关注较多的是女性的经济问题、教育问题、婚姻家庭问题及女国民等问题。虽然也有人关注过近代女性的法律地位问题，但仅限于女子获得了公民选举权、财产继承权等民事权利方面，唯独没有人重点关注女性犯罪问题。可以说，这一领域目前还处于尚待开拓阶段。

就笔者看来，人们对这一时期的女性犯罪之所以关注甚少，主要原因是女权运动的轰动效应，吸引了学者们的目光；其次，在人们的潜意识里，女性是柔弱的象征，即使她们稍有反抗，一般也只限定在家庭里，不会有重大影响；[1] 同时，女性犯罪本身就具有一定的隐蔽性，再加上有"骑士精神"的男人们的谅解，[2] 使得本来数量相对较少的女性犯罪，一时未能进入研究者的视野。

但是，在中国社会这一特定的转型期，女性犯罪无论是数量还是类型都出现了增长的趋势，呈现出显著不同的特色，具有显而易见的研究价值。并且，研究这一时段的女性犯罪，从中还可以了解当时中国传统习俗、道德观念等方面的演变状况及下层民众的实际生活情况。[3] 正如社会学家严景耀所说："犯罪，一般被看成'病态的'和行为的反常现象，它是对风俗和习惯的背离。对于反常和越轨行为的研究不仅对这些人是重要的，就是对正常的传统习俗和道德观念的了解也是重要的。因为对反常和越轨行为不加研究，想要认识和充分理解所谓'正常'的传统、习惯和道德观念，是不可能的。因此，研

---

① 王奇生：《民国初年的女性犯罪（1914—1936）》，《近代中国妇女史研究》1993年第1期。

② 参见徐久生《德语国家的犯罪学研究》，中国法制出版社1999年版，第238页。

③ 由大量的资料来看，犯罪者多为平民女性。这可能是因为上层社会的女性接受了良好的教育又衣食无忧，而且即使犯罪也会被其家庭利用手中的钱、势来解决，而很少进入司法程序。

究犯罪，对正常习惯的研究是有很大帮助的。"① 笔者十分认同这一见解，正是沿此思路，在查阅该时期大量的刑事案例以及仔细分析犯罪统计资料的基础上，结合该时期的时代和社会背景，进行了本书稿的撰写。

二　学术研究概述

由于犯罪学本身在中国就是一门兴起比较晚的学科，女性犯罪在清末民初更未引起学者们广泛的重视，研究的深度和广度都十分有限。能见到的相关文章仅有民国时期学者周叔昭的《北平一百名女犯研究》《北平女性犯罪与妇女问题》等。两文主要是对 20 世纪 30 年代北平第一监狱的一些调查所进行的研究，所涉及的地域仅为北京地区而且基本上并未谈到清末民初的女性犯罪问题。作者对中国的女性犯罪问题提出了自己独到的见解，指出女性的经济、职业、教育及婚姻等问题是女性犯罪最基本的原因。② 作者特别指出，"虽然民国时期的女权运动兴起，但多数女性仍生活在黑暗之中，因此很多女性因生活的备受压迫而走向了犯罪"③。民国时期著名的社会学家严景耀则于 1928 年和 1930 年带领他的学生对全国的犯罪情况进行了一定的调查研究，并在他的文章《北平女性犯罪之社会分析》及著作《中国的犯罪问题与社会变迁的关系》中论述了一定的女性犯罪。他认为，女性之所以犯罪，是因为社会的失调使得农村女性不得已走向城市，因不能很好地适应城市生活而容易犯罪。过去的农村生活方式在此类女性的心中已根深蒂固，一旦遭遇生活的变故（如遇丈夫死亡或其他危机等），她们便会因失去农村家族的帮助而在城市里无以为生，从而走向犯罪；同时，城市里人与人之间的复杂关系也让生活纯朴的

---

① 严景耀：《中国的犯罪问题与社会变迁的关系》，第 1—2 页。

② 周叔昭曾协助严景耀进行民国时期中国的犯罪调查，担任一部分北平女犯的调查工作并根据该项材料写成《由北平女犯调查所看到的妇女问题》一文，载于《监狱杂志》第 1 卷第 3 期。民国十九年（1930 年）冬，周叔昭用自制之问题表百份，作了较为精细的社会与经济调查，并采用个案分析方法，通过采集犯人之犯罪经过，写就学士论文《北平一百名女犯的研究》发表于《社会学界》第 6 卷，1932 年。

③ 周叔昭：《北平女性犯罪与妇女问题》，《东方杂志》1934 年第 31 卷第 7 号。

农村女性容易轻信他人而致犯罪。① 同一时期的学者张镜予则就此际官方的刑事统计年报进行了一定的分析，但仅捎带提到民初的女性犯罪问题。②

学者王奇生的《民国初年的女性犯罪（1914—1936）》是当代较早关于民初女性犯罪的专论，在写作的方法以及资料的查找方面给予笔者较大的启发。作者主要就民国时期部分年份的统计资料分析了女性犯罪者的年龄、职业、教育和婚姻等情况，认为女性犯罪原因有经济困境而被逼犯罪；教育的缺乏，缺少谋生的能力同时缺乏辨识力而增加犯罪的危险；婚姻不幸福而又离婚无望的情况下被迫选择犯罪等。对女性犯罪者来说，有时犯罪只是她们为谋生或逃避不幸生活的一种不得已而为之的方式。③ 但该文仅是利用当时的一些统计资料对民初女性犯罪进行了一个概说性的描述，并没有对女性犯罪进行全面探讨。

保罗·贝利（Paul Bailey）从社会性别角度出发，阐释了 20 世纪初社会文化变动对女性犯罪的推动；④ 而初伟伟则参照民国时期部分学者的研究，进行了简单的重描。⑤

就地域性的研究来说，主要集中在北平和上海，马静和曹关群利用零散的统计和案例资料概述了 1927—1937 年北平和上海的女性犯罪，前者认为生存困境是女性犯罪的诱因，⑥ 后者则主要以《申报》所载案例为据，阐述了上海的过分都市化、贫困化和男女性别比失调对女性犯罪的影响。⑦ 也有学者结合民国时期上海的部分司法统计、社会调查和女监档案，认为上海女性犯罪以烟毒等经济类犯罪为主，且多为个人不良嗜好或追求经济利益所致。⑧ 另有学者以近代上海奶

---

① 严景耀：《北京犯罪之社会分析》，《社会学界》第 2 卷，1928 年。

② 张镜予：《北京司法部犯罪统计的分析》，《社会学界》第 2 卷，1928 年。

③ 王奇生：《民国初年的女性犯罪（1914—1936）》，《近代中国妇女史研究》1993 年第 1 期。

④ ［英］保罗·贝利：《女子行为不检：二十世纪初中国的犯罪、逾矩与性别》，古伟瀛、蔡岚婷译，《女学杂志》2008 年第 25 期。

⑤ 初伟伟：《北洋军阀统治时期的女性犯罪研究》，硕士学位论文，宁夏大学，2011 年。

⑥ 马静：《1927—1937 年北平女性犯罪研究》，《社会科学家》2013 年第 8 期。

⑦ 曹关群：《民国时期上海女性犯罪问题（1927—1937）》，硕士学位论文，上海师范大学，2006 年。

⑧ 杨庆武、曾贝：《狱、疫与公共卫生：民国时期上海女监的卫生及疫病防治问题研究》，《医疗社会史研究》2020 年第 2 期。

妈和娼妓为研究对象，附带论述了她们的犯罪行为，① 以女性为主体的堕胎罪和婚姻刑事案件的"轻判化"倾向也进入了学者们的阐释视野。②

　　除北京、上海外，孙巧云还以《大公报》为例关注了清末民初天津的下层市民犯罪，其中女性犯罪以虐待罪为主，拐卖和赌博为次，这与当时天津的社会环境及女性的社会化程度有很大关系。③ 而梁津晃则以 1945—1949 年广东新会特殊的经济发展环境为背景，论述了女性犯罪的类型及其"主动性"特征，④ 然因材料所限，没有实例佐证。

　　此外，与清末民初女性犯罪相关的成果尚有少量研究该时期有关妇女的法律及其法律地位问题的著述。笔者见到的只有两篇硕士论文，一篇为广西师范大学张茂梅写于 2001 年的《试论清末民初中国妇女的法律地位（1901—1928）》，一篇为河南大学纪庆芳作于 2000 年的《近代中国女性法律地位的嬗变》。在前一篇中，作者主要分析了清末民初所颁布的关于妇女的一些立法。这些立法都吸收了资本主义国家的立法例规，是整个中国资产阶级民主革命成果的深刻反映，但由于受半殖民地半封建社会制度的影响，立法仍注重维护封建的纲常礼教；在两性的法律界定上，体现了社会转型时期的特色。作者认为经过清末民初的一系列立法，妇女的法律地位有了较大的改善，主要表现在：妇女的人身权有了很大提高；妇女在婚姻中的不平等地位有所纠正；妇女获得了一定的教育权和参政权并取得了一定的就业权。但立法本身也还存在一定的缺陷，如在宪法方面，妇女没有任何政治权利；在刑法方面，仍存在歧视女性现象；在民法方面，仍维护封建礼教和封建的婚姻关系。同时，妇女受教育程度低，就业仍有一

---

① 王书吟：《二十世纪二三十年代上海地区奶妈群体的历史考察》，硕士学位论文，华东师范大学，2013 年；贺萧：《危险的愉悦：20 世纪上海的娼妓问题与现代性》，江苏人民出版社 2003 年版。

② 龙伟：《堕胎非法：民国时期的堕胎罪及其司法实践》，《近代史研究》2012 年第 1 期；倪万英：《二十世纪中期上海婚姻刑案研究：以 1945—1947 年上海部分婚姻刑案为例》，上海人民出版社 2013 年版。

③ 孙巧云：《清末民初天津下层市民犯罪问题研究——以〈大公报〉为中心》，硕士学位论文，福建师范大学，2009 年。

④ 梁津晃：《民国后期新会女性犯罪的法律控制（1945—1949）》，硕士学位论文，中山大学，2009 年。

定的限制；在婚姻家庭中，重男轻女现象严重，社会上妓业和蓄妾之风盛行。因此，从实际上看，妇女的法律地位远没有达到法律所赋予的应有程度。这主要是由于封建专制主义思想根深蒂固、封建传统文化影响太深、立法本身的缺陷及妇女自身地位的低下等因素影响所致。①在后一篇论文中，作者主要从清末政府、民国成立后的历届政府及中国共产党所领导的根据地对女性立法的改变，展现了近代以来女性法律地位的嬗变。论述了中国女性在法律上法人资格得到确立的过程，女性由男性的附庸渐至自由人，由二等国民渐至男女平等的复杂历史过程。同时探讨了女性法制嬗变的轨迹及艰难历程，如晚清的司法改革，女性第一次获得了独立的民事主体资格，经过北洋政府和南京国民政府对女性法律的修订，女性在政治、经济、文化等各个方面的法律地位得到了很大的提高，但仍存在一定的局限性；在中国共产党领导的革命根据地政权才制定男女平等的法律，赋予了女性在经济上、政治上、文化上等各方面与男子平等的权利，成为新民主主义法律的重要组成部分。②但这两篇论文论述的重点都在民法对女权的规定，对刑法中女性的地位则牵涉不多，更未直接研究女性犯罪问题。

总之，迄今为止，单就女性犯罪问题的研究来看，成果不多，很多领域还是空白。因此，清末民初女性犯罪论域还存在很大的拓展空间。

三 概念的界定、解释说明及资料来源、研究方法

在本书中，女性犯罪，主要是指由女性触犯当时法律（主要为刑法）的行为，所以即使个别行为在今天看来应为"非罪"，但在当时却均被定为犯罪。如有些犯罪女性并未参与甚至不知情，但如犯罪事实与之相关，也要承担相应的刑罚。以清末的女性杀人罪为例，即使女性并未参与甚至并不知情，但如因其而起，也要被判处刑罚。特别是有些犯罪虽然法律有严格的规定，但实际生活中女性真正被处刑罚的并不多，

---

① 张茂梅：《试论清末民初中国妇女的法律地位（1901—1928）》，硕士学位论文，广西师范大学，2001年。

② 纪庆芳：《近代中国女性法律地位的嬗变》，硕士学位论文，河南大学，2000年。

如关于女性的奸情，很多时候只要没有发生人命和拐逃事件的，人们出于某种目的的考虑，一般是不会诉诸官府的。再如女性尊长对子代、孙代等的虐待问题，在清末民初也是时有发生，但只要未发生命案，被惩罚者也并不多见。即使发生了命案，也多是罚金了事。另有一些所谓的"罪行"在今天看来是积极的行为，但女性也要由此而承担一定的法律责任。如有些女性出于好心帮助他人外出务工，或帮助女性摆脱不良的婚姻困境等，也有女性自身因婚姻不能自主，出于对爱情的追求而离家出走，或出于维护自身的权益而对不良的婚姻家庭做出反抗，但如未能得到当事人家长的许可，依据法律也要被处以刑罚。另一些在今天看来完全是莫须有的罪名，如不奉养公婆、不听从长辈、辱骂长辈等，只要看不顺眼，就可以以种种理由将无辜女性控上法庭。可见此际女性犯罪的复杂多样性及法律的变迁性。

而从犯罪学的角度看，女性犯罪是指"犯罪主体是女性的犯罪"[1]，但在清末，也有女性并未参与犯罪行为，但如知情或犯罪动机与之相关，也要受到牵连。如在女性的奸情杀人罪中，即使当事女性不知情，也要承担相应的罪责。另在清末修律（1906）之前，民刑不分，有些发生在女性身上的民事纠纷，也被纳入犯罪案件之列。但就整个清末而言，女性因为民事案件被处罚的并不多，由此本书对此不论，而主要探讨清末民初有关女性的刑事案件。

从相关文献来看，由于所处的时代及地域不同，政府对女性犯罪的定义、规定及特点也会呈现出不同的特色。首先，这一时期面临急剧的变革，特别是法律方面，变化尤多。因此本书的研究限定在清末民初（1901—1919）的女性犯罪，清末的司法改革以及民初北洋政府对其成果的继承和发展，使得本书具有一定的历时性思考；其次，女性群类十分复杂，不可能逐一加以研究。本书对边疆少数民族地区的女性犯罪，皇族宗室、旗人犯罪等的特殊规定不拟特别区分阐述，于女性的特殊身份如妾、婢女等，也因法律的变革和女性社会地位、身份的变化而未予特别关注，而是将其穿插在各章节中就其相关内容进行论述；[2] 最后，上海等地方的租借地，实行的法律也和当时中国

---

[1]　王劲滨：《论女性犯罪》，硕士学位论文，中国政法大学，2004年，第3页。
[2]　由于清末的法律变革及清朝的灭亡，这些人已渐趋于普通人，因此也没有单独列出。

大部分的地区不太一样，本书也未给予详尽的区分。而主要考察占人口大多数的汉族地区，即各直省地区的女性犯罪问题。同时，女性犯罪会因时代和国别而有所不同，但有一点是共同的，这就是随着工业化的发展，女性的解放，以及妇女参与社会活动的增多，女性犯罪呈增加的趋势。美国犯罪学家萨瑟兰也曾指出，女性的犯罪随着女性走向社会的同时而增加。俄国学者阿·伊·道尔戈娃则认为："对女性犯罪进行犯罪学评价的特点，在很大程度上是由女性生活方式的特征、她们的活动、社会立场和角色的特殊性决定的。同时这种犯罪自然也反映犯罪及其变化的一般规律性。"[1] 因此，在清末民初这样的大变动时期，女性犯罪是世界性的问题，对之进行研究具有特别的意义。

本书对清末民初女性犯罪问题的研究是以大量的第一手资料为依据的，这些资料包括档案、报纸、杂志及相关典籍文献等。例如，关于清代的女性犯罪，尤其是死刑案一般都要送刑法部审核，因此在清代的刑法部档案中存有大量女性死刑案卷宗。而民国时期，由于司法制度的发展，对于各种司法活动几乎都进行了统计，因而有丰富的关于该时期女性犯罪的统计记录。笔者对上述资料中的刑事案件包括人命、强盗、窃盗、犯奸、略人等[2]案例作了系统的收集、整理。

首先，笔者依据清末民初司法部门对全国犯罪情况的统计资料进行了整理，从中抽取了女性犯罪的资料。司法部门的犯罪统计资料包括清末法部于光绪三十四年（1908）、宣统元年（1909）统计，由京华书局出版发行的《法部第二次统计》和《法部第三次统计》；大理院宣统二年（1910）的《大理院·直隶州统计表》、宣统三年（1911）《大理院·河南省统计表》和光绪三十三年（1907）、光绪三十四年（1908）、宣统元年（1909）的《大理院看守所统计表》（均为线装本）及民国初年（1914—1919）司法部所进行的六次统计。这六次的刑事统计分别为：1914 年司法部第一次统计；1915 年司法部第二次统计；1916 年司法部第三次统计；1917 年司法部第四次统

---

① ［俄］阿·伊·道尔戈娃主编：《犯罪学》，赵可等译，群众出版社 2000 年版，第 351、633 页。

② 瞿同祖：《清代地方政府》，范忠信、晏锋译，法律出版社 2003 年版，第 197 页。

计；1918年司法部第五次统计；1919年司法部第六次统计，均为司法部总务科第五厅编纂并发行。笔者对上述资料中的几千份统计表进行了梳理，从中整理出女性犯罪的相关数据，并对之进行了分类，绘制成图表。将各年的女性犯罪情况进行对比分析，并与同期的男性犯罪进行了比较，以期揭示当时女性犯罪的整体特征。

其次，对大量的案例资料进行了归类分析。有关清末民初女性犯罪的案例资料浩繁，主要见于此际的大量档案之中。如中国第一历史档案馆的刑法部档案、中国第二历史档案馆的司法部、大理院及京师高等审判厅档案。此外，各个地方的档案馆如上海市档案馆、辽宁省档案馆、四川省档案馆等都存有一定数量的女性犯罪案例。当时的报刊如《申报》《大公报》《司法公报》《法学月刊》等，也登载有大量的女性犯罪案。该时期出版的案例汇编如《刑部比照加减成案续编》《大理院判例要旨汇览》及各省审判厅的案例判词等，其中关于女性犯罪的资料，亦相当可观。笔者均对之进行了认真的审阅，并分析、归类，力图透过案例再现此际女性犯罪的真实状况。

最后，对这一时期的法律法规、法令以及不少地方的乡约等进行了详细的考察，从中提炼出关于女性犯罪的相关规定。如其时的《大清律例》《大清现行刑律》《大清新刑律》《暂行新刑律》及司法部、大理院相关的解释例等，笔者都作了明细的对比，找出不同之处，分析变化的原因，以期从法制角度获取对当时女性犯罪的深度认知。

因此，本书主要以实证的办法对女性犯罪问题进行研究，并综合运用了社会学、法律学、犯罪学、统计学、女性学等多学科的方法，力求真实地再现清末民初的女性犯罪情况。从历史学及女性学的角度探讨这一特定历史时期法律的运作及对社会的影响，是一个难度大而且尚欠开发的研究领域。本书只能说是一个极为粗浅的尝试，其中错漏之处，一定很多，诚恳地希望各位学者前辈给予批评指正。

第一章　清末以前女性犯罪概述

第一节　清以前女性犯罪概说——基于现存典籍的一种考察

清以前，关于女性犯罪的资料很少。在中国封建社会，女性深受"三从四德"等传统观念的束缚，生活主要依赖男性，即使她们有所反抗，也主要是和家庭成员产生矛盾冲突。只有犯了情节严重的罪案，如"三谋"（谋反、谋逆、谋叛）、人命或盗匪案时，才会依据国家的法律予以处置。因此女性犯罪的种类及数量和男性比起来，显得有些"微不足道"，其主要原因似乎与传统社会对女性的严厉禁锢有关。在家庭中女性没有任何地位，各个朝代对女性的身心进行了不同程度的严格限制，如《女书》《女诫》等规范女性的"教科书"及"三从四德""从一而终"等观念更是深入人心，特别是宋代理学形成以后，理学家们以"穷天理，灭人欲"作为理想的道德原则，对女子的贞节看得比以往任何时候都要重。他们把男尊女卑、"三从四德"等提到"天理""自然"的高度，只准丈夫出妻休妻，不准妻子要求离婚。自此之后，夫死守节几乎成为女性应尽的义务。守节的妇女不但要守贞，就连皮肤手臂也不能为男子所触碰。到了元代，特别是明清两代，守节之风更是到了无以复加的地步，程朱的贞节观开始成为天经地义、无可更改的教条，再加上统治者对守节妇女的褒扬奖励，由此这一时期"守贞、殉节的女性人数急剧增长"①。这些都使

---

① 林吉玲：《20世纪中国女性发展史论》，山东人民出版社2001年版，第5、16页。

得女性的行为被严格地限制在一定的规范之内，规规矩矩地扮演好"贤妻良母"的角色。在这种禁锢的社会氛围下，女性犯罪的机会相应较少，即使有所过失，也会在家庭内部得到解决。

但这种"少"似乎只是相对于男性而言，在漫长的历史时期，就女性犯罪的绝对数量而言是惊人的，而且犯罪的类型也复杂多样。由于年代的久远，关于古代女性犯罪的第一手资料已不易得，但从大量的古文典籍中依然可以找到不少相关的记载，笔者在阅读了数量颇丰的古文典籍之后，对于古代女性犯罪的种类、惩戒和宽宥三个方面作一粗略的梳理，以期对于古代的女性犯罪状况有一粗浅的认知。

一　女性犯罪的主要类型：奸非、杀人

在古代社会，奸非罪即性犯罪，指男女之间无婚姻关系，而非法交合所构成之犯罪，如和奸（又名通奸）、强奸等。① 对女性来说，主要为和奸，即"男女情愿和同私奸也"。明代又有刁奸之说，谓"奸妇听从奸夫刁引，出外通奸"②。从史籍考察，春秋时之非婚交合，以下淫上曰"蒸"、姘居曰"宿"，犹不时而有，且非婚生子女，亦公开于世，尚未成立奸非之罪，最多只是伦理道德所不许而已。战国时李悝制定《法经》之《杂律》规定"妻有外夫，则宫，曰淫禁"，这可以看作中国历史上"最早的对女性性犯罪的规定"③。女性性犯罪的产生似乎与对女性过度的性禁锢有较大的关系，中国古代社会对女性的性行为控制得非常严格，使得她们的性生活长期处于一种压抑的状态之中，但"饮食男女，人之大欲存焉"，有时便会产生强烈的反弹。另外在中国的古代社会，女性被严格地限制在家庭中，接触外界的机会不是很多，生活上多依赖丈夫，因此犯其他类罪行的机会很少，这种情况下性犯罪成为女性犯罪的突出类型也就不足为怪了。

就整个古代社会来说，人们对女性的贞节控制较为严格，因而对女性犯奸罪的惩处也相当严厉。如《睡虎地秦墓竹简·封诊式》中

---

① 瞿同祖：《中国法律与中国社会》，上海书店 1947 年影印版，第 38 页。
② （明）雷梦麟撰：《读律琐言》，怀效锋、李俊点校，法律出版社 2000 年版，第 447 页。
③ 刘宁元主编：《中国女性史类编》，北京师范大学出版社 1999 年版，第 158 页。

有一件举告通奸的案件，"某里士五（伍）甲指男子乙，女子丙，告曰：'乙、丙相与奸，白昼见某所，捕校上来诣之'"。意为某里士伍甲，送来男子乙，女子丙，举告说："乙、丙通奸，昨天白昼在某处被发现，将两人捕获并加以禁戒。"① 秦国的商鞅也提出了一套系统的"法治"理论，以为"去奸之本，莫甚于严罚"，"禁奸止过，莫若重刑"②。因此一般情况下，女性的奸情一旦被曝光，便会被科以严刑峻法。有确凿史料可以为据的，首推《秦律》有将通奸男女捉到宫里，加以木械和对同父异母的兄弟姐妹之间的乱伦行为弃市斩的案例；③ 另汉律规定，丈夫与人通奸，处徒刑三年，而妻子与人通奸则处死刑；④ 在北魏则有"男女不以社交皆死"的严酷刑罚；⑤ 唐律《杂律》第二十二"奸"条则规定："诸奸者，徒一年半；有夫者，徒二年。"《杂律》第二十六"奴奸良人"条规定："其部曲及奴，奸主及主之期亲，若期亲之妻者，绞，妇人减一等；强者，斩。"⑥ 唐律在通奸的处置上有以下几个显著特点：（一）苛求有夫之妇，律文规定有夫之妇通奸的要在男女各徒一年半的基础上罪加一等，"有夫者，徒二年"。而有妇之夫与人通奸，法律上则没有加重之规定；（二）特别重处通奸之女道士，女道士（即女官、女冠）与人通奸，要在徒一年半的基础上加重二等。《杂律》（总第 415 条）疏文说："假有俗人，媒合奸女官，男子徒一年半，女官徒二年半，与女道士通奸之男方并不加重处罚"；（三）处罚撮合通奸人，唐律对通奸双方处罚的同时，也以减一等的规定来惩罚撮合通奸的"媒合奸通者"。法律规定："其媒合奸通者，减奸者罪一等。"疏文说："假如和奸者徒一年半，媒合者徒一年之类。"撮合普通人与女冠（女道士）通奸的，女道士要重处，徒二年半，撮合者也从二年半减一等处二年徒刑。唐律中规定的"媒合奸通"罪与后来法律中的引诱、容留妇女卖淫罪不同，它在主观上并不必须以营利取得财物为构

---

① 李交发：《中国诉讼法史》，中国检察出版社 2002 年版，第 38 页。
② 万安中主编：《中国监狱史》，中国政法大学出版社 2003 年版，第 23 页。
③ 高绍先：《中国刑法史精要》，法律出版社 2001 年版，第 347 页。
④ 睡虎地秦墓竹简整理小组编：《睡虎地秦墓竹简》，文物出版社 1978 年版，第 185 页。
⑤ 方川：《媒妁史》，广西民族出版社 2000 年版，第 58—59 页。
⑥ 高绍先：《中国刑法史精要》，第 346 页。

成要件，只要撮合他人通奸就要处罚。① 五代后晋的法律更是规定通奸者，男女都处死。②《宋律》同《唐律》，在宋代，甚至出现了对犯奸女性长期监禁的案例。据记载，宋仁宗末年，凤翔县有一女子与人和奸怀孕竟被关押经年（在宋，和奸徒一年半至二），后来还是因遇赦而得以出狱。③ 同时《明律》规定："凡和奸，杖八十；有夫，杖九十。""其和奸者，男女同罪。奸妇从夫嫁卖，其夫愿留者，听。若卖与奸夫者，奸夫、本夫各杖八十，妇人离异归宗。"④ 而且一旦有上述行为发生，除了国家法律会给予一定的制裁外，丈夫一般也很难容忍，往往将妻休弃回家或将其出卖，有的甚至将之处死。

在古代社会，也有些女性的奸情是被家人怂恿或受他人引诱而发生的。如在宋代，穷人家为了周转的需要让"贴夫"（家人得钱）留宿，和尚通常最可能成为在寺庙附近的穷人家的"贴夫"（奸夫），而且有时客人也可能引诱主人的妻子或妾。同时法律规定只有丈夫提出指控的奸情案才会被受理，女性即使被人强奸或被家人逼勒与人通奸，自己也无控告权，有的还要因此而被处刑。⑤

虽然古代的法律对女性的犯奸案有相应的惩治规定，但从目前的典籍来看，一般情况下，女性犯奸很少依国家法律来解决。这是因为女性的奸情都很隐秘，被发现的概率不是很大；另外，家族或家庭里面的人特别是丈夫也会觉得是一件非常丢脸的事，往往会在家庭内部给予一定的严惩而很少诉诸法律。只有那些伤及人身的奸情案件，国家才会过问。如宋代一女子便因与丈夫的养子通奸，逼得丈夫悬梁自尽被处罚。⑥ 在当时的社会条件下，一旦奸情被发现，其后果还是难以让人承担的，部分通奸女性便为此而不惜一切代价地杀死对己身奸情有威胁的人（一般是自己的丈夫）。如东汉时，扬州棱阳县一妇人

---

① （唐）长孙无忌等撰：《唐律疏议》卷26，刘俊文点校，中华书局1983年版，第495页。

② 方川：《媒妁史》，第58—59页。

③ 郭成伟主编：《官箴书点评与官箴文化研究》，中国法制出版社2005年版，第476页。

④ 怀效锋：《大明律》，法律出版社1999年版，第197页。

⑤ ［美］伊沛霞：《内闱：宋代的婚姻和妇女生活》，胡志宏译，江苏人民出版社2004年版，第251—253页。

⑥ 《纵奸诬叔》，（清）周尔吉编：《历朝折狱纂要》卷1，全国图书馆文献缩微复制中心1993年版，第1页。

便因奸而将其夫杀害；① 宋朝一妇人也因担心奸情被发现而将夫杀死后投诸井中。② 就典籍中所载的大部分奸情案来说，通奸女性都是因为被本夫告诉或发生了命案，才受到国家法律的惩处。

除了犯奸罪之外，典籍中还记载了大量的女性杀人案。女性除了上述所说的因奸杀人外，有时也会由于其他原因而去杀人。③ 如1086年北宋年间便发生了一件轰动一时的登州阿云杀夫案，案中阿云仅仅因为丈夫面目丑陋让她觉得很讨厌便用刀欲将之砍死。④ 另明代有一王氏性格泼悍，竟一次性杖杀使女十余人；⑤ 其时还有一程氏，居然把婢女杖杀后，将其尸体解剖放入木匣中。⑥ 还有的是为亲人复仇而手刃仇人，如东汉最著名的179年发生的酒泉赵娥为父复仇案便是一件很典型的成案，不过此种杀人情由因被人们视为"义举"而很快得到了宽宥。⑦

由上述案例可以看出女性杀人的手段亦不乏残忍而且隐蔽的一面，因难以察觉，加之当时缺乏有效的侦查手段，很多案件便往往靠审判者凭直觉来断案。如春秋时郑国的子产因听见一个妇人的哭声"不哀而惧"，由此推断该妇人有奸情，并因此杀害其夫。⑧ 另东汉时的庄遵在巡行途中，也是因为听到一个妇人的哭声是"惧而不哀"，从而查出了该妇人杀夫的残忍之举。⑨ 后代以听妇人哭声而破获谋杀亲夫案件的还有唐代的杨晃、宋代的咏等。如张镇蜀时，过一个巷

---

① 《润州命案》，（清）周尔吉编：《历朝折狱纂要》卷1，第13页。

② 郭建：《古代法官面面观》，上海古籍出版社1993年版，第89页。

③ 在中国古代，犯罪女性只要有杀人动机，一般情况下便会以杀人罪论处。而且有时即使女性未参与杀人行为，但与之有关，也要被处刑罚。因自杀而发生的命案，相关当事人亦要承担罪责。

④ （清）沈家本：《寄簃文存》，商务印书馆2017年版，第134—139页。

⑤ 《礼部致仕左倍郎杨宣以罪下狱》，《宪宗实录·成化二十三年夏四月癸酉》卷289，李国祥、杨昶主编：《明实录类纂·妇女史料卷》，武汉出版社1993年版，第754页。

⑥ 《武宗实录·正德八年九月》卷104，李国祥、杨昶主编：《明实录类纂·妇女史料卷》，第777页。

⑦ （晋）陈寿撰：《三国志》（魏书二），（宋）裴松之注，中华书局1982年版，第548—549页。

⑧ 《察奸·子产》，（宋）郑克撰：《折狱龟鉴》卷5，中华书局1983年版，第69页。

⑨ （宋）宋慈：《洗冤集录校译》，杨奉琨校注，群众出版社1980年版，第21页；（宋）郑克编著：《折狱龟鉴选》，杨奉琨选译，群众出版社1981年版，第9页。

子，闻妇人哭声"惧而不哀"，便上前询问，妇人说其夫暴卒，于是付吏究治。"吏往熟视，略不见其要害"，于是教吏搜顶发，果有大钉陷其脑中，进而侦破了一起杀人案件①。也有的通过实验的方法来断案，如三国时东吴有个妇女杀死丈夫后，又放火焚烧房屋破坏现场，声称其夫是被火烧死的。审判官便用猪做试验，查看猪口，先杀死的猪口内无灰，烧死的猪口内有灰。再开棺验尸，发现死者口中没有炭灰，妇人谎言不攻自破，只好承认杀夫罪行。②靠审判官的直觉来断案，很多时候确实存在一定的不准确性，再加上严刑逼供，可能女性因此而被冤屈的不在少数。特别是在当时，形成了这样一个不成文的规矩，即家庭中的男子（主要为丈夫）一旦遇害，人们首先怀疑的便是家庭中的女性（主要为妻子），这种无形的强大压力让很多女性不堪承受但又无可奈何。

从古代典籍来看，清以前女性犯罪的类型似乎偏少，多集中在奸情和杀人两类。其主要原因，除了古代女性接触社会的机会不多之外，女性非人命案的罪行，多数是通过调节或收赎的方式解决，也是一个主要的原因。此外，即使女性真的犯了其他罪行，一般也是对相关的男性进行重惩，这些原因都可能导致典籍不载或少载。如《新元史·刑法志》记载武宗至大二年（1309）武昌的一位妇女刘氏上诉御史台，称与她有来往的三宝奴夺走了她进献给朝廷的一个宋代玉玺、一把金椅子和两颗夜明珠。当时为刘氏写诉状的是"书状人"乔瑜，牵线人是尹荣，受状子人是官吏李节。案件经审理后，认定刘氏是诬告。结果，皇帝下旨，判决李节处笞刑，刘氏和尹荣处杖刑，而乔瑜是斩首。③ 此案中乔瑜仅仅因为替人写状纸便被处以斩刑，可见其时统治者对协助女性打官司的男性特别是书状人的厌恶程度。古代女性由于智识及生活范围有限等原因，一般来说触犯法律的机会也不是很多。虽然如此，但统治者还是对女性犯罪特别是奸非罪加强了控制，同时因考虑到女性自身的生理特点而规定了与男性不同的刑具及刑罚。

---

① 《察奸·子产》，（宋）郑克撰：《折狱龟鉴》卷5，第69页。

② 《句章奇案》，（清）周尔吉编：《历朝折狱纂要》卷1，第17页。

③ 何勤华：《历代刑法志与中国传统法律文化》，何勤华《法律文化史谭》，商务印书馆2004年版，第59页。

二　对女犯专用的刑具及刑罚

虽然有的女性因各种原因触犯了当时的法律，但由于其自身的生理特点及本身的社会角色与男性的不同，而在具体的刑名和刑具上也体现出了一定的特殊性。在古代的中国，对女性来说最重要的就是贞操问题，因此历代统治者都对犯奸女性进行了几近惨无人道的惩罚，其中最典型便为宫刑。[①] 最开始所谓的宫刑，对女性来说为幽闭刑，据说起源于周朝，[②] 属于长期幽禁，使其不能触及男人。宫刑在汉代对女子采取的依然是一种拘禁的办法，而非肉体残害。[③] 到了明朝，朱元璋下令改幽禁为幽闭，"幽闭"可说是明朝发明的一种专门对付女人与男人通奸的刑，这是一种相当残酷的肉体刑罚[④]。明朝天启四年（1624），有女子李玉英因继母诬其与人通奸被捕入狱，锦衣卫便对她实行了野蛮的幽闭刑。[⑤]

同时，中国古代对犯奸女性惩罚时所用的笞杖刑，也对女性充满了侮辱。笞刑，是指用小荆条或小竹板抽打臀部、腿或背部的刑罚。杖刑，是指用大荆条、木板或棍棒敲打臀部、腿或背部的刑罚。二者性质相同，轻重有别。一些朝代规定笞杖之刑是杖臀，即打屁股。宋、元两代都有"去衣受杖"的规定，明代沿袭旧制，规定妇女犯奸罪必须脱了裤子裸体受杖。这对妇女来说，不仅是残酷的皮肉之苦，也是难堪的精神之辱。受封建伦理道德的约束和影响，女性对杖臀的羞辱反应十分强烈，以致有些妇女受刑后自杀。[⑥] 除了对犯奸女性的残酷甚至极尽羞辱之能事的惩罚外，古代法律也对一般的女性犯罪者实施了特殊的惩罚措施，如当时的"拶指"便是典型的专门针对女性的刑罚。

拶指，也叫拶子或拶夹，是一种专门夹手指的刑具，多用于拷讯

---

① 杨子鳄编著：《旧中国九大监狱秘录》，中国人事出版社1996年版，第9页。

② 《尚书·刑德放》，（宋）李昉等：《太平御览》卷648，中华书局1960年版，第2899页。

③ 张涛：《列女传译注》，山东大学出版社1990年版，第227页。

④ 宁汉林、魏克家：《中国刑法简史》，中国检察出版社1997年版，第216页。

⑤ 杨子鳄编著：《旧中国九大监狱秘录》，第9页。

⑥ 杨玉奎：《古代刑具史话》，第124页。

女性。由五根圆木组成，各长七寸，径围各四分五厘，用绳子穿连小圆木套入手指，用力收紧绳子圆木就会紧夹手指，使人痛苦不堪。这种刑具产生于隋唐以后，在明清两代被公开广泛使用。许多女子因为忍受不了拶指的折磨而被迫屈招，甚至含冤自杀。①

　　此外，历代统治者也根据具体的情况，考虑到女性特殊的生理特点而采取了不同的处罚方法。如复作便为秦汉对犯轻罪的妇女所判处的一种徒刑，② 这类女犯不戴刑具，不穿罪衣，而只在官府服一年的劳役。"复作者，女徒也。谓轻罪，男子守边一岁，女子软弱不任守，复令作于官，亦一岁，故谓之复作徒也。"有时人孟康曰："复音服，谓弛刑徒也，有赦令诏书去其钳釱赭衣。更犯事，不从徒加，与民为例，故当复为官作，满其本罪年月日，律名为复作也"③，这相当于是对女性的比较宽免的一种惩罚方式。秦汉时还有一种专门用于女性的徒刑为如司寇，《汉旧仪》中说："寇：男守备；女为作，如司寇，皆作二岁。"④《后汉书·张皓传·注》有："司寇，二岁刑也。""为令男犯戍守边防，女不任远，故入官罚作。"同时，《刑法志》中补充说："男子为隶臣，女子为隶妾。鬼薪白粲满一岁为隶臣，隶臣一岁免为庶人，隶妾亦然也。隶臣妾满二岁，为司寇。司寇一岁，及作如司寇二岁，皆免为庶人。"⑤ 文中所提到的白粲和隶妾也为女子专用的刑罚，白粲为战国、秦、汉时对于女犯所施的一种徒刑，刑期三年。⑥《汉旧仪》载："秦制：鬼薪者，男当为祠祀鬼神，伐山之薪蒸也；女为白粲者，以为祠祀择米也，皆作三岁。"⑦《汉书·惠帝纪·注》中有："坐择米正百为白粲，（与鬼薪）皆作三岁刑也。"也就是

---

　　① 杨玉奎：《古代刑具史话》，第 162 页。
　　② 罚作、复作作为一种刑名也是始于秦代。《汉旧仪》载："秦制：男为戍罚作，女为复作，皆一到三月。"（清）孙星衍等辑：《汉官六种》，周天游点校，中华书局 1990 年版，第 85 页。即在秦代，戍罚作和复作已用来指不同性别的一岁刑徒。汉承秦制，只不过改秦之"戍罚作"为"罚作"也。如《汉书·文帝纪》元年注苏林曰："一岁为罚作。"《文帝纪》，（汉）班固撰：《汉书》卷 4，中华书局 1962 年版，第 114 页。
　　③ 《宣帝纪》，（汉）班固撰：《汉书》卷 8，第 235 页。
　　④ （清）孙星衍等辑：《汉官六种》，第 85 页。
　　⑤ 《刑法志》第 3，（汉）班固撰：《汉书》卷 23，第 1099 页。
　　⑥ 鬼薪白粲作为一种刑名，也始于秦代。《史记·始皇本纪》曰："及其舍人，轻者为鬼薪。"《秦始皇本纪》，（汉）司马迁：《史记》卷 6，中华书局 1959 年版，第 227 页。
　　⑦ （清）孙星衍等辑：《汉官六种》，第 85 页。

说，在秦代，同为三岁刑，男徒名鬼薪，任务是给宗庙取薪；女徒名白粲，任务是为宗庙祭祀择米。汉承秦制，仍有鬼薪与白粲男女刑徒之分。① 隶妾，在秦汉之前指地位低微之女子，② 秦汉时期，隶臣妾则被用来指刑徒，③ 即本人犯罪罚服劳役的徒刑，实为终身的奴婢。④ 如《睡虎地秦墓竹简·军爵》载："欲归爵二级以免亲父母为隶臣妾者一人，及隶臣斩首为公士，谒归公士而免故妻隶妾一人者，许之，免以为庶人。"⑤《二年律令·贼律》载："毁封，以它完封印印之，耐为隶臣妾"；"斗殴变人，耐为隶臣妾"；"殴兄、姊及亲父母之同产，耐为隶臣妾"⑥。同时，作为与男性对应的刑罚，秦汉时还有舂，即舂米。⑦《周礼·秋官·司厉》载："奴，男子入于罪隶，女子入于舂稿。"秦汉沿袭，以"舂"为特用于女犯之刑名，与男犯之"城旦"为同刑期的徒刑。《汉旧仪》中说："秦制，有罪名尽其刑。凡有罪，男髡钳为城旦，城旦者，治城也；女为舂，治米也。皆作五岁，完四岁。"⑧《后汉书》则进一步解释说："舂者，妇人犯罪，不任军役之事，但令舂以食徒者。完城旦舂至司寇作三匹。完者，谓不加髡钳而筑城也。次鬼薪、白粲，次隶臣妾，次司寇作。"⑨ 北齐时甚至为六岁刑。⑩ 汉朝还有一种特别关照女性的以钱代刑的赎罪方法即顾山，这实为汉代女徒犯的赎刑。《平帝纪》中载，"天下女徒已

---

① 翟麦玲、张荣芳：《论秦汉法律的性别特征》，《秦文化论丛》第 12 辑，三秦出版社 2005 年版，第 4 页。

② 如《左传》僖公十七年传载："男为人臣，女为人妾，故名男曰圉，女曰妾。（杜氏注，圉，养马者，不聘曰妾）。"（晋）杜预注，（唐）孔颖达疏：《春秋左传正义》卷14，《十三经注疏本》，中华书局 1980 年影印版，第 1809 页。

③ （清）沈家本撰：《历代刑法考》，邓经元、骈宇骞点校，中华书局 1985 年版，第297 页。

④ 刘宁元主编：《中国女性史类编》，第 165 页。

⑤ 睡虎地秦墓竹简整理小组编：《睡虎地秦墓竹简》，文物出版社 1978 年版，第 93 页。

⑥ 汉墓整理小组编：《张家山汉墓简牍》，文物出版社 2001 年版，第 136、138、140 页。

⑦ 舂最早是一种劳役名。《周礼·地官·司徒》载："舂人，奄二人，女舂扰二人，奚五人。（郑氏注：女舂扰，女奴能舂与扰者。扰，抒白也。）"《地官·司徒》，（汉）郑玄注，（唐）贾公彦疏：《周礼注疏》卷 90，《十三经注疏本》，中华书局 1980 年影印版，第 700 页。

⑧ （清）孙星衍等辑：《汉官六种》，第 85 页。

⑨ 《显宗孝明帝纪》第 2，（南朝宋）范晔撰：《后汉书》卷 2，（唐）李贤等注，中华书局 1965 年版，第 98 页。

⑩ 刘宁元主编：《中国女性史类编》，第 166 页。

论，归家，顾山钱月三百。如淳曰：'已论者，罪已定也。令甲，女子犯罪，作如徒六月，顾山遣归。说以为当于山伐木，听使入钱顾功直，故谓之顾山。'应劭曰：'旧刑鬼薪，取薪于山以给宗庙，今使女徒出钱顾薪，故曰顾山也。'师古曰：'如说近之。谓女徒论罪已定，并放归家，不亲役之，但令一月出钱三百，以顾人也。为此恩者，所以行太皇太后之德，施惠政于妇人'"①。顾山虽是对女性刑徒的一种优待，但只针对论罪以后认真服刑的女徒，论罪以后仍有犯事者则不可享受。《后汉书·桓谭传》载："今宜申明旧令，若已伏官诛而私相伤杀者，虽一身逃亡，皆徙家属于边，其相伤者，常加二等，不得顾山赎罪。"②

对于囚徒的劳作，秦律规定，凡囚犯"高五尺二寸"（约合今1.2米）的，都必须劳作。至于囚犯的工作额度，《秦简·工人程》记载，"隶臣、下吏、城旦和工匠等在冬季服役的，得放宽其工作量，三天上交相当于夏天两天的产品"；又规定"做杂活的隶妾，两人相当于工匠一人，一部分时间为官府服役的隶妾四人相当于工匠一人。如果隶妾和一般女子刺绣的，女子一人以相当于男子一人计算"。关于囚犯的生活，《司空》载："囚徒，居官府之食者，男子叁，女子驷"，意为男子每餐三分之一斗，女子每餐四分之一斗。《金布律》规定："小（指女子不满六尺二寸，即今1.4米）冬季四十四钱，夏季三十三钱，隶臣妾属于老、小，不能自备衣服的，按春的标准发给衣服。"③

对于古代的女性来说，除了上述由自己实施的犯罪而必须承担一定的法律责任外，有时还会因为家族中其他成员犯罪而受到牵连。春秋时秦有族诛缘坐④法，所谓三族之罪，指父族、母族、妻族。汉代从坐之律，凡同产者皆诛。⑤ 后来，对女性相应地进行了一定的"照

---

① 《平帝纪》第12，《汉书》卷12，第351页。

② 《桓谭传》，（宋）范晔撰：《后汉书》卷28，第958页。

③ 程维荣：《中国审判制度史》，上海教育出版社2001年版，第58页。

④ 所谓缘坐，就广义而言，又"连坐"，或称"从坐""相坐""随坐"，是中国旧时因一人犯法而使一定关系的人（如亲属、邻里或主管者等）连带受刑的制度；狭义的缘坐则仅牵连亲属。参见《辞海》"连坐"条，中华书局1999年版，第2819页。

⑤ 罗苏文：《女性与近代中国社会》，上海人民出版社1996年版，第19—25页。

顾"。那些犯了满门抄斩大罪家族中的妇女往往可以免死，主要"没为娼和配"，被没收分配到宫廷府邸中去，供淫乐，供役使。① 这对于后世的刑罚制度有明显的影响，自此以至后世的官妓中，这种没官女子占了一定的比重。② 如明成祖时代就把犯人家中的女眷：母亲、妻子、姊妹及外甥媳妇，一起罚到教坊司当官妓，实行残酷的"转营"，即轮流送到军营中去，一个女子每一日要受二十个男子的凌辱，有被摧残至死的，皇帝就下圣谕道："抬出门去，着狗吃了，钦此。"这些妇女免死以供淫，淫之又即以杀之，不用多久，仍难逃一死。③ 配，为历史上曾专用于女性的特殊刑罚，具体为强制婚配。《汉书·李陵传》说："群盗妻子徙边者，随军为卒妻。"《梁律》规定："其劫道者，妻子补兵或配军士"，所言亦为一种缘坐。④ 可见其时统治者对触犯刑律者的苛严，甚至连无辜的妇女也不放过。但另外，历朝历代的统治者出于对女性生理特点和家庭、社会角色的考虑，有时又会对犯罪的女性给予一定的宽宥，以示"仁政"。

三 对女犯的赦宥

赦宥制度是对禁囚予以减刑或免罪的制度。封建统治者为了标榜"仁政"，每遇皇帝登基或其他大庆、灾荒之日，对全国禁囚进行大赦活动，以施善于天下，悯囚恤刑（谨慎使用刑罚），以获取"圣明君主"之美名。"纵囚归家约期还"也是悯囚制度的内容之一。主要是对病囚、女囚、轻罪等犯人而言。⑤ 由上述可知，大部分时候，中国传统社会的刑罚对妇女是"从轻"的，不少对妇女的"宽宥"又都是从"妇人无刑"的观念中递演而出。⑥ 所谓"妇人无刑"意指妇

---

① 张晋藩主编：《中国法制史研究综述》，中国人民公安大学出版社 1990 年版，第 200 页。

② 刘宁元主编：《中国女性史类编》，第 166 页。

③ 苏芜：《哀妇人》，安徽教育出版社 2004 年版，第 289 页。

④ 刘宁元主编：《中国女性史类编》，第 166 页。

⑤ 杨殿升主编：《监狱法学》，北京大学出版社 2001 年版，第 267 页。

⑥ 古代西方国家也有类似的规定。如西方史学家认为，对妇女不用绞刑是出于禁欲观念。被绞死的男犯将被曝尸数日，以警示所有的男性犯罪分子。但同样展示女犯尸体显然不符合中世纪道德观念。[以] 苏拉密斯·萨哈：《第四等级：欧洲中世纪妇女史》，林英译，广东人民出版社 2003 年版，第 20 页。

人虽犯罪，若非必要，不宜实施公开的刑罚。① 《左传·襄公十九年》中有"妇女虽有刑，不在朝市"的记载，唐朝也规定若妇女犯罪斩者皆绞于隐处，② 对妇女采取"隐刑"是因为"不忍与众弃之"③。不公开行刑，以此表示男女之间的差异。④

对于一般的刑罚，历朝对女性犯罪的惩罚相对男性来说都有所减轻并给予了一定的照顾。如女徒复作，便因为"女子软弱不任守，复令作于官"⑤。再如上述的顾山等都为对女性犯罪的特殊照顾。另隋朝规定：自犯流罪以下合赎者，及妇人犯刑以下，侏儒、笃疾、癃残非犯死罪，皆颂系之。⑥ 同时隋唐五代规定妇人犯流者，亦流住，流二千里决杖六十，一等加二十，俱役三年。徒刑分为徒一年、一年半、二年、二年半、三年及五年等，均在官府服役，"其中妇人送少府间缝作；外州者，留当地州缝作及配舂"⑦。《疏议》解释说："妇人之法，例不独流，故犯流不配，留住，决杖，居作。造畜蛊毒，所在不容，摈之荒服，绝其根本，故虽妇人，亦须投窜。"不流配外地而改为杖刑，杖毕服劳役。另唐《杂律》二十六"奴奸良人"条规定："其部曲及奴奸主及主之期亲，若期亲之妻者，绞，妇女减一等。"⑧ 《宋律》同《唐律》，规定妇人犯罪流二千里的，决杖六十；流二千五百里的，决杖八十；流三千里的，决杖一百，三流俱役三年，如果处以加役流的，也只决杖一百，即劳役四年。由此规定可见，决杖之文在上，亦说明先行决杖然后投入劳役。⑨ 同时，宋朝规定妇人犯杖以下，"非故为，量轻重笞罚或赎铜释之"⑩。此外，《宋刑统》卷第二十九《狱官令》规定："禁囚死罪枷杻，妇人及流罪以

① 黄嫣梨：《中国传统社会的法律与妇女地位》，《北京大学学报》（哲学社会科学版）1997年第3期。

② （清）沈家本：《沈寄簃先生遗书》，中国书店1990年版，第520页。

③ 巨焕武：《明刑与隐刑：沈家本考论执行死刑的方式及其场所》，张晋藩主编《中国法律的传统与现代化》，中国民主法制出版社1996年版，第82页。

④ 程维荣：《中国审判制度史》，第31页。

⑤ （清）沈家本撰：《历代刑法考》，第21页。

⑥ 《志》第20，《隋书》卷25，齐鲁书社1996年版，第1049页。

⑦ 程维荣：《中国审判制度史》，第119页。

⑧ （唐）长孙无忌等撰：《唐律疏议》卷24，第495页。

⑨ （宋）宝仪等撰：《宋刑统》，岳纯之校正，新宇出版社1985年版，第53页。

⑩ 《宋史》卷201，齐鲁书社1996年版，第705页。

下去杻，其杖罪散禁。年八十及十岁并废疾、怀孕、侏儒之类，虽犯死罪，亦散禁。"① 即说，犯死罪的囚犯要戴枷杻这种刑具，但若死囚是妇女，则与判处流刑以下的犯人一样，不用上杻这种刑具；若所犯之罪应处以杖刑，则采用"散禁"这种宽管的关押方式。② 特别是（宋）仁宗朝以后，编敕的法律地位一直在不断地提高。神宗时出于变法的需要，更是极力主张："凡律所不载者，一断以敕。"③ 在司法实践中甚至出现以敕代律的现象。如前所述神宗年间民女阿云砍杀未婚夫一案，围绕此案应该适用《宋刑统》的有关条文，还是以敕判决，从地方官到中央的朝官，不同意见者展开了一场激烈的律敕之争。卷入这场争论的朝臣之多、持续时间之长，在中国历史上实属罕见。④ 在这个案例中，审判院、大理寺论死，刑部定如审判，后被减轻刑罚。⑤ 元朝则规定女犯不予刺字，⑥ 到了明朝更是规定妇女犯徒流，"决杖一百，余罪收赎者，虽罪止杖六十，徒一年，亦决杖一百，律所谓应加杖者是也"⑦。而且对于无辜受累的妇女，法律也渐于宽容。如西汉平帝时下诏："妇女非身犯法，字非坐不道，诏所名捕也，皆勿得系。"⑧ 到汉武帝时亦下诏书，曰："妇女从坐者，自非不道，诏所明捕，皆不得系。"⑨ 因此妇女凡不是自身犯法，虽是缘坐，只要不是大逆不道的或朝中的要犯，都不要加以拘系。⑩ 而且即使家人共犯，有时也不坐妇女，如《唐律疏议》载："假有妇人尊长，共男夫卑幼共犯，虽妇人造意，仍以男夫独坐。"⑪ 这些都以礼教为背景，以保护为主义，"因妇女生理上之不同，及伦叙上不平"则以"刑教

---

① （宋）宝仪等撰：《宋刑统》，第 466—467 页。

② 万安中主编：《中国监狱史》，第 62 页。

③ 上海社会科学院政治法律研究所编：《宋史刑法志注释》，群众出版社 1979 年版，第 39 页。

④ 张晋藩主编：《中国法制史》，中国政法大学出版社 2002 年版，第 183 页。

⑤ 程维荣：《中国审判制度史》，第 123 页。

⑥ 《志》第 52，《元史》卷 104，第 2656 页。

⑦ 《志》第 69，《刑法志》（一），《明史》卷 93，第 2299 页。

⑧ （汉）班固撰：《汉书》，第 91 页。

⑨ （南朝宋）范晔撰：《后汉书》，中华书局 1965 年版，第 10 页。

⑩ 杨鸿烈：《中国法律思想史》，中国政法大学出版社 2004 年版，第 198 页。

⑪ （唐）长孙无忌等撰：《唐律疏议》卷 11，第 216 页。

之书，对于妇女时时流露慈祥恺制之意"①。

特别是对怀孕的犯妇，历朝的法律都给予了一定的宽松处置，而且对孕妇违法拷讯的官员要负一定的法律责任。此项制度可能起源于汉朝，以儒家思想为主导的正统法学自汉朝开始建立后，区别于前期秦朝的许多不同的新刑罚适用原则也随之产生。② 如汉代法律规定："年八十以上，八岁以下，及孕者未乳，师、侏儒当鞠系者，颂系之。"③ 颂系，即宽容的意思。这是说80岁以上的老人、8岁以下的幼童以及孕妇未产、乐师、盲人、侏儒等在监期间给予不戴刑具的优待。④《唐六典·刑部》则规定："杖笞与公坐徒及年八十、十岁、废疾、怀孕、侏儒之类，皆讼系以待断。"⑤ 意思是对犯笞杖轻罪或因公务而犯徒者以及老、幼、废疾、孕妇、侏儒之类的案犯，审判之前，在监狱中实行散禁，不加戴狱具。宋唐一制，宋代法律规定："年八十及十岁并废疾、怀孕侏儒之类，虽犯死罪，亦散禁。"⑥ 由此可推及怀孕妇女在犯罪后，妊娠期间是不准拷讯的。对此最早最完整的记载见于《唐律疏议·断狱》"拷决孕妇"条，规定对于妇女怀孕如欲拷讯，亦须待产后百日方可，否则，杖一百，严格规定怀孕妇女应暂缓刑讯。⑦ 疏议曰："妇人怀孕，犯罪应拷决杖笞，皆待产后一百日，然后拷决。若未产而拷及决杖笞者，杖一百。伤重者，谓伤损之罪，重于杖一百者；'依前人不合捶拷法'，谓依上条'监临之官，前人不合捶拷而捶拷者，以斗杀伤论'。若堕胎者，合徒二年。妇人因而致死者，加役流。限未满而拷决者，'减一等'，谓减未产拷决之罪一等。'失者，各减二等'，谓未产而失拷决，于杖一百上减二等；伤重，于斗伤上减二等。若产后限未满而拷决者，于杖九十上减二等；伤重者，于斗伤上减三等。"⑧ 到了明朝，《明律·刑律·断

① 贺圣鼎：《女生在唐律上之地位》，《法学季刊》1930年第6期。

② 李交发：《中国诉讼法史》，第213页。

③ 《刑法志》，（汉）班固撰：《汉书》卷23，第1106页。

④ 万安中主编：《中国监狱史》，第33页。

⑤ （唐）张九龄等撰：《唐六典》，永瑢、纪昀等主编《钦定四库全书》，上海古籍出版社2003年版，第69页。

⑥ （宋）宝仪等撰：《宋刑统》，第466—467页。

⑦ 陈光中：《陈光中法学文集》，中国法制出版社2000年版，第192页。

⑧ 万安中主编：《中国监狱史》，第33页。

狱》"妇人犯罪"条记载："若妇人怀孕，犯罪应拷决者，依上保管，皆待产后一百日拷决。若未产而拷决，因而堕胎者，官吏减凡斗伤罪三等，致死者杖一百，徒三年，产限未满而拷决者，减一等。若犯死罪，听令稳婆入禁看视，亦知产后百日乃行刑。未产而决者，杖八十；产讫限未满而决者，杖七十；其过限不决者，杖六十，失者各减三等。"由此明律更是规定孕妇犯罪后，依律应拷讯的，先交给其夫看管，到产后期满百日才行刑讯，① 可见法律上对孕妇的照顾。

有时女性在其他方面也会得到一定的赦免。如上述汉朝赵娥为父复仇的案例，便是一个典型的赦免成案。"在复仇问题上，如果说，先秦儒家的基本态度是放任主义，法家的基本态度是干预主义，那么，封建社会新儒家的基本态度就是折中主义。"② 但由整个封建社会来看，执法者对复仇一般都是给予一定的宽容的。同时，统治者一般都按照"妇人无专制擅恣之行"这一原则规定妇女不得享受完全的法律权利，要求妇女严格遵守"未嫁从父，出嫁从夫"的教条。但在汉代经义折狱中，它也被运用为妇女可以对自己的某些行为不负法律责任的根据。③ 如据董仲舒的《春秋决狱》记载，有妇甲误以为夫亡改嫁，后被夫控究。审判官因为其本人并无淫乱之心，是被尊亲属改嫁而认为不应有罪。④ 这一原则亦被后世所沿用，如明人冯梦龙所编《醒世恒言·乔太守乱点鸳鸯谱》则载有宋代景祐年间，杭州府孙寡妇与刘秉义因婚姻获罪亦由于孙寡妇无自主权而被免刑的案例。⑤ 而在《太平御览》记载的一部民之妻与官吏和奸一案中，也因皇帝认为"吏奸民妻，何得言和"特将犯奸女性赦免。⑥ 虽然统治者对犯罪女性进行了一定的"仁慈"处理，但从整个古代历史来看，这些赦宥有相当的偶然性，并未改变女性因地位低下所形成的恶劣状况。

---

① 李交发：《中国诉讼法史》，第 213、267 页。
② 汪汉卿主编：《中国法律思想史》，中国科技大学出版社 1993 年版，第 135 页。
③ 《刑法部六·决狱》，（宋）李昉等撰：《太平御览》卷 640，中华书局 1960 年版，第 2868 页。
④ 倪正茂等：《中华法苑四千年》，群众出版社 1987 年版，第 372 页。
⑤ 汪世荣：《中国古代判词研究》，中国政法大学出版社 1997 年版，第 12 页。
⑥ 高绍先：《中国刑法史精要》，第 347 页。

四　由女性犯罪看妇女法律地位的低下

中国古代的妇女一般在法律上依附于她的丈夫，如《礼记》云："凡妇人，从其夫之爵位"，其注又说："生礼死事，以夫为尊卑。故犯罪应议、请、减、赎者，各依其夫品，从议、请、减、赎之法，若凡除、免、官当者，亦准男夫之例。"① 元代以前的法律规定，妻子犯法，除犯死罪收禁在监外，其余杂犯，无论轻重都不收监，责付本夫收管。② 这好像是对女性的一种"照顾"，但实际上是因为在统治者看来，妻子只是丈夫的附属品，因此应由丈夫起到一定的监管之责。③ 传统法律自古即行族诛之制，妻既从属于夫，故夫犯重罪，妻皆依例缘坐，《汉律》而下，并无例外。所谓"祸延父母妻子"中，妻向为不可逃者。而对谋反大逆案，则子之妻，亦在罗织之中。不平等的是妻犯重罪，却一般只坐其身，与夫无涉。④ 从刑事立法的角度而言，男女不平等、夫妻不平等的色彩十分浓厚。有些法律义务的承担，女重于男，妻重于夫，有些甚至只是对女性的片面要求；而在权利的分配上则明显男优于女，夫优于妻。⑤

对于婚姻义务的规定，男女之间存在很大的差异。如关于女子重婚，在秦朝"夫有再娶之义，妇无二适之文"。法律保护一夫多妻制的同时，严禁一妇"二适"，不允许在丈夫未死时离婚改嫁，甚至夫死未葬而改嫁，都要处以死刑。⑥《唐律·户婚》则规定："妻妾擅去者徒二年，因而改嫁者，加二等。"关于男子重婚，则规定："诸有妻更娶妻者，徒一年。"⑦ 唐律中如夫背妻逃亡，向无处罚。且非达一定之年限（三），不许其妻离异改嫁。若妻背夫逃亡，除加以处罚外，并令听夫嫁卖。⑧ 对于婚姻的缔结，元朝的《刑法志·户婚》规定："男家悔者，不坐"，只是不追聘财，女方则"笞三十七下，若

① 周密：《宋代刑法史》，第 56 页。
② 瞿同祖：《中国法律与中国社会》，第 105 页。
③ 高绍先：《中国刑法史精要》，第 354 页。
④ 刘宁元主编：《中国女性史类编》，第 140 页。
⑤ 高绍先：《中国刑法史精要》，第 375 页。
⑥ 睡虎地秦墓竹简整理小组编：《睡虎地秦墓竹简》，第 185 页。
⑦ （唐）长孙无忌等撰：《唐律疏议》卷 26，第 496 页。
⑧ 贺圣鼎：《女生在唐律上之地位》，《法学季刊》1930 年第 6 期。

更许他人者笞四十下，已成者五十七下，后娶者知情减一等，妇归前夫"①，但对夫却无相应的规定。

由于贞操问题，女性就要承受比男性更重的刑罚。如《唐律》规定："决笞者，腿臀充受；决杖者，背、腿、臀分受，须数等。"因为笞是用竹板，行刑时脱裤击臀，鞭用皮革，行刑时去衣鞭背，妇女为免褪裤受刑之耻，反而去轻就重而受鞭杖刑。②在古代中国，对女性贞操的片面规定还表现在对犯奸女性的处理上，依前所述有的甚至被处死。幸免一死的，也会受到严厉的惩罚，如在唐代即使通奸女子的丈夫已与之离婚，也仍不许与奸夫结婚。③在元代则规定："良家妇女犯奸，为夫所弃。诸受财纵妻妾为娼者，本夫与奸妇奸夫各杖八十七，离之。其妻妾随时自首者，不坐；若日月已久，才自首者，勿听。"④明代更是规定妇人犯奸者，"律从嫁卖"⑤。由此可见刑律中的犯奸罪，首先是对封建伦常关系的维护，其次是对封建社会秩序的维护，而不是对妇女"人身权利"的保护。⑥此外，对于犯奸男女的惩罚也出现了不同之处。如《唐律·杂律》（总第415条）疏文说："假有俗人，媒合奸女官，男子徒一年半，女官徒二年半"，⑦与女道士通奸之男方并不加重处罚，可见法律对犯奸男女处罚上的不平等。如果奸夫因奸谋害亲夫，奸妇无条件连坐。奸夫杀亲夫，奸妇是否有罪责，按理应据奸妇是否参与杀夫的犯罪而论。但唐律中，对于此种性质的犯罪，把奸妇无条件地置于连坐的地位惩罚。《贼盗律》（总第253条）之注文说："犯奸而奸人杀其夫，所奸妻妾虽不知情，与同罪。"疏文说，"妻妾与人奸通，而奸夫杀其夫"，无论是"谋而已杀，故杀，斗杀"，犯奸的妻妾，"虽不知情与杀者同罪，为所奸妻妾亦合绞"。⑧可见，这是一种"特殊"的刑事制度。对于强奸罪，虽然对犯奸男性处罚相对严厉，如《宋刑统》准依后周广顺三年

---

① 徐适瑞：《元代婚姻法规中的妇女问题初探》，《内蒙古社会科学》1999年第4期。
② 高绍先：《中国刑法史精要》，第409页。
③ 方川：《媒妁史》，第58—59页。
④ 《志》第51，《元史》卷103，第2644页。
⑤ 《志》第69，《明史》卷93，第2291页。
⑥ 郑秦：《清代法律制度研究》，中国政法大学出版社2000年版，第237—238页。
⑦ （唐）长孙无忌等撰：《唐律疏议》卷13，第269、255页。
⑧ （唐）长孙无忌等撰：《唐律疏议》卷13，第327页。

（953）二月初三敕文规定："有夫妇人被强奸者，男子决杀，妇人不坐罪。"① 但从其加重对强奸有夫之妇的惩罚来看，就可知其出发点也是为了维护男权社会所私有的女性贞操权。

　　同时在其他刑事法律关系中，也体现了对男性的偏袒。如成年妇女尤其是妻子的法律地位与卑幼相同，夫犯妻，其量刑轻；妻犯夫，量刑重。丈夫可以随意打骂、役使以致转让妻子，妻子只能对此容忍。如《睡虎地秦墓竹简·法律答问》载："妻悍，夫殴治之，夬（决）其耳，若折支（肢）指，胅（体），问夫可（何）论？当耐。"② 另汉代张家山汉简《二年律令·贼律》载："妻悍而夫殴笞之，非以兵刃也，虽伤之，毋罪。妻殴夫，耐为隶妾。"③ 也就是说在秦汉时期丈夫殴打妻子，只要不使用兵器，哪怕"决其耳""折肢"，也是不承担任何罪名的。但"妻殴夫，耐为隶妾"，对于殴打丈夫的妻子的惩罚，法律是不强调任何前提的。④ 在唐代妻殴伤夫，"加凡人斗伤三等处罚，殴伤致死者斩；而夫殴妻无伤则不成立殴罪，折伤以上减凡人二等，殴斗致死才以凡人论。殴妾折伤以上，减妻一等"。（《唐律疏议·斗讼二》）⑤ 可知唐律于夫妻关系，妻则加凡人斗伤三等夫则减凡人二等，其处罚有相去五等之多。⑥ 宋律如之，偶有特赦，元律根据妻有无过失给予处罚。《明律》规定，"夫殴妻，非折伤勿论，致折伤以上，减凡人二等（须妻自告乃成）。先行审问，夫妇如愿离异者，断罪离异，不愿离异者，验罪收赎，致死者绞"⑦。但只要妻子殴夫，则不问有伤无伤，即杖一百。折伤以上加凡人斗伤罪三等，至笃疾者绞，殴夫致死者斩。故杀，谋杀本夫者凌迟处死。⑧ 此外，妻子也不能到官府控告丈夫，"夫有罪，妻先告，不收"⑨，

---

① （宋）宝仪等撰：《宋刑统》，第424页。
② 睡虎地秦墓竹简整理小组编：《睡虎地秦墓竹简》，第185页。
③ 汉墓整理小组编：《张家山汉墓简牍》，第139页。
④ 贾丽英：《汉代有关女性犯罪问题论考：读张家山汉简札记》，《河北法学》2005年第11期。
⑤ （宋）宝仪等撰：《宋刑统》，第410—411页。
⑥ 贺圣鼎：《女生在唐律上之地位》，《法学季刊》1930年第6期。
⑦ 孙家红编纂：《明清律合编》，北京：社会科学文献出版社2022年版，第551页。
⑧ 倪正茂等：《中华法苑四千年》，第410页。
⑨ 睡虎地秦墓竹简整理小组编：《睡虎地秦墓竹简》，第224页。

否则与卑幼告尊长一样犯了"干名犯义"罪。如《唐律》规定："诸告期亲尊长、外祖父母、夫、夫之祖父母，虽得实，徒二年；其告事重者，减所告罪一等；即诬告重者，加所诬罪三等。"妻子不可告发犯罪的丈夫，告发即为干犯名义①，要按所告发的罪名予以制裁。唐、宋律处徒刑二年，但夫诬告妻却可减所诬告刑二等。② 明律更严，妻妾告夫与子孙告祖父母、父母同罪，杖一百徒三年，诬告者绞。③ 因此在古代社会，作为卑幼的妇女是不得控告尊长（包括丈夫）的。④

妇女在法律上地位的不平等除了夫妻关系外，还体现在其他方面。如对女性侵犯翁姑的行为，便给予了严厉的打击，宋《折狱龟鉴》卷三记载有一妇女吴氏便因骂姑⑤致其自缢而受到严惩，⑥ 而且一般情况下"打骂夫之父母之行为不会得到赦免"⑦。封建法律还确认翁姑可以对子媳行使父权，如殴骂翁姑即为不孝，《明律》进一步规定：子媳对翁姑的侵犯与子孙侵犯祖父母、父母同。如控告夫之祖父母、父母者，杖一百，徒三年，诬告者绞。骂詈翁姑者绞，殴者斩，杀者凌迟。过失杀者杖一百，流三千里，过失伤者杖一百，徒三年，谋杀者或斩或凌迟，而且一概不准收赎。而翁姑则可以借口子媳违犯教令而请求官府给予制裁。翁姑责打子媳，非伤致残、笃疾不为伤害罪。即使非理殴子孙妇令废疾者也仅杖八十，笃疾者杖九十，如不为非理殴则不在此限。⑧ 同时，对于女性侵犯其他尊亲属之行为，法律也进行了严惩。如汉代《二年律令·贼律》载："妇贼伤、殴詈夫之泰父母、父母、主母、后母，皆弃市……殴父偏妻父母、男子同产之妻，泰父母之同产，及夫父母同产、夫之同产，若殴妻之父母，皆赎耐。"⑨ 妻妾对故夫之尊亲属，只要有殴打行为，即使没有任何

① （唐）长孙无忌等撰：《唐律疏议》卷24，第435页。

② 倪正茂等：《中华法苑四千年》，第410页。

③ 林剑鸣：《法与中国社会》，吉林文史出版社1988年版，第271页。

④ 薛军、窦铁军编：《中国法制史问题纵横谈》，中国商业出版社1991年版，第114页。

⑤ 本书中所谓的"姑"，如非特别说明，一般均指婆母而言，即丈夫之母。

⑥ （宋）郑克撰：《折狱龟鉴》，远方出版社2005年版，第62—63页。

⑦ 贾丽英：《汉代有关女性犯罪问题论考：读张家山汉简札记》，《河北法学》2005年第11期。

⑧ 张晋藩：《中国法律的传统与近代转型》，法律出版社1997年版，第121页。

⑨ 汉墓整理小组编：《张家山汉墓简牍》，第140页。

破损折伤，也构成犯罪，要处以刑罚。而殴祖父母父母、伯叔父、姑、兄姊、外祖父母者构成"恶逆"或"不睦"重罪，最重处斩刑，最轻处徒二年半。若殴伤或殴死，刑罚又大大加重，重至绞斩。即使是过失伤之或杀之，也要处以重刑。如过失杀祖父母父母者流三千里，过失杀兄姊、伯叔父母者徒三年。仅过失伤者，也多处徒刑。到了明代，明律规定妻妾谋杀故夫之祖父母、父母，均较常人谋杀加重量刑①，甚至妻妾只要有谋杀故夫之祖父母、父母之"谋"，就要流二千里；对祖父母、父母、伯叔父母、姑、兄姊、外祖父母、夫、夫之祖父母、父母，只要有谋杀之"谋"，不管有无付诸实行，均构成"恶逆""不睦"之重罪，处以绞斩之极刑。②但上述尊亲属谋杀、殴、殴伤、殴死相应的卑亲属，大多数并无罪责。即使少量有罪责者，也比卑幼犯尊长之罪责大大减轻。如在唐律中，尊亲属对卑亲属基本上没有"殴"罪，只有"殴子孙之妇令废疾者"，才杖一百。期亲尊长、外祖父母、夫、夫之祖父母父母谋杀卑幼，"各依故杀律减二等"。祖父母父母"殴杀"子孙仅徒"一年半"，以刃杀者徒二年；故杀者，徒二年半。③另唐律卷第二十二斗讼律"殴兄姊"条规定："殴兄姊者，徒二年半，伤者，徒三年，折伤者流三千里。刃伤及折肢，瞎其一目者绞。死者皆斩，过失杀人者，各减本杀伤罪二等；又若殴杀弟妹，徒三年。以刃及故杀者流三千里，过失者各勿论。"④

对于同样是女性而言的妻妾和媵，也会因其所处的社会家庭地位相异而在刑法上享有不同的待遇。如在宋代，"妻殴伤杀妾减凡人二等，殴死以凡人论。妻殴夫徒一年，如斗伤重的，加凡斗伤三等，徒二年。媵和妾骂丈夫的，杖八十。如妾骂妻的，与犯夫同罪，殴者徒一年半，致死的斩"。媵犯妻的，减妾犯妻之罪一等，殴者徒一年，重伤从重伤罪上减妾一等。妾犯媵，殴者笞五十，折一齿的徒一年半等。媵和妾犯夫和妻，殴杀致死的，都斩⑤。那些地位较高，经济条件较好的女性，有时还会因丈夫的缘故而被减轻

---

① 程维荣：《中国审判制度史》，第164页。
② 范忠信：《中国法律传统的基本精神》，山东人民出版社2001年版，第106页。
③ 范忠信：《中国法律传统的基本精神》，第107页。
④ 贺圣鼎：《女生在唐律上之地位》，《法学季刊》1930年第6期。
⑤ （宋）宝仪等撰：《宋刑统》，第345—346页。

或免受刑罚。如上面所讲到的妻子会因丈夫的爵位而得到一定的减免并可以得到一定的收赎；另如在审判程序方面，西周法律规定："凡命妇不躬坐狱讼。"根据汉儒郑玄注，命夫指男子为大夫者，命妇，妇人为大夫之妻者，即贵族男女不亲自出庭参加诉讼。① 但这似乎只是对有地位或有钱的女性而言，那些贫苦的下层劳动妇女并没有享受到应得的实惠。

因此由典籍文献中的记载来看，清代以前的女性犯罪类型和数量相对较少。从对女性犯罪的惩治来看，有两种趋向，一是对女犯进行严厉的惩治，极尽侮辱之能事，由此出现了专门针对女性犯罪的刑罚和刑具。二是对女犯表现出了相当的宽容和照顾，尤其是对于孕妇而言。此外，特权阶级女性还享有收赎和减免等权利，可见历史的复杂多样性。但从整体来看，古代女性的犯罪及其所受的惩治较为充分地反映了女性社会地位的卑下，尤其是相对于男性而言，女性的屈从地位，是其犯罪和受不公平惩治的根本原因。

第二节　清前期女性犯罪的特点

到了清朝，随着社会的发展，女性增加了接触社会的机会，而其犯罪数量相较以前也有所上升，于是逐渐引起了统治者的重视。最明显的标志就是清统治者参照明律制定的法律条文中，进一步明确了对女性犯罪的惩罚并增加了很多附注的条文。同时，在清代大量的刑案汇编中，还可以见到数目可观的女性犯罪案例，特别是《樊山文牍》《刑案汇览》《刑案汇览续编》《驳案新编》《续驳岸新编》《刑部说帖》等专门的案例选集中随处可见女性犯罪的记载。另外，清朝大量的官方典籍，各个时代的奏折以及大量的档案中也都留存了一定数量的女性犯罪案。

由于缺少清前期女性犯罪的统计，所以无从得知当时女性犯罪的具体数量及犯罪的详细情况，但从相关的文献资料来看，女性犯罪的数量应比以往要多。这一时期，性犯罪及杀伤罪仍然是女性犯罪的重

---

① 许嘉璐总主编：《周礼》，钱兴奇、谢秉洪、王华宝校注，江苏人民出版社2019年版，第468页。

点。另外，清前期也有个别女性参与拐卖人口的犯罪行为，主要是协同男性作案，被拐卖的多是女性。就研究情况而言，清前期的女性犯罪已经引起了学界的重视，虽然还没有形成比较系统的研究体系，但还是有一些可喜的成果出现。最典型的就是郭松义的《清代 403 宗民刑案例中的私通行为考察》和《伦理与生活——清代的婚姻关系》的考察中，对清前期女性的奸情犯罪进行了一定的分析；[1]另赖惠敏等的《情欲与刑罚——清前期犯奸案件的历史解读（1644—1795）》和《妇女、家庭与社会：雍乾时期拐逃案的分析》，主要利用档案对该时期女性的犯奸案和拐逃案进行了比较系统的阐述，指出女性犯奸的原因与其时下层社会的一种生活模式相关；拐逃案发生的原因主要是人口比例失调，女性参与社会活动增加的结果。[2]最后值得一提的是暨南大学王强作于 2003 年的硕士论文《清前期女性犯罪研究》，该文在总结前人研究成果的基础上，对清初女性犯罪的原因、类别及国家和社会对女性犯罪的控制进行了一定的研究。[3]但遗憾的是没有充分利用档案资料，难免有所疏漏。本书在掌握了相当数量的第一手资料的基础上，结合前人的研究对清前期女性犯罪情形进行了概述，现分叙如下。

一　女性性犯罪[4]

清朝是一个对女性贞节观念极其重视的朝代，宋明以来的"从一而终"等贞操观念在这一时期得到了进一步的发扬。虽然当时一些比较开明的学者对此进行了质疑和批判，但相对于整个清代社会来讲"呼声还很微弱"[5]。从其时大量的女性性犯罪的案例中，可以看出部分女性为反抗这种性的不平等束缚所做出的艰辛努力。据中国第一历史档案馆所藏"婚姻奸情类"档案数统计，乾隆间各省区

---

[1]　郭松义：《清代 403 宗民刑案例中的私通行为考察》，《历史研究》2000 年第 3 期；《伦理与生活：清代的婚姻关系》，商务印书馆 2000 年版。

[2]　赖惠敏、徐思泠：《情欲与刑罚：清前期犯奸案件的历史解读（1644—1795）》，《近代中国妇女史研究》1998 年第 6 期；赖惠敏、朱庆薇：《妇女、家庭与社会：雍乾时期拐逃案的分析》，《近代中国妇女史研究》2000 年第 8 期。

[3]　王强：《清前期女性犯罪研究》，硕士学位论文，暨南大学，2003 年。

[4]　这里指与奸情有关的女性犯罪，如和奸、刁奸等。

[5]　林吉玲：《20 世纪中国女性发展史论》，第 20 页。

每年上报朝廷批示的此类命案要案平均在 800 件左右，其中因通奸引发的为 250—530 件，占 31%—66%；又从通奸和奸杀案件的频发也能看出当时男女私通属于社会上经常可见、不可忽视的问题。①同时，笔者就《刑案汇览》中所整理出来的 236 件女性犯罪的案例中，关涉女性奸情的就为 130 余件，约占女性犯罪总数的 55%。由此可以推知，性犯罪的数量在清前期女性犯罪中所占的比例尤大。

在私通行为中，亲属相奸在伦常上是绝对禁止的，不但会受到社会舆论的严厉谴责，法律的制裁也比普通的奸情②要重得多。一般是罪加一等，有的还要更重，通奸男女甚至被判处绞斩一类的死刑，③可见法律惩罚的力度之大。这是因为性的禁忌在封建大家族内十分严格，只有这样才能在血统上保持真正的尊卑、长幼、远近的次序，否则便是"乱伦"，称为"禽兽行为"④，历代法律处分极重。所以在正常情况下，人们基于道德的约束和法律的威严，不能不有所约束。但在清初对女性来说亲属之间毕竟接触的机会较多，在一些尚未析产的家庭中，小叔与嫂子、大伯和弟媳几乎朝夕相处，难免发生奸情，因此女性涉及乱伦的犯罪在女性所有的犯罪中占有相当的比例。

清初因为大量移民的影响以及女性参与社会活动的增加，使得其与家庭以外的成员发生性关系的概率上升。如赖文从顺治到乾隆时期的一些奸情案件类档案中了解到犯案男性不外是商贾、佣工或者佃农，有些甚至是行乞者，且多为三四十岁未婚者。⑤但多数犯奸妇女则是已婚者或寡妇，其中不少是因外出谋生，给予光棍游民以可乘之机。也有部分女性是迫于生计，被丈夫或其他家庭成员纵容或逼迫而卖奸致罪的。如嘉庆二十年（1815），河南袁某纵妻卖奸，妻母黄氏

---

① 郭松义：《清代 403 宗民刑案例中的私通行为考察》，《历史研究》2000 年第 3 期。

② 为行文的方便，本书中的奸情特指一切男女之间的非法性关系。

③ 马建石、杨育堂主编：《大清律例通考校注》，中国政法大学出版社 1992 年版，第 956—957 页；如江苏太仓州宝山县民顾鉴与弟媳王氏通奸而被处绞立决。《太仓州宝山县民顾鉴与弟媳王氏通奸》，乾隆元年（1736），中国第一历史档案馆藏，卷宗号：2—16—2。

④ 倪正茂等：《中华法苑四千年》，群众出版社 1987 年版，第 390 页。

⑤ 蒋竹山：《评价 Sex, Law, and Society in Late Imperial China》，《近代中国妇女史研究》2001 年第 9 期。

知情亦纵容，后袁某欲将妻嫁卖，被黄氏毒死而致奸情败露；① 另据
《服制命案》记载，其时四川省通江县程氏也因其夫纵容而与杜梦武
奸好得其资助，后由此而发生命案。②

清律犯奸罪有和奸、强奸、刁奸等种类，对女性来说，主要为和
奸。③ 清律中所谓"刁奸"较明律又增加了新的内容，如有某人"见
妇人与人相奸，见者因而用强，奸之"，本应属强奸，但清律的制定
者认为该妇女"已系犯奸之妇，难以强论"，所以归入"刁奸"的名
目。④ 使得有"性污点"的妇女不再受法律的保护。⑤ 郭松义指出：
女子15岁前多未婚，其私通行为多与男子引诱有关；31—45岁的妇
女与人私通，常带有经济原因。此时，她们大抵已有子女，且很多尚
待成长立业。一旦遇到突然变故，如死了丈夫或丈夫有病等，小户人
家的妇女立即会感到生活的压力，男子乘虚而入，通过小恩小惠进行
引诱，于是发生私通。在这个年龄段的妇女私通中，还有一个因素不
能忽视，即成了寡妇或丈夫常年在外，急需填补感情的空缺。⑥

就奸情案发生的地域来看，各地有所不同，这似乎与其经济发展
状况有关。赖惠敏和朱庆薇认为在经济比较富庶的省份如直隶、江
浙，或者新开发地区如安徽、江西、湖南、湖北，以及边疆地区如陕
西、甘肃，妇女与人通奸的人数比较多；而经济发展较为迟滞的地区
如河南、山东、山西、福建、两广、云贵，妇女选择殉节的人数较
多。经济发展快速的地区，丈夫多因常年在外经商或佣工，以致妻子
与人通奸的情形较为普遍。经济发展慢的区域，丈夫多半在家从事农
耕活动，妻子则比较"循规蹈矩"⑦。虽然法律规定对妇女与人通奸

① 《刑案汇览》卷40，（清）祝庆祺、鲍书芸等编：《刑案汇览三编》，北京古籍出版社2004年版，第1475页。
② 郑秦、赵雄主编：《清代"服制"命案：刑科题本档案选编》，中国第一历史档案馆、东亚法律文化课题组编，中国政法大学出版社1999年版，第259页。
③ 至于妇女卖淫，刑法上一般还不视为犯罪，只追究强迫、容留、引诱妇女卖淫之人的刑事责任。
④ （清）沈之奇撰：《大清律辑注》，怀效锋、李俊点校，法律出版社1998年版，第911页。
⑤ 郑秦：《清代法律制度研究》，第238页。
⑥ 郭松义：《清代403宗民刑案例中的私通行为考察》，《历史研究》2000年第3期。
⑦ 赖惠敏、朱庆薇：《妇女、家庭与社会：雍乾时期拐逃案的分析》，《近代中国妇女史研究》2000年第8期。

要给予一定的惩罚，但此类案件属于告诉乃论，家人有意隐瞒，官方亦不强加追究，一般也不会被诉诸法律。因此多数情况下只有因通奸发生了拐逃案和人命案等的犯奸女性，才会引起官府的注意而受到法律的制裁。

二 刑案中的其他女性犯罪

清前期由于经济的发展，人口的增长，尤其是男女比例的失调等原因，使得拐逃①案兴起；同时，人口买卖的合法化及奴婢制度的存在亦对拐逃案的勃兴起到了推波助澜的作用。特别是在一些落后偏僻地区，拐逃风更甚。如嘉庆十七年（1812）二月二十二日谕军机大臣等称："黔省近年掠贩人口之风甚炽，地棍、关役窝藏包庇，且有隐语，目为贩卖'高脚驴'。"②

这一时期的拐逃案，女性大多居于被诱人的地位但也要被处刑罚。③ 当时下层社会的被拐妇女似乎更在意感情而不是名节。据赖惠敏和朱庆薇分析了雍乾时期拐逃案的原因后认为"清初女性婚姻家庭的处境，让人了解到她们受'父母之命，媒妁之言'的婚姻不幸福，她们宁可抛弃传统的礼教，甘心和拐子逃走"。从大量拐骗妇女的案件中可以发现拐子和被诱人的关系绝大多数彼此认识，外来的人口通过认干亲、结拜的形式来建立与当地人的人际关系，他们见过世面，能说会道，引诱居家妇女。这一方面表示被诱人对外面的世界充满幻想，轻易相信别人；另一方面也说明乡居者对外人毫无防备。④ 清朝因社会控制严格、交通不便，因此拐逃女性一般也不会走多远。而在逃亡不易的情况下，一部分犯奸女性则选择了其他的方式，甚至是将丈夫杀死以维持自己的奸情。

---

① 本书中的拐逃即罪犯引诱被诱人（主要为妇女）离开其家庭的犯罪行为，包括诱拐和奸拐两种，在清朝被诱人也要被处刑罚。

② 中国科学院贵州分院民族研究所：《清实录·贵州资料辑要》，贵州人民出版社1964年版，第411页。

③ 诱拐者中也有妇女，但多属于从属、辅助地位，且人数不是很多。这类女性多出于经济的需要而从事这一犯罪活动。定宜庄：《清代满族的妾与妾制研究》，《近代中国妇女史研究》1998年第6期。

④ 赖惠敏、朱庆薇：《妇女、家庭与社会：雍乾时期拐逃案的分析》，《近代中国妇女史研究》2000年第8期。

　　清前期的女性杀人罪多与奸情有关，这类因奸致命的案件，最常见的是女性谋杀本夫，其所受的惩治显然相当严厉，一般会被处以凌迟。在清朝，人命案件必须经过三法司审判，所以有关此类案件的资料在档案中往往有较为详尽的记载。如乾隆元年（1736）直隶沙河县民妇杨氏与韩贵珠通奸谋杀亲夫而被凌迟处死；① 同年河南内乡县民妇王氏也因奸勒死丈夫而被处酷刑。② 除了因奸杀人外，也有的妇女会由于婚姻家庭中的其他因素而杀人。如乾隆元年（1736）广西浔州府民妇杨氏因与夫口角而砍伤丈夫姚业三身死；③ 另据《服制命案》记载，时湖南省有一舒龙氏则因女婿（年仅6岁）貌丑，声音嘶哑，而且瞎了一只眼，为了女儿的幸福而将之勒死。④ 在清代，即使是自杀行为，很多时候也要追究关系人的责任，如据《鹿洲公案》载，清前期有一妇女林氏因将夫妾殴伤，该妾投河身死而致该氏获罪。⑤ 还有的女性之所以犯罪则是被迫的，但也要受到惩罚。如道光四年（1824）四川薛付氏也因拒奸将其翁砍死而不得不承担相应的罪责，⑥ 但这类犯妇一般都会被酌情宽宥。

　　在典籍中关于清初女性从事诈骗行为的记载亦有不少。在《刑案汇览》中就有三例关于女性利用鬼神等伎俩骗人的案例，如《刑案汇览》卷33记载，嘉庆二十三年（1818）河南冯张氏供武当老祖纸像，画假符，用针扎治病将人治死；嘉庆二十二年（1817）浙江王李氏则假托丁髻山娘娘令给人祈福售符骗钱；嘉庆二十四年（1819）直隶丁沙氏亦称蛇精附身焚香治病。⑦ 另《鹿洲公案》对此也有所记录，如时有潮州詹与参妻林妙贵创后天教，自称后天教主，在情夫胡

　　① 《沙河县民妇杨氏与韩贵珠通奸谋杀亲夫案》，1736年，中国第一历史档案馆馆藏，卷宗号：2—13—2。

　　② 《内乡县民妇王氏因奸勒死伊夫案》，1736年，中国第一历史档案馆馆藏，卷宗号：2—14—1。

　　③ 《浔州府桂平县民妇杨氏砍伤伊夫案》，1736年，中国第一历史档案馆馆藏，卷宗号：2—9—32。

　　④ 郑秦、赵雄主编：《清代“服制”命案：刑科题本档案选编》，第213—214页。

　　⑤ （清）蓝鼎元：《鹿洲公案》，文海出版社2003年版，第201—209页。

　　⑥ 《刑案汇览》卷53，（清）祝庆祺、鲍书芸等编：《刑案汇览三编》，第2002页。

　　⑦ 《刑案汇览》卷33，（清）祝庆祺、鲍书芸等编：《刑案汇览三编》，第1213—1214页。

阿秋帮助下，画符咒水，为人治病求子，一时"称弟子者如市"①。也有的则利用民众的信神心理而从事反抗清政权的活动，如顺治年间有一高氏便利用神教之便怂恿民众反清复明而被获。②

此外，还有一些关于妇女犯诬告罪的记录。如据《刑案汇览》收录，乾隆三十四年（1769）有一男子解五与郭氏母女通奸致女怀孕而欲娶之为妾，被氏子拦阻便指使郭氏诬控伊子万尊玉忤逆奸姐；③另太原有姑媳皆寡，"姑中年，不能自洁，村无赖频就之，妇不善其行，因于门户墙垣阻拒之，姑惭，假事以出妇，妇不去，姑亦患，乃诬之与人通奸"④。又如在《鹿洲公案》中载，时有一妇女林贤娘嫁刘公喜 11 年生有一子一女，后竟以其夫赌博成性，欲将其嫁卖等事为由诬控族人。时人对此感叹道："天下残忍不仁之妇之林贤娘极矣，半生夫婿及翁姑男女轻轻抛却，无一毫顾惜之心且信口诬衅必欲网害其族人而后快，虎狼蛇蝎盖由家教然也。"⑤ 在这类有关女性诬告案的描述中，其中一个主要的特点是往往将诬控的原因归咎于女性自身不良的心态。

由《刑案汇览》等记载大量清前期案例的典籍来看，女性犯罪的数量达十余种之多，除上述几种外还有数量相对较少的偷盗、殴伤、干犯名义、违犯教令、背夫潜逃等罪项，可见当时女性犯罪之盛。

三 女性犯罪的主要特征

由大量的女性犯罪案例中，我们可以看出清前期女性犯罪的被动性。首先，透过女性犯罪数量最多的奸非类案件来看，女性的奸情罪多是一种被动性犯罪。在奸情案中，大部分女性都是由男性"调戏成奸"，而很少是因女性主动而成奸者。此外通过清律对强奸罪的认定也可以得出这一结论。如清律小注曰："强奸须有强暴之状，妇人不

---

① 《邪教惑民》，（清）蓝鼎元：《鹿洲公案》，第 29—32 页。
② 《陈极新题拿获明宗朱应龙等欲谋起事审拟情形本》，顺治十二年（1655）10 月 22 日，故宫博物院明清档案部编：《清代档案史料丛编》第 3 辑，中华书局 1979 年版，第 135—144 页。
③ 《刑案汇览》卷 48，（清）祝庆祺、鲍书芸等编：《刑案汇览三编》，第 1799 页。
④ 《孙长卿折狱》，徐珂：《清稗类钞》第 3 册，中华书局 1984 年版，第 981 页。
⑤ （清）蓝鼎元：《鹿洲公案》，第 175—186 页。

能挣脱之情，亦须有人知闻，及损伤肤体，毁裂衣服之属方坐。"①
按这样的规定，强奸罪的构成主要在于有没有"强暴之状"，并且要
"有人知闻"，被害妇女还要受伤，衣服也要被撕破。显然，这样的
规定，使强奸罪的确定非常困难。并且，律内小注进一步解释："若
与强合，以和成，犹非强也。"什么意思呢？就是以"强"来施行，
最终以"和"来完成，仍不算强奸。按照这样的法律，如果妇女被
强人施以暴力只有一死，否则就是和奸，不然到哪里去找自己被强奸
的"证明"呢？在清代，这类案件多被定为"刁奸"或"先强后
和"②。在《刑案汇览》卷53汇总的多达25件儿媳与公公间发生的
性犯罪案件中，公公与儿媳真正通奸的仅有一件。③ 因此可以断定即
使在多数被认定是和奸之类的案件中，实际上是男子强迫所成，并非
出于女性自身的意愿。

其次，从女性涉案较多的拐逃罪来看亦体现了女性犯罪的被动性
特征。因为大部分女性之所以逃亡皆因他人引诱所致，很少有女性自
己主动决定出逃的，这可能与其时女性智识的低下及参与社会活动的
范围有关。而且即使女性处于诱拐者的地位，也多是配合男性作案，
很少有能单独行动的。其他犯罪，也多是因为犯罪女性自身受到了很
大的威胁，使其不得已而采取了激烈的手段。如在女性的杀伤罪④中，
很多时候都是出于反抗或自己的一些行为遭到了阻止而被逼去伤害
对方。

同时某些女性犯罪还体现出一定的残忍性，如道光年间四川一
妇人仅仅因为憎恨年仅7岁的夫弟许幺儿便花钱请人将之杀死；⑤
另乾隆五十三年（1788）四川一妇人也只是由于夫前妻之子（9
岁）不听劝阻而将之推入井中淹毙。⑥ 有的甚至为了吞并丈夫的财

---

① 《刑律·犯奸》，《大清律例》卷33，第78页。
② 郑秦：《清代法律制度研究》，第239页。
③ 《刑案汇览》卷53，（清）祝庆祺、鲍书芸等编：《刑案汇览三编》，第1963—1995页。
④ 在当时所谓的杀伤罪中，不包括尊长对卑幼的杀伤行为。因为一般情况下，即使发
生了人命案，尊长的这类行为只要在"合理的管教范围"之内，一般也很少给予追究。
⑤ 《刑案汇览》卷22，（清）祝庆祺、鲍书芸等编：《刑案汇览三编》，第728页。
⑥ 《刑案汇览》卷44，（清）祝庆祺、鲍书芸等编：《刑案汇览三编》，第1602页。

产而将其前妻之子杀死并诬陷自己的丈夫，如乾隆年间四川巴县寡妇牟丁氏改嫁后为吞并后夫"牛只钱文"而谋毒后夫之子，又诬告后夫。① 而且在清初，因儿媳在家庭中地位低下，有时便会遭到非人的虐待。如乾隆四十八年（1783），直隶省老邢王氏因媳小邢王氏体弱不能工作便用盐卤回灌，并用刀撬落其门牙，凶残已极。② 更有甚者有的女性淫荡成性，竟会因主动求奸不成而去杀人。如据《刀笔菁华》载，当时有一何氏，夫死后欲与夫弟奸好，因遭拒绝而将其杀害。③

　　在其时注重女性贞操的时代，一旦奸情被发现，女性便会面临极其残酷的惩罚。因此犯奸女性为了掩盖奸情，便不惜残忍地去杀害对之有威胁的人。如乾隆五十七年（1792）安徽有焦刘氏与人通奸，被媳窥见道破，与之争吵，该氏竟用拨火铁叉戳伤其媳胸膛致殒命；④而康熙年间江苏宝山县徐二姐则因与陈七通奸，被婢女素娟发现而用绳将之勒死。⑤ 更为残忍的是据《兰苕馆外集》记载，当时潜山县有一妇女为了和表兄通奸，居然趁夫重病时，用小蛇致夫于死；⑥ 另《萤窗异草》亦载，时有一妇女与其内兄通奸，趁夫大醉时，竟用银针扎其致死。⑦ 有的女性甚至不惜杀害自己的亲生孩子，如康熙年间山东有一妇人因夫外出从商与人通奸被其子撞见，便将该子碎尸藏于床下，后被获；⑧ 又嘉庆二十二年（1817）安徽汤氏与人通奸嫌子碍眼也同奸夫致毙其子。⑨ 也有的女性是受奸夫的指使而将亲子致毙，如乾隆三十七年（1772）河南罗山县王李氏与潘九思通奸，受潘指

---

① 四川省档案馆编：《清代巴县档案汇编》乾隆卷，档案出版社 1991 年版，第120—121 页。

② 《刑案汇览》卷 3，（清）祝庆祺、鲍书芸等编：《刑案汇览三编》，第 92 页。

③ 《谋杀夫弟之恶稟》，（清）虞山襟霞阁主编，王有林、史鸿雯校注：《刀笔菁华》，中华工商联合出版社 2001 年版，第 20 页。

④ 《刑案汇览》卷 23，（清）祝庆祺、鲍书芸等编：《刑案汇览三编》，第 811 页。

⑤ 全士潮辑：《驳岸新编》卷 21，上海古籍出版社 2002 年版，第 325 页。

⑥ 《犯奸上·烧舍入腹》，（清）胡文炳：《折狱龟鉴补》卷 2，上海古籍出版社 2002年版，第 72—73 页。

⑦ 《犯奸下·针刺前阴》，（清）胡文炳：《折狱龟鉴补》卷 3，第 102—103 页。

⑧ 《康熙乙未年山东杀子案》，《清稗类钞》，第 1033 页。

⑨ 《刑案汇览》卷 23，（清）祝庆祺、鲍书芸等编：《刑案汇览三编》，第 811 页。

使而将亲子王孟龙勒死。①

众多的女性犯罪对家庭的和谐及社会的安定造成了一定的不良影响，特别是女性的奸情罪和杀伤罪，更是对父权社会造成了很大的冲击，因此清初统治者对之进行了严格的控制；同时，家法族规也对女性的行为进行了一定的约束，以期更好地遏制女性犯罪。

四　国家和社会对女性犯罪的控制

（一）国家对女性犯罪的控制

清初女性犯罪的增加，引起了统治者的重视，因此为维护社会的安定而采取了一定的措施来加强对女性犯罪的控制，其中的一个突出表现就是这一时期对女性贞节的重视程度大为加强了。元明以来，统治阶级把守节的寡妇和贞女表彰为"节烈""贞烈"，给她们建立"贞节坊""烈女碑"，而清朝做得似乎更为详尽、认真。据雍正元年（1723）记载，朝廷每遇立嗣，命令各地"加意搜罗"，对穷乡僻壤、贫寒耕作的农家妇女，尤其不要因她们经济有困难不能及时请旌而遗漏。旌表节孝，除像以前一样给个别节妇银两建牌坊外，又命在各地建立贞节坊，表彰所有节妇。又放宽褒扬条件，原定五十岁以上的农妇才能申请旌表，改为四十岁以上而已守寡十五年的均可。② 几年后，又因为有些官员不认真执行，下令把建立节孝堂的情况作为卸任交接的一项内容。在这个政策下，旌表节孝成了地方官的一项要务。有的宗族也给烈妇贞女建立祠堂，并在家谱上大书她们的事迹，以示鼓励。封建统治者也在经济上对寡妇施行小恩小惠，以图阻止她们再嫁。一些地方官和地主组织安节局、全节堂、崇节堂、清节堂、保节堂等，给贫穷寡妇一些资助，或接受她们进堂生活。③ 在这样的鼓励下，清代贞节烈妇的数量急剧上升，近人董家根据《古今图书集成》（清雍正四年印行）对东周到清前期的节妇、烈女数量进行了统计，

---

① 《驳案新编》卷 25，北京大学图书馆藏清光绪十年（1884）刻本影印版，第 22—24 页。

② 《清世宗实录》卷 4，元年二月癸亥条，第 4 页；卷 12，十二月甲寅条，第 5 页，《台湾文献史料丛刊》第 4 辑，大通书局 1984 年版。

③ 冯尔康：《清代的婚姻制度与妇女的社会地位述论》，《清史研究集》第 5 辑，光明日报出版社 1986 年版。

列表如下：

表 1-1　　　　　　　东周至清前期节妇、烈女数量变化①　　　　（单位：人）

人数 \ 朝代	周	秦汉	两晋南北朝	隋唐五代	宋	元	明	清（1726 年前）
节妇（守志）	6	23	29	34	152	359	27141	9482
烈女（殉身）	7	19	35	29	122	383	3688	2841

另据学者统计，清朝前期（顺治九年—道光二年）旌表总数多达213083 人，平均每年 107618 人，仅乾隆朝就多达 68576 人。② 被旌表的妇女是家族邻里甚至本县的骄傲，不仅可以享受法定 30 万官银修建牌坊的光荣（或进入节孝祠流芳百世），还可为家庭带来一定的好处。"凡民间寡妇二十以前夫亡，守志五十以后不改节者旌表门闾，除免本家差役。"③

在旌表的同时，政府也通过法律的形式对女性的行为进行严格的控制。清初，女性由于受到伦理的严格限制而活动的范围很小，她们的经济关系、社会关系局限于家庭，或者家族，很少能广泛地接触社会，其犯罪的机会也不是很多。就家庭内部而言，女性主要的刑事犯罪可归结为三类：（1）死罪；（2）奸杀罪；（3）家庭成员之间的殴斗，也即家庭暴力问题。④ 清朝沿袭明朝，制定专门的法律对女性犯罪进行惩治。如《大清律例》从女性犯罪的构成要件、惩罚对象到具体的处罚措施，无不必备，几乎涵盖了女性生活的各个方面。⑤ 尤其对家庭成员之间的关系都作了详尽的限定，规定卑幼和妇女不得控告尊长和丈夫。⑥ 同时删除妇女"代告"的条例，使得女性连"代告"的权利也被漠视了。在纲常名教的名义下，女性通常被公开剥夺

① 转引自顾鉴塘、顾鸣塘《中国历代婚姻与家庭》，商务印书馆 1996 年版，第 140 页。
② 郭松义：《伦理与生活：清代的婚姻关系》，商务印书馆 2000 年版，第 401 页。
③ 《孝节》，（清）张一魁纂修：《纂修景州志》卷 4，清康熙刻本，《稀见中国地方汇刊》第 3 册，中国书店 1992 年版，第 481 页。
④ 杨剑利：《清末民初华北妇女地位的社会考察（1895—1921）》，博士学位论文，中国人民大学，2002 年，第 92 页。
⑤ 王强：《清前期女性犯罪研究》，第 17 —18 页。
⑥ 薛军、窦铁军编：《中国法制史问题纵横谈》，第 114 页。

了应有的法律权益。①

对那些敢于触犯纲常名教的女性更是给予严惩，如在乾隆年间上海县民刘四与刘六之妻徐姐奸逃活抢一案中，因徐姐被抢时为非良家妇女（被诱拐一次），并且抢时愿从而按照和诱知情治罪，被处杖一百，徒三年，且因其为犯奸之妇而被"杖罪的决"②。当时还有一段记录称，段氏素性悍泼，夫屡次管教不听，后因殴逼夫兄身死而被加重处罚实发为奴，不准收赎。③ 特别是对于女性因奸杀人的案件，即使被杀人之人地位低微，也会被重惩。如道光二年（1821）贾氏与人通奸杀死知情之童养媳，援引四川成案中李陈氏因奸杀死14岁童养媳之例而被永远监禁。④ 此外，女性并无"忤逆之处"，但尊长因其自尽有时也要被处以严厉的刑罚。如道光六年（1825）贵州何田氏因子弄污衣服将之斥责被姑嚷骂，氏未回骂但其姑自尽，虽"该氏并无违犯教令"之处，却仍被拟绞后才被减流。⑤

此外，官府对该时期部分女性的拐逃行为也进行了严格的控制。在法律上，犯奸和拐逃属于不同的处分项目。根据《大清律例》规定犯奸系属于刑律"犯奸"篇，拐逃则是属于刑律贼盗篇的"略人略卖人"项目下的和诱。犯奸处分最轻的是和奸，男女各杖责八十；但是和诱为首者必须"发遣宁古塔给披甲人为奴，被诱之人俱减等满徒"⑥。同时清统治者对这一时期贩卖人口活动也进行了一定的治理，以期起到遏制拐逃的作用。如乾隆四年（1739）九月二十九日贵州总督云南巡抚张允随在上疏中称：

嗣后除外省流棍勾串本地玩法之徒将民间子女拐去川、广贩卖或硬行绑去贩卖者，仍照定例分别首、从定拟斩决、绞候外，其有本省人诱拐本地子女在本省地方售卖者，审无沟通川贩情

① 郑秦：《清代法律制度研究》，第157—158页。
② 那思陆：《清代中央司法审判制度》，文史哲出版社1992年版，第213页。
③ 《刑案汇览》卷34，（清）祝庆祺、鲍书芸等编：《刑案汇览三编》，第1268页。
④ 《刑案汇览》卷23，（清）祝庆祺、鲍书芸等编：《刑案汇览三编》，第841页。
⑤ 王志强：《法律多元视角下的清代国家法》，北京大学出版社2003年版，第104页。
⑥ 赖惠敏、朱庆薇：《妇女、家庭与社会：雍乾时期拐逃案的分析》，《近代中国妇女史研究》2000年第8期。

事，仍照诱去妇人子女本例，被诱之人若不知情，为首者拟绞监
候，为从及和诱知情之人发遣。如系本省人捆绑本地子女在本地
售卖者，虽既捆其人复卖其身，即与伤人无异，为首者强抢夺伤
人例拟斩监候，为从者分发边卫充军。①

乾隆十二年（1747）七月八日刑部议奏中也规定："查贵州穷民
子女，只许当官契买，至邻省地方，不许买苗民于川贩之乎，律无明
禁。应如所奏行令四川、云南、湖南、广西等各督抚转饬所属州县，
出示严禁。"② 对那些买卖被诱之人为娼的行为也进行了一定的制裁，
如清律规定："凡娼优乐人买良人子女为娼优及娶为妻妾或乞养为子
女者杖一百，知情嫁卖者同罪，媒合人减一等，财礼入官，子女
归宗。"③

然而在官府加强对女性犯罪控制的同时，却有不少女性因此而被
冤枉。据《鹿洲公案》记载，时有一许氏因夫娶妾带来一男孩阿雄
得病身死，被阿雄之兄诬为其所杀而被处刑罚；④ 另其时泰州有一妇
人因母为人所杀，被母弟诬为凶手。夫妇称冤，后因严刑拷讯诬服而
被处凌迟刑。⑤ 特别是在涉及奸情及其所引发的罪行上，女性往往更
容易被冤枉。仅以《折狱奇闻》所载三案为例：慈溪有妇人乐氏，
为谋夫长兄家产将兄妻毒死后又诬兄女与人通奸将母杀死，致该女被
处斩刑；另四川巴县一女子因长得漂亮被一品行不端之人看上欲强奸
未果，便将此女视为"破鞋"控究，县衙不但不为此女做主，反而
把为其申冤的兄长打了一顿，该女气愤之余，自杀身亡；而四川李氏
则因与雇工通奸被童养媳发觉便将之虐待致养媳逃走而被媳兄诬为杀
人灭口，后受刑诬服。⑥

因清初女性犯罪多与奸情有关，官府便在法律上对女性的奸情及

① 孔绍明：《高宗实录》卷151，《台湾文献史料丛刊》第4辑，第25—26页。
② 中国科学院贵州分院民族研究所：《清实录·贵州资料辑要》，贵州人民出版社
1964年版，第409页。
③ 《刑律·犯奸》，姚雨卿原纂，胡仰山增辑：《大清律例会通新纂》卷31，文海出
版社2003年版，第3263页。
④ 《三究盗尸》，（清）蓝鼎元：《鹿洲公案》，第17—28页。
⑤ 葛建初辑：《折狱奇闻》，上海会文堂书局1917年版，第18—20、98—99页。
⑥ 葛建初辑：《折狱奇闻》，第18—20页。

因奸引发的一些犯罪行为进行了详尽的规定。

（二）重点惩治女性的性犯罪

从清前期法律惩治女性犯罪的内容可以看出，统治者对于女性犯罪的控制重点在于性犯罪。关于女性的奸情罪，《大清律例》的规定共 26 条，对犯奸的构成要件制定了相当明晰的标准。在对女性性犯罪惩治的问题上，统治者尤其注重服制关系，即亲属之间的亲疏关系。① 同样是奸情罪，女性如果与亲属相奸，就会加重处罚；并且服制越近，处罚也就会越重。如相奸之人为同宗无服之亲，无服亲之妻、妾或缌麻以上亲及缌麻以上亲之妻、妾，要枷号四十日，杖一百；如果涉及侵犯尊长的，处罚更重，有的要杖一百，徒三年，有的要处斩。② 另对于犯奸女性，《大清律例》一般规定"从夫嫁卖"，但同时规定不能嫁卖于奸夫。在《纵容妻妾犯奸》律文中规定："若用财买休、卖休和娶人妻者，本夫、本妇及奸夫各杖一百，妇人离异归宗，财礼入官。"③ 在当时，若某妇人被离异或被卖，不管这样的做法是否合理，人们便视这位妇人为不贞，使其很难容于家庭和社会。

此外，清律对于强奸罪之几近不合情理的规定，亦可见统治者对女性犯奸极尽防范之能的意图。如清律在"殴祖父母、父母"条下有嘉庆十七年（1812）所纂一例，规定"子媳拒奸殴伤伊翁之案"，即使"声明实系猝遭强暴，情急势危，仓促捍拒，或伊翁到官供认不讳，或亲族邻佑指出素日淫恶实迹，或同室之人确有见闻证据毫无疑义"，也要按殴夫之父母的本律定拟，然后由刑部复核，提出应否免罪释放的意见再"奏请定夺"④。

对于因犯奸所引起的奸情杀人，清朝法律更是给予了严厉到近乎残忍的惩罚。如在"杀死奸夫"条规定："凡妻妾与人通奸，而本夫于奸所亲获奸夫奸妇，登时杀死者，勿论。若只杀死奸夫者，奸妇依

---

① 王强：《清前期女性犯罪研究》，第 18—19 页。

② 《刑律·犯奸》，姚雨卿原纂，胡仰山增辑：《大清律例会通新纂》卷 31，第 3233—3234 页。

③ 所谓"买休"指的是奸夫买娶别人休弃的妻子；"卖休"则是丈夫接受奸夫的钱财而出卖自己离弃的妻子。

④ 高绍先：《中国刑法史精要》，第 204 页。

和奸罪断罪，当官嫁卖，身价入官。其妻、妾因奸同谋，杀死本夫者，凌迟处死，奸夫处斩刑。若奸夫自杀其夫，奸妇虽不知情，绞。"① "妻子因外遇而杀死丈夫，或与奸夫同谋杀死亲夫，妇女凌迟处死，奸夫处斩。"② 因此对于女性起意或参与的杀夫行为，一般都会被处以凌迟之刑。"凌迟"，俗称千刀万剐，一般被施用于这种刑罚的人，多是罪恶大，民愤很大的人，为法外刑罚，最早起源于五代。宋代时一度盛行，一般用于惩罚"恶逆之极者"，实际是针对反对国家政权的人。③ 到了清代，则用于惩罚犯奸女性杀害本夫或尊长的犯罪中，可见统治者对犯奸女性的憎恨。即使是丈夫纵容妻子与人通奸，被奸夫所杀，奸妇也要被杖九十。如乾隆八年有一张氏因夫纵容与人通奸，后夫被奸夫杀死，氏便被杖九十。④ 因此谋杀罪中情节较重的均律有专条，这些罪名之所以重处，皆因有关伦常，即维护封建的伦理关系。⑤

另古已有之，清初依然盛行，对犯奸女性的凌辱性惩罚无疑对效尤者亦具有相当的警示作用。如前所述，中国古代对犯奸女性的刑罚莫过于"骑木驴"。元杂剧和明清小说中，多有女犯骑"木驴"⑥。据《狄公案》记载，在毕周氏谋害亲夫案中，"奸夫"徐德泰不过是斩首了事，而"淫妇"毕周氏却还要额外多受一番折磨。⑦ 这一切都要女性的身体赤裸裸地在大庭广众下公开展示，可谓残忍至极，往往令人不寒而栗。

尽管当时的杖臀之刑并不轻易施于女犯但对犯奸的女性则不然，不仅有裸体受杖的做法而且手段更为残忍。在该时期对一般的犯奸妇女要去衣受杖，理由是以其不知耻而耻之；但也有些娼妓却会被留衣

---

① 杨剑利：《清末民初华北妇女地位的社会考察（1895—1921）》，第92页。

② 马建石、杨育棠主编：《大清律例通考校注》卷26，中国政法大学出版社1992年版，第780页。

③ 杨玉奎：《古代刑具史话》，百花文艺出版社2004年版，第174页。

④ 参见张伟仁主编《明清档案》第127册，"中研院"历史语言研究所1994年版，第71371—71388页。

⑤ 郑秦：《清代法律制度研究》，第234页。

⑥ （清）佚名《狄公案》第34卷，转引自王永宽《中国古代酷刑》，云龙出版社1991年版，第20页。

⑦ 王永宽：《中国古代酷刑》，第123页。

受刑，理由是以其无耻而不屑于耻之。①

其时社会风气保守，不论是家长或者邻里之人都对奸情表示可耻，因此对于奸情的制约不仅限于国家法律，还有社会舆论、家法族规。女性若发生婚外情必须"冲破礼教束缚和法律制裁，经过层层的关卡，而且周遭的亲友多少眼睛在注视着"②。而于其他犯罪，家法族规也相应地进行了一定的制约。

（三）家族内部对女性犯罪的制约

一般情况下，女性一旦发生奸情，出于家丑不可外扬的考虑，往往会在家族内部给予解决，很少诉诸官府。清朝的家法族规，对和奸一类行为处罚极严，往往是沉潭、投渊、火焚。如河南渑池县曹氏家族规定："女子有所作非为、犯淫狎者，与之刀绳，闭之生驴房，听其自死。"③ 另《刑案汇览》载，时有徐某与其远房侄女通奸，事发，族长令将二人"推溺毙命"④。可见家法族规的处罚比律例要重得多，远远超出了杖刑，但是，官府对其是认可而不加禁止的，有时甚至有鼓励的意向。⑤ 如对于本夫在奸所"登时杀死奸夫奸妇"，是无罪的。"一旦女子犯奸，如声明淫荡无耻，玷辱祖宗，将其杀死，亦得免罪。"如《刑案汇览》有三件案子，二人勒死犯奸之女，一人砍死犯奸之女，均免罪。⑥ 即使诉诸官府，也是"交夫领回，听其离异"。但多数的丈夫都是将妻子领回，很少与之离异，这可能与当时娶妻所需昂贵的费用有很大的关系。对于拐逃案，一般情况下也都由丈夫领回，被领回家的妇女往往难逃责打、离弃甚至被处死的厄运。但此期也有不少的男子在妻子与人通奸或逃亡之事端发生之后，仍不"嫌弃"地将妻子领回后平静度日。这并非因为他们真的宽容，而是因为续娶实非易事。在清前期对于一般的家庭来说必须积累多年收入才足以娶妻，因此多数庶民为了传宗接代实际上并不轻易休妻；但在那些生员、监生家

---

① 高绍先：《中国刑法史精要》，第 198 页。

② 赖惠敏、徐思冷：《情欲与惩罚：清前期犯奸案件的历史解读（1644—1795）》，《近代中国妇女史研究》1998 年第 6 期。

③ 《曹氏家谱·家规》，转引自郑秦《清代法律制度研究》，第 236 页。

④ 《刑案汇览》卷 27，（清）祝庆祺、鲍书芸等编：《刑案汇览三编》，第 82 页。

⑤ 郑秦：《清代法律制度研究》，第 238 页。

⑥ 瞿同祖：《中国法律与中国社会》，第 9 页。

庭，即便妻妾被拐走未达和诱的地步，他们也断然将妻妾离异，① 可见对女性贞操观念的重视程度与社会地位及经济状况有很大的关系。

为了防治女性犯罪、出轨，一般的家法族规都对女性的言行进行了一定的约束。如山东孔府的《训俗遗规》便对女性的行为规范作了具体的规定：孝敬公姑，和睦妯娌，不凌虐婢妾，不残害妾生子女，妇人撒泼干犯长辈者，罚银一钱，责夫十板等。② 再如茗洲吴氏规定，媳妇娘家的僮仆来家，除传视问安外，媳妇不许与他们接谈。③ 丹阳县孔氏的族谱家规则规定女性犯奸淫，"笞责三十，革胙除派"④。同时，鼓励妇女守贞守节。有的宗族给寡妇抚恤金，特别是在行义庄、赡族田的宗族内，尤其如此。如华亭张氏义庄规定，寡妇之家要按贫穷族人标准给予口粮、衣物；⑤ 福建建宁县巧祥孔氏族规第十二条则规定每年底宗族祠堂给寡妇米一斗，油盐肉钱二百文。⑥

因此清朝初年，女性犯罪数量和类型的增加使得统治者进一步加大了对女性行为的制约力度。特别是国家和社会对女性的贞洁在严格控制的同时也采取了一定的鼓励措施，以防止女性奸情案件的发生。而到了清中后期，中国社会发生了"三千年未有之大变局"，西方社会的事物全面冲击中国传统的社会秩序，中国逐步沦为半殖民地半封建社会。传统社会的控制机制亦逐步瓦解，国家和社会对女性的禁锢也相对松弛下来，使得女性有了更多的接触社会的机会。另外，国家和社会对女性犯罪亦渐失严密的制约，导致女性犯罪的现象有所冒升。

---

① 赖惠敏、徐思冷：《情欲与惩罚：清前期犯奸案件的历史解读》，《近代中国妇女史研究》1998年第6期。

② 陈洪谋：《训俗遗规》卷4，《曲阜孔府档案史料选编》第3编第1册，齐鲁书社1988年版，第46页。

③ 《家规》，《茗洲吴氏家典》第1卷，康熙五十二年（1713）本，藏于国家图书馆。

④ 《续修福建邵武府建宁县巧祥孔氏宗谱》，《曲阜孔府档案史料选编》第3编第1册，第79页。

⑤ 冯尔康：《清代的婚姻制度与妇女的社会地位述论》，《清史研究集》第5辑，光明日报出版社1986年版。

⑥ 《续修湖北枝江县孔氏宗族卷》，《曲阜孔府档案史料选编》第3编第1册，第38页。

第三节　清中后期女性犯罪的趋势

一　女性犯罪类型增加

清朝中后期，因战乱的增加及社会的发展，使得女性大量地参与到社会活动中，女性自身的觉醒意识及各方面的见识也在这一时期得到发展。城市里妇女入游园、烟馆及自由社交已司空见惯，社会上也出现了很多新俗。就其职业而论，则有在烟馆等处作招待的女堂倌；又有为人做杂事或家务的女佣、帮工；有说书演唱的女艺人，还有专门出卖色艺的妓女之流。① 美国犯罪学家路易斯·谢莉指出："女性犯罪是妇女参与社会活动的范围和卷入社会活动的晴雨表。妇女犯罪行为的多样化以及参与犯罪活动的增多与她们的社会作用扩大直接相关。"② 该时期女性犯罪的类型，已经不再仅仅局限于前期的奸情、杀人、拐逃、诬告等几种类型，而是有所增加和发展。如在此际的案例汇编中，就已增加了抢劫、谋反大逆等罪名。清中后期女性犯罪的增加，还与当时多数女性的生活陷于困境有很大的关系。自康熙后期直至嘉庆年间，社会基本安定，多数人尚可维持最低生活，可是到了清朝后期，这个基本的条件逐渐被破坏。清朝统治者生活越来越腐朽，政治上越来越腐败并趋于失控，而人民生活则越来越贫困。由中期那种多数人可以勉强维持最低生活，逐渐变为多数人难以维持最低生活。③ 失业人群和饥饿队伍"层累地被制造出来"④，趋于失控的社会局势驱使女性为维持生计而抗争，其中难以通过正当途径谋生的女性便走向了犯罪。

清中期以来社会伦理道德观念逐步丧失以及娼妓业的兴起，刺激了拐逃案的频繁发生。特别是在咸丰、同治年间，由于战乱导致大量流动人口，许多贫穷女子被生活所迫，沦入烟花地，成为娼妓。而那些流动的商贾仕宦及大批出外谋生的下层流民，由于缺乏

---

① 刘志琴主编：《近代中国社会文化变迁录》第 1 卷，浙江人民出版社 1998 年版，第 347 页。

② 张久祥：《犯罪心理与案例分析》，山东人民出版社 2000 年版，第 224 页。

③ 路遇、滕则之编：《中国人口通史》（下），山东人民出版社 2000 年版，第 599 页。

④ 蔡少卿：《中国近代会党史研究》，中华书局 1987 年版，第 21 页。

正常、稳定的家庭生活，加上社会变动时期，整个社会弥漫着人生无常、及时行乐的风气，遂造成了广大的娼妓需求市场，导致了清代以来娼妓业的畸形兴旺。① 娼妓的大量需求则刺激了拐逃案的大量兴起，有的女性甚至专门以此为业。如当时在北京的三座桥，有位中老年妇人某"奶奶"便以买卖人口为生，并且还引诱良家妇女作那"无耻之事"②。另道光十年（1830）云南有张陈氏则专门从事拐带人口，逼人为娼的犯罪活动，两次犯案赎释后，复行逼勒王周氏等卖奸而被处监禁三年。③ 特别是其时外国不法商贩对中国人口的掠取，更加剧了贩卖拐逃人口的犯罪活动，以致引起了统治者的注意。④

各种资料表明，此际女性犯罪中的诬控案数量亦不少。如据《刑法部档案》记载，光绪二十一年（1895）山西太谷县有妇人张武氏拨弄是非，疑说武贾氏窃取原主人米面致贾氏被殴伤身死；⑤ 又如《大清律例会通新纂》载，道光十一年（1831）有杨沈氏受雇于人，后因被事主驱逐而诬事主之母与人有奸；⑥ 另《樊樊山判牍菁华》亦记道，时有一妇人王杨氏同其子诬陷故夫之继母王刘氏与邻人通奸。⑦ 有的甚至因事而多次诬控，如道光十一年（1831）陕西张王氏京控伊夫张来喜身死不明并刘扬生之子孙霸地平坟一案，该氏便控司控县拖累多人，因所控实系虚诬而被实发驻防为奴；另道光五年（1825）

① 刘志琴主编：《近代中国社会文化变迁录》第 1 卷，第 178 页。

② 《有伤风化》，杨炳延主编：《旧京醒世画报：晚清市井百态》，北京文联出版公司 2003 年版，第 168 页。

③ 《工乐户及妇人犯罪》，（清）许槤：《刑部比照加减成案续编》第 1 卷，道光二十三年（1843）版，第 16 页。

④ 同治十一年（1872），北洋大臣李鸿章奏请："男妇子女不论已卖未卖曾否上船出洋，但诱拐已成应拟为首，斩决。"参见《计民诱拐人口卖与洋船变通惩办章程》，葛士浚辑：《皇朝经世文续编》卷 86《刑政 3》，《近代中国史料丛刊正编》第 741 册，文海出版社 2003 年版，第 2197 页。

⑤ 《太谷县张武氏因拨弄是非疑说武贾氏窃取原主人米面而致贾氏被殴伤死案》，中国第一历史档案馆馆藏，1895 年，卷宗号：475—16—21—17548。

⑥ 《刑律诉讼·奉天司》，姚雨卿原纂，胡仰山增辑：《大清律例会通新纂》卷 28，第 644 页。

⑦ 《樊樊山判牍菁华》，襟霞阁主编：《十大名吏判牍》，上海中央书店 1924 年版，第 8 页。

广西有李马氏因其子在娼妇陈金氏家宿娼，后被人唤出即无下落。该氏怀疑被甘玉科等杀害而将之多次控告，但查无实情，该氏被处监禁一年。诬控案之兴似乎与女性自私、好妒、多疑等天性有关，实际上也是社会道德和伦理观念逐步丧失的反映。

此外，女性有时也会因闯闹公堂而被重处。如光绪年间山东寿光县民蒋柱赴都察院控伊次子蒋广睦被儿媳董氏毒毙一案中，蒋家妇女齐出殴差，后蒋柱妻张氏又胆敢硬闯入堂，撞头撒泼，目无法纪而被实发为奴①；另《端午桥判牍》载，陈斐氏因子去世，欲把儿媳带回老家高价嫁卖而与媳母家争讼，后经县官调解，共同主婚将氏嫁卖。但事后该氏仍不满意，竟用剃刀抹脖威胁县官，大闹撒泼而被惩治。②

清中后期由于战乱的频仍，大批会党或结社，或起义，女性也积极地参与其中。如当时的天地会、太平天国起义、义和团运动等，都有大批的女性参与其中，民间也有不少由烧香拜佛结拜发展为有组织的秘密宗教。"清朝中期，异端邪教处于发展和成熟期，斗争形式已由消灾祈福走向大规模的武装反对清政府的政治斗争。邪教各分支分布广，斗争规模大，而且男女皆可加入。"③

但这一时期女性犯罪仍以奸情为主，这跟战乱的频仍以及社会的动荡有较大的关系，在社会动荡的局势下女性随家庭而迁徙甚至离散，这种情况下女性便很容易与他人发生婚外情甚至与之结婚；另外丈夫长期不归，妻子在家也较易因经济的困难及感情的空虚而与人通奸或改嫁。因此清中后期，由婚姻冲突所引发的女性犯罪成为其主要类型。

二　传统婚姻出现危机导致女性犯罪加剧

清中期传统的婚姻家庭关系出现了重重危机，直接导致了女性犯罪情形的加剧。这一时期，女性再婚现象流行，尤其是生活在社会下层的民众，再婚更是普遍存在。晚清政府虽然一再提倡妇女守贞守

① 《工乐户及妇人犯罪》，（清）许梿：《刑部比照加减成案续编》卷1，第14—16页。
② 《端午桥判牍》，襟霞阁主编：《十大名吏判牍》，第22—23页。
③ 张仁善：《礼·法·社会：清代法律转型与社会变迁》，天津古籍出版社2001年版，第162页。

节，并大肆加以旌表贞女烈妇，然而不过是"社会再婚风气盛行的写照"①。女性再婚现象流行是传统婚姻家庭出现危机的一个重要表现，亦成为女性犯罪的一种新类型。因为男子再婚也许不算什么，而女子再婚则挑战了男子的中心地位，有些甚至成为一种犯罪行为。如据《樊樊山判牍菁华》载，有一妇人张薛氏光绪三年冬逃荒，为求活而携子改嫁吴姓为妻，后被原夫控究。②

当时由于重男轻女以及普遍存在的溺婴事实，使得男女比例处于极不正常的状态，加剧了男子娶妻的困难。③ 同时婚嫁论财风气的蔓延也带来消极的内容，增加了新的不稳定因素。④ 有些男性无力娶妻，也有部分女性因家贫出嫁后受到贱视，如时有张氏便因家贫无嫁妆而被夫家"犬马待之"⑤。而有些家庭则为了多得财礼则一女多嫁，⑥ 甚至也有已婚女性被重新嫁卖的现象。如据《鹿洲公案》记载，时有秦氏嫁夫家三年未生子女，其父又将其嫁卖他人；⑦ 道光五年（1825）浙江曾周氏则因夫患病无资，商同阎王氏将已出嫁之女嫁卖；而道光七年（1827）河南辛刘氏结婚后，其母因贫苦难度便又将该氏改嫁；⑧ 另《端午桥判牍》亦载有一姜氏因夫去世，其姑为得财礼而将之嫁卖的案例。⑨

此外，清中后期女性通奸的现象亦异常普遍。主要原因在于频繁的战乱引发了人们严重的生存危机，使人们的情感需求往往让位于生存需求；再者基于"父母之命，媒妁之言"的非自主婚姻往往缺乏承受挫折的能力，不少女性在经济或情感因素的促发下便会选择通奸。有大量的资料对此进行了描述，如据《胡林翼判牍菁华》记载，有姜炳星年60岁娶买一年轻婢女杏宝，后又买姣童蔡兴，二人通奸

① 吴建华：《明清江南人口研究》，群言出版社2005年版，第504页。
② 《樊樊山判牍菁华》，襟霞阁主编：《十大名吏判牍》，第42页。
③ 郭松义：《清代妇女的守节和再嫁》，《浙江社会科学》2001年第1期。
④ 郭松义：《清代婚姻关系的变化和特点》，《中国社会科学院研究生院学报》2000年第2期。
⑤ 《李鸿章判词菁华》，襟霞阁主编：《十大名吏判牍》，第32页。
⑥ 《一女三婚案》，小横香室主人：《清朝野史大观》，上海书店1981年版，第82—84页。
⑦ （清）蓝鼎元：《鹿洲公案》，第83页。
⑧ 《逐婿嫁女》，（清）许槤：《刑部比照加减成案续编》卷3，第57页。
⑨ 《端午桥判牍》，襟霞阁主编：《十大名吏判牍》，第23页。

谋财被获；倪某因与周女婚前有染，后周女出嫁后，倪某前往叙旧而被夫发现告发。① 有的通奸女性甚至选择与奸夫潜逃或将本夫杀害，如光绪年间有一何氏与孟兴和通奸同逃，嗣因无钱预行移居别处又与他人通奸同逃被获；② 另光绪十八年（1892）直隶天津的郑国锦则因奸商同奸妇在本夫刘明生病之际，将之致死。③ 依据个案，有偶妇女通奸中的多数与婚外情有关，而与经济利益有关的类型也占一定比例。由此既揭示出清代中后期婚姻质量较低的特征，同时也表现出当时人们比较务实的行为态度，传统道德的约束力度在社会下层家庭中是有限的。④

　　再者，两性冲突加剧，家庭暴力频发，使得悲剧时有发生。在中国的传统社会中，出嫁后的女儿通常与娘家保持着比较密切的关系，省亲的频度一般较高。从司法档案中的供词看，丈夫对妻子的这方面约束，是因为妻子回娘家会影响对自家的生活照料，因而希望妻子多关注自家事务。也有的是担心妻子回娘家会发生一些不轨的行为，如果彼此难以协调，冲突不可避免。美国传教士明恩溥在对中国近代农村社会考察时也指出了这一点："迄今为止，回娘家一直是中国年轻妇女生活中的主要乐趣。她总是尽量设法多次回娘家，而她的丈夫则想尽量地进行限制。"⑤ 如据《十大名吏判牍》记载，有妇女王李氏悍泼淫荡未嫁时与人有染，婚后时常归宁叙旧而被夫拦阻。⑥ 有时，娘家也成为女性在受到丈夫虐待时的一个避风港。如道光十七年（1837），直隶宝坻县李氏因"言语不周"被丈夫打骂，逃回娘家。⑦ 但在当时，女性私回娘家一旦被夫控究便要受到相应的法律惩罚。由此，在家庭矛盾中，丈夫管教妻子所引发的冲突是家庭矛盾的主流。从冲突的结果来看，妻子往往成为家庭暴力的牺牲品，这一点表现得非常突出。女性的家庭命案绝大部分是丈夫殴打妻子所引起的，也进

---

① 《胡林翼判牍菁华》，襟霞阁主编：《十大名吏判牍》，第 21 页。
② 薛军、窦铁军编：《中国法制史问题纵横谈》，第 114 页。
③ 《补洗冤录四则》，（清）沈家本：《寄簃文存》，第 164—165 页。
④ 王跃生：《清代中期婚姻冲突透析》，社会科学文献出版社 2003 年版，第 202 页。
⑤ ［美］明恩溥：《中国乡村生活》，陈午晴、唐军译，时事出版社 1998 年版，第 320 页。
⑥ 《端午桥判牍》，襟霞阁主编：《十大名吏判牍》，第 2 页。
⑦ 《郝海教训》，1837 年，中国第一历史档案馆藏，顺天府全宗：法律词讼类，第 164 卷。

一步表明妻子在家庭冲突中处于不利地位。可以说丈夫滥施暴力、对妻子过度管束是这些命案发生的主要原因。① 如据《皇朝正典类纂》记载，道光十年（1830）湖南有一妇人与夫口角，其夫赶殴该妇时不慎跌毙致该妇被处以绞刑；② 另如光绪十九年（1893）陕西鳌至县妇人余齐氏与夫因热饭争殴而将伊夫余三保砍死；③ 而该省薛州张毛氏则因屡被伊夫张五儿打骂折磨，该氏挟嫌将夫谋杀。④ 特别是一夫多妻制的存在更加剧了女性婚姻方面的危机，使得冲突不可避免。如道光元年（1821）四川有朱氏因夫妾悍泼而与夫将妾谋杀；⑤ 再如道光十二年（1832）四川尹氏为侯喜之妾，被正妻侯田氏殴打而夺棍将之殴伤，致其自尽，该妾被处绞监候。⑥

　　这一时期，也有一些由乡下进城的女子，与其他男人姘居或由于其他原因，往往不再愿意与原夫维持关系。⑦ 如同治十二年（1873）上海有一妇人因在城里佣工，不愿回家而被夫控究；⑧光绪七年（1881）上海有一佣妇则因与主人通奸而不愿随原夫；⑨ 而光绪二十三年（1897）广西长阳县民妇向张氏因背夫逃出在外佣工，日久不回致氏夫因贫病自尽而被控究。⑩

　　清中后期婚姻家庭危机的一个重要特征是女性向以父权为核心的传统家庭模式提出了挑战，也正因为妇女挑战了权位，以致妇女的这种行为便成为一种罪。虽然该期的女性已经开始向传统的婚姻家庭提出了挑战，但由大量的婚姻冲突所引发的犯罪案例来看，多数女性仍

① 王跃生：《清代中期婚姻冲突透析》，第71页。

② 《道光十年湖广司说帖》，《刑律·人命》刑三十二，席裕福、沈师徐辑：《皇朝正典类纂》，《近代中国史料丛刊续编》第91辑，第8883页。

③ 《鳌至县余齐氏因争殴将伊夫余三保砍死案》，1893年，中国第一历史档案馆藏，卷宗号：475—16—23—19194。

④ 《薛州张毛氏因屡被伊夫张五儿打骂折磨挟嫌将其谋杀案》，1897，中国第一历史档案馆藏，卷宗号：475—16—23—19225。

⑤ 《刑案汇览》卷40，（清）祝庆祺、鲍书芸等编：《刑案汇览三编》，第1450页。

⑥ （清）许槤：《刑部比照加减成案续编》卷17，第353页。

⑦ 同治元年（1862），刘志琴主编：《近代中国社会文化变迁录》卷1，第348页。

⑧ 《夫被妻欺》，《申报》1873年4月4日。

⑨ 《论佣妇厌夫诉讼》，《申报》1881年9月16日。

⑩ 《长阳县民妇向张氏因背夫逃出致夫自尽案》，1887年，中国第一历史档案馆藏，卷宗号：475—16—16—12586。

处于备受压迫的状态。

由此，此际女性犯罪种类出现增多的趋势，除了与社会的动荡有关，还与社会道德和伦理观念的逐步丧失，以及统治者对女性犯罪的宽容和照顾有一定的联系。

三 对女性犯罪的控制趋于宽松

清朝中后期，针对日益增多的女性犯罪，统治者试图借助法令的作用对女性的一些行为进行限制，如仍旧鼓励妇女守贞守节。甲午战后，维新派大力输入西方伦理道德观念，社会风气开始为之大变，但截至1896年年底，人们的节烈观看起来似乎并未受到丝毫动摇。女性殉节之举层出不穷，而舆论传媒在报道这些行为时也多持赞赏态度。[1] 同时统治者也对女性的其他行为进行了一定的限制，如曾下令严禁花鼓戏；不准妇女进戏馆看戏；禁止妇女参加城隍会，不遗余力地维护旧礼教下的所谓风化，[2] 尽管如此却似乎难以奏效。

在中西思想文化的对撞中，西方有关男女平等的思想开始冲击到封建的纲常名教，西方人不同于中国人的行为方式、思维方式、价值观念、风俗习惯等，给封闭的中国人观察自己树立了一个新的参照系。[3] 于是这一时期，新的社会生活方式逐渐冲击传统礼法，而后愈演愈烈。使得清朝中后期，礼法开始松动。如妇女守节的行为，此时被认为是"庸行"，基本否定了宋元以来及清朝前期的"妇女贞节说"，而且旌表的工作也常常得不到落实。普通民众对妇女改嫁等行为也开始同情、理解、宽容。[4] 随着男女私相交往的增多，人们对男女两性关系的观念也发生了变化，一般舆论多以"圣人不禁男女大欲"的古训为据，对于人的性欲给予更多的肯定。同时世人对于男女私相交往的看法和态度也因习闻习见而愈加宽容，台基、姘头、搭脚等男女关系的形式，开始大量出现。其中的女子是以自由的身份，出于自愿及自主选择，而不是像妓女那样被迫出卖肉体。这些女子在性

---

① 刘志琴主编：《近代中国社会文化变迁录》卷1，第348页；刘志琴主编：《近代中国社会文化变迁录》卷2，第37页。
② 张仁善：《礼·法·社会：清代法律转型与社会变迁》，第164页。
③ 林吉玲：《20世纪中国女性发展史论》，第22页。
④ 张仁善：《礼·法·社会：清代法律转型与社会变迁》，第168页。

选择上有了一定的自主权，这是对两性关系中女子一直处于从属、被动地位的传统模式的挑战，是对"历来只片面肯定男子婚外性关系的正当性，而否定女子婚外性关系正当性的男子中心性的一种蔑视"①。

在这种趋势下，统治者对女性犯罪的控制也出现了一定的宽松趋势，如当时虽仍有良贱不婚的禁令，但良贱为婚构成犯罪的人"往往并不受法办"②。特别是一些地方官吏，更是作出了有利于女性的判决。对于因奸引发的人命案，不再一律处死，而是根据实际情况进行量刑。如在嘉庆十五年（1810）四川程邓氏商同伊子谋杀亲夫案中，程邓氏因屡被伊夫殴打，且其夫平日酗酒嫖赌，又常想图奸伊儿媳而商同伊子将其谋勒毙命，本应凌迟，后减等杖六十。③ 如时有审判官认为在奸夫奸妇串通捏供本夫知情纵容意图减罪的案例中，如果奸妇事前并不知情即可免其碟罪。④ 而道光六年（1826）法令则规定"谋杀抑勒本夫奸妇并不知情"案例中，奸妇不为罪。⑤ 对于女性未参与的其他因奸致命案件，统治者也对之进行了相应的宽减。例如，清朝张船山的《贵贱枉法之妙判》中载有妇人蒋邢氏背夫通奸致夫被主人诬陷而死一案，邢氏系罪魁祸首，实无所逃，本应从重惩办，以儆淫邪。但审判官却"姑念事前未及与闻，事后又首先举发，虽有背夫之举，未有死夫之心。即其与主人通奸，亦半由主人威逼而来，未便过事苛求。从宽杖五十，发交官媒嫁卖"⑥。另《续增刑案汇览》载，道光十四年（1834）有一妾与人通奸，致其夫被翁责骂自尽。刑部起初认为，"妾的通奸行为与翁的斥骂同为自尽的原因，而妇女与人通奸致并未纵容之夫自尽，应将妾处绞监候"。但该省县令列举充分证据，认为丈夫"其意欲致奸夫奸妇于法，并无欲杀之念，亦无羞忿欲死之心"。假如其父不斥骂，可能过几日就会息忿。因此主张减死

---

① 同治元年（1862），刘志琴主编：《近代中国社会文化变迁录》卷1，第348页；光绪四年（1878），刘志琴主编：《近代中国社会文化变迁录》卷1，第492—493页。

② 张仁善：《礼·法·社会：清代法律转型与社会变迁》，第172页。

③ 《刑案汇览》卷23，（清）祝庆祺、鲍书芸等编：《刑案汇览三编》，第830页。

④ （清）吉同钧撰：《审判要略》，清光绪三十四年（1908），第16页。

⑤ 《刑案汇览》卷23，（清）祝庆祺、鲍书芸等编：《刑案汇览三编》，第830页。

⑥ 郑秦：《清代法律制度研究》，第132页。

为流，得到首肯。①

　　再如对于子孙过失杀父母，清朝前期拟绞立决，清朝中期则有所放宽，开始根据当事人的犯罪动机审理案件。嘉庆六年（1801）续纂，十一年（1806）再次颁布，道光二十五年（1845）修改的子孙过失杀祖父母、父母的定例与清前期就有很大区别，在其补充条例中强调：准将可原情节夹签声明，恭候钦定，改为绞监候。至妻妾过失杀夫、奴婢过失杀家长，依照此办理。② 如光绪八年（1882）发生的晋省杜氏因不能"善事其翁，屡遭殴詈"而将之诉诸父，其父等人将其翁殴死一案，晋府以该氏"先事奉劝，起衅酿命"，将氏比照因贫不能养赡致父自尽之例，拟流收赎，并判氏与其夫离异。③ 此案中杜氏平时孝顺，案发时又不在现场，如此拟罪有所偏颇，甚至有些苛严。该案由此引起司法界人士的大加批判，身居要职的沈家本指出，"此案的判决至少于情、于理、于妇女、于家庭、于社会不利"。尽管司法界人士的意见没能改变原判，但"有关礼法案件判断在司法部门已遭到批评指责，礼法操作的合理性大大打了折扣"④。

　　而对于寻常的命案，执法官吏亦采取了宽容的态度。如《樊山政书》卷5记载，宝鸡县民雷忠信将寡妇谭杨氏拐至陇州，后被其姑谭罗氏与其小叔谭丑儿抓获，雷忠信羞愧吞咽殒命。按照常例发生命案谭罗氏应被判刑，但审判官却将之释放。⑤

　　对于非人命类的案件，审判者也是对当事女性宽仁有加。如嘉庆二年（1797）陕西杨氏在丈夫丧期还未结束时，就由其母将之改嫁，但审判官却对该氏从宽处理，未断离异仍将其判给后夫团聚。⑥ 另据清汪辉祖的《病榻梦痕录》记载，当时有无锡童养媳王氏和未婚夫的叔叔通奸被人发现，扭送官府。按清律，侄媳与人通奸，为十恶大罪中的"内乱"，奸夫奸妇拟发附近地方充军。而汪却以尚未成婚等

　　① 《续增刑案汇览》卷9，（清）祝庆祺、鲍书芸等编：《刑案汇览三编》，第278页。
　　② 张仁善：《礼·法·社会：清代法律转型与社会变迁》，第168—169页。
　　③ （清）沈家本：《寄簃文存》，第159页。
　　④ 张仁善：《礼·法·社会：清代法律转型与社会变迁》，第306页。
　　⑤ （清）樊增祥撰：《樊山政书》，那思陆、孙家红点校，中华书局2007年版，第114—115页。
　　⑥ 《刑案汇览》卷7，（清）祝庆祺、鲍书芸等编：《刑案汇览三编》，第243页。

为由将之按平常人通奸罪处罚，拟处杖一百，枷号一个月。① 对妇女拒奸的行为，有时亦会给予一定的肯定。如据《刀笔菁华》记载，有安徽凤阳陶丁氏因其翁想要强奸她而将其咬伤，被认为属大义灭亲，正当防卫。② 而对一些非人命、奸情的案件，更是表现出了前所未有的宽容。如光绪二十一年（1895）宝坻有寡妇因"借贷未允"而捏词混告故夫之兄与之争地，审判官却"于被讹之家，劝令忍让，曰全骨肉也，于诬告之人，酌断财产，曰恤贫寡也"③。对于那些悬久未决的案件，也不再对当事人永远监禁，而是着人报领。④

另外，清初的那种注重尊卑的伦理关系在清中后期对女性的惩罚中已趋于平等。如子孙违犯教令，祖父母、父母对之管教邂逅致死，按旧律不论尊长罪过，⑤ 清中后期尊长的这些优越权渐渐减少。光绪九年（1883），刑部鉴于民间虐杀十四岁以下童养媳之风，所在皆有，提议对旧律例进行修改，制定新章，拟定今后姑故杀子媳之案，除年在十六以下仍照律准其收赎外，"如有将十五岁以下童养幼媳非理凌虐，逼忿故杀，情节残忍者，照律拟罪，酌予监禁三年，限满，察看情形，实知改悔，据实结报，酌予释放。倘在监复行滋事，犯该笞杖者仍准收赎，犯该徒罪以上，加监罪半年，犯军流以上，加监禁一年，再行释放"⑥。此条遵旨依议，成为章程。当时甚至出现为处于卑幼地位女性开脱的案例，如时有苏州丁四姐因不谙田间工作，"见憎于翁姑，难安于家室"而离家出走，改嫁他人。但该县却对"该女子的不孝，不忠等行为一律不咎，反倒根据该女子的性情、能力及不愿生活在夫家等特点，做出有利于该女的判决"⑦。作为社会中的"个人"，清中后期的司法主体在司法实践中，多不依传统礼法而行，而是采取灵活多变的司法手段。他们的行为不如法律精英那样

---

① 郭建：《帝国缩影：中国历史上的衙门》，学林出版社 1999 年版，第 76 页。
② 步林屋：《媳咬翁舍之谐批》，（清）虞山襟霞阁主编：《刀笔菁华》，第 153 页。
③ （清）樊增祥撰：《樊山政书》，第 264—265 页。
④ 《端午桥判牍》，襟霞阁主编：《十大名吏判牍》，第 20—21 页。
⑤ 《殴祖父母父母》，《刑律·斗殴下》，故宫国家博物院编：《大清律例》卷 28，海南出版社 2000 年版，第 1046 页。
⑥ 《新增刑律汇览》卷 8，（清）祝庆祺、鲍书芸等编：《刑案汇览三编》，第 614 页。
⑦ （清）蒯德模撰：《吴中判牍》，蒯寿枢 1929 年再刊本，第 1—2 页。

具备了变更传统法律的自觉意识，基本是依据自己对社会及民情的直接体验和理解而定的，但客观上却起到了率先冲破传统礼法的作用。用传统法律、道德标准来衡量，他们违背了"依法治国"的原则，用历史价值标准来衡量，他们的所作所为，暗合近代社会变迁的步调，适应了新的"时代"①。

对于某些立法的制定和维持，清中后期朝廷的态度有时也较为开明，在原有的礼法条文基础上能不增加就不增加，尽量考虑到社会生活特点及民众的性情。就旌表而言，按照规定，守节之妇自30岁以前守节到50岁或未到50岁，其守节已达10年者予以旌表。同治七年（1868），御史薛来斯提出放宽贞女旌表的条件，缩短符合旌表的守贞时间，礼部因之对此进行了一定的调整，这实际上削弱了旌表的道德示范作用。不再把名教枷锁过早地套到妇女身上，使女子在丈夫死后，有更多的机会改嫁或另找对象，获得新的生活自由。而且由于操作问题，清中后期旌表制度实际上也没法正常施行，人们对贞节观念进一步淡薄。节妇贞女本希望抱节守志博取贞节名声、牌坊，为族人面上添光，现在由于胥吏作梗，难上加难。不少人干脆放弃努力，理所当然地改嫁，甚至连族长也出面支持鼓励孀妇再嫁，传统礼法维持下去已相当困难。从总的趋势上看，礼法的社会控制作用在这一时期正在急剧地走下坡路，其变化程度之大是清朝中期以前无法比拟的。② 对于妇女翻控等案也给予了一定的减轻处理，"实系挟嫌挟忿，图诈图赖或恃系妇女自行翻控，审明实系虚诬，罪应军流以上，及妇女犯盗后经发觉致纵容祖护之祖父母、父母、并夫之祖父母、父母畏罪自尽，例应问拟云贵两广极边烟瘴充军者，均免；其实发驻防为奴，监禁三年限满，由狱官察看情形实知改悔者据实结报，即予释放"③。而且放宽了对妇女收赎的限制，对女犯的部分军遣及枷杖刑都进行了一定的收赎处理。如道光十年（1830），《续增刑案汇览》中载有安抚咨："郑叶氏由死罪减发极边足四千里充军，律图内并无妇女遣罪收赎明文，咨请部示。本部查老小废疾收赎律注云：犯该充

① 张仁善：《礼·法·社会：清代法律转型与社会变迁》，第310—311页。
② 张仁善：《礼·法·社会：清代法律转型与社会变迁》，第309—310页。
③ 席裕福、沈师徐辑：《皇朝正典类纂》，文海出版社1982年版，第8110页。

军者，亦照流罪收赎。又律图内流罪收赎分别三等，而老小废疾收赎之律注不分五军者，举满流以赎军也。是老小废疾犯该充军，既准照流罪收赎，则妇人犯军罪，亦应照流罪收赎。所有减军之郑叶氏应令照流三千里收赎。"① 又如同年浙抚咨："陈张氏先被王源挟制成奸，即行告知本夫往向理论，尚知廉耻，后因夫妇畏凶勉从。其情节稍为有别。陈张氏所得杖枷罪名应准其并赎，以昭区别。"②

对于罪大恶极的谋反罪，也不再一味连诛妇女，而是根据具体情况对女性进行一定的减刑。如光绪十年（1884）滇抚奏报："遵义屑金盆栏地方，匪党谋为不轨案内之逆妇朱张氏即李张氏，系逆犯朱洪竹即李麻二之妻，讯无同谋助逆情事，应即缘坐朱张氏即李张氏，合依反逆案内缘坐妇女例，拟发各省驻防给官员兵丁为奴。"③

同时，统治者还颁布大赦令，对犯罪者进行赦免。如咸丰十一年（1861）十月九日恩诏：妇女犯罪"除谋故杀、强盗、妖言、十恶真正死罪不赦外"，其他予以赦免；同治元年（1862）四月二十五日慈禧太后恭上尊号，又颁恩诏，内开"除十恶不赦外，犯法妇人尽行赦免"，比以前"更为宽大"④。

虽然这一时期对女性犯罪的控制有所松动，但司法的腐败使得女性仍然未能摆脱世俗的压迫。特别是其时社会对女性奸情的敏感性，使得家庭中的丈夫一旦非自然死亡，人们便很容易与妻子的奸情进行联系，很多女性由此而承受不白之冤，晚清四大奇案之一的杨乃武小白菜案便是一个典型。

四 腐败的司法难以适应社会的发展

清朝中后期，官场日益腐败，违法乱礼之风愈演愈烈，一发难收。由此有人评价晚清官员"素质低下和士气衰恶、官风颓靡相互作用"⑤。晚清社会吏治腐败，直接导致司法腐败。地方官审判案件并

---

① 《续增刑案汇览》卷2，（清）祝庆祺、鲍书芸等编：《刑案汇览三编》，第21页。
② 《续增刑案汇览》卷14，（清）祝庆祺、鲍书芸等编：《刑案汇览三编》，第435页。
③ 《新增刑案汇览》卷15，（清）祝庆祺、鲍书芸等编：《刑案汇览三编》，第739页。
④ 俞国娟：《清朝刑部通行条例：绍兴县档案馆藏司法文书选》，浙江古籍出版社2012年版，第165页。
⑤ 高浣月：《清代刑名幕友研究》，中国政法大学出版社2000年版，第23—24页。

不是真正为民解忧，而是为了应付上级，"今之为民父母者，往往漠视民瘼。除奉承上司外，民间词讼，几有无暇及此之势。以致案牍山积，漠不关心"①。因吏治腐败而导致的黑白颠倒情况比比皆是，人命关天的案件，错案、冤案之事就屡见不鲜。②

　　在当时，有女性虽然犯了罪，然因为司法的腐败却也可以免罪。仅以《刀笔菁华》中所载为例，时有某妇恋奸情热，与所欢共同谋死其夫，遂以千金贿赂得以免罪。③ 但也有女性即使没有触犯国家的法律，却由于各种原因被诬告，以致错判。如《子不语》记载，时福建有一佃户的妻子某氏，其夫外出，该氏与人通奸被诬因奸杀夫凌迟处死，后佃户回来，此案才昭雪；④《端午桥判牍》亦载，其时有一妇人朱陆氏因其夫欲将之嫁卖无借口而诬氏先后与二人通奸，商同一奸夫将另一奸夫谋毙而致该氏被处绞决。⑤ 因非人命案而被诬的，更是所在颇多。如当时江西南城县有一曾氏被县衙役看中而诬氏虐待婆母，致该氏自杀；另据樊增祥的批词《批华阴县民李映连呈词》载，有一妇人刘氏因故被夫之继母诬奸而受刑罚。⑥ 受封建枷锁禁锢的妇女，也有不少不甘被冤屈的，她们硬着头皮出庭辩护，用事实揭露真相，但也因此付出了惨痛的代价。如晚清四大冤案之一的杨乃武小白菜案中的小白菜即使洗冤后也还被杖八十，认为其不该与杨同桌吃饭，不守妇道，而且出狱后婆婆和养母都不肯认领。⑦

　　而另一方面，其时清廷却下令禁止军民擅自"越诉"，使得很多女性即使被诬受陷害也状告无门，晚清官场中官官相护的恶习也使得被诬女性只能承受法律所给予她们的不公平待遇。该时期最为典型的女性被诬案便是持续三年之久的杨乃武小白菜案。

　　小白菜本名毕秀姑，因与夫租赁杨乃武的房屋，杨经常教其写字，后其夫因病去世便被一些人抓住口实，诬陷小白菜与杨乃武通

　　① 《论中国讼事积弊》，《申报》1898 年 12 月 11 日。
　　② 杨剑利：《清末民初华北妇女地位的社会考察（1895—1921）》，第 99 页。
　　③ 陈惠慈：《奸杀御罪之恶薮》，（清）虞山襟霞阁主编：《刀笔菁华》，第 12 页。
　　④ （清）袁枚：《子不语》，（清）朱纯点校，岳麓出版社 1985 年版，第 200—201 页。
　　⑤ 《端午桥判牍》，（清）虞山襟霞阁主：《十大名吏判牍》，第 10—11 页。
　　⑥ （清）樊增祥撰：《樊山政书》，第 230—231 页。
　　⑦ 杨睿：《我父杨乃武与小白菜冤案始末》，《文史精华》编辑部编：《近代中国大案纪实》（上卷），河北人民出版社 1997 年第 4 版，第 1—10 页。

奸杀害了自己的丈夫。杨乃武是一个举人，本身又有些刚直不阿的性格，因事得罪了当地官吏陈锡彤而受陷。而小白菜一个柔弱女子，也禁不住大堂上的严刑拷打以及恐吓威逼等手段因而服罪。①清朝法律规定，被州县判定犯杀人罪者必须解递上一级衙门，在那里听候重审。②因为官官相护，此案仍按原判处理。于是杨乃武的胞姐叶杨氏冒着危险而进行京控，③但京控之后又发回原县审理，并以"重刑威吓"。这种情况下，杨乃武、小白菜熬不住酷刑，只得再一次屈服。后杨乃武的管家工人王廷难去都察院递状，其后杨妻又委托表弟姚士法向步军统领衙门再递，再后又有汪树屏等浙江绅士到都察院联名控告。④该案经过三次京控，后因清朝内部的权力之争，才引起慈禧太后的注意，"人命重大案件承审官吏及派审大员宜悉心研究以成信谳，各省似此案件甚多全在听断之员悉心研究始得实情，岂可意存迁就草菅人命。此案经刑部复验原讯供词半属无凭，究竟因何，审办不实之处着刑部彻底根究以期水落石出"⑤。至此，此案才得以真相大白。

该案之所以能够得到昭雪，社会各界人士的努力特别是传播媒体的大力报道起到了巨大的作用。如当时杨乃武的一些朋友及在京的一些官员纷纷为其奔走呼告，19世纪有位佚名作者论道："涉讼者有罪还是清白，很大程度取决于当地士绅、亲朋好友。如果这些人不保他们，他们就很可能要倒大霉了。"⑥特别是胡雪岩等大商人给予了一定的支持，《申报》等传媒也对此案进行了报道。⑦自同治十三年

---

① 《记杨乃武狱》，《清朝史料》，《清朝野史大观》（二），上海书店1981年印行，第84—85页。

② 瞿同祖：《清代地方政府》，第201页。

③ 殷中坦：《千方百计上京城：清朝的京控》，高道蕴、高鸿钧、贺卫方编《美国学者论中国法律传统》，清华大学出版社2004年版，第537页。

④ 娄万锁：《清代直诉制度的运作及评析》，叶孝信、郭建主编：《中国法律史研究》，学林出版社2003年版，第255页。

⑤ 《浙江余杭县民妇葛毕氏毒毙本夫一案上谕》，光绪二年十二月十六日奉，沈桐生辑：《光绪政要》卷2，文海出版社1985年印行，第47—48页。

⑥ ［英］S. 斯普林克尔：《清代法制导论：从社会学的角度加以分析》，张守东译，中国政法大学出版社2000年版，第81页。

⑦ 杨睿：《我父杨乃武与小白菜冤案始末》，《文史精华》编辑部编：《近代中国大案纪实》（上卷），第1—10页。

（1874）开始，《申报》等报刊频频发表评论和来稿，指责官员的包庇行径，为杨乃武之蒙冤不能白而打抱不平。实际上形成了在野士绅为主要代表的社会舆论势力与承审官员之间的抗衡，"天下之人引颈而望，倾耳而听，以待此案之得成信谳"①。在强大的舆论压力之下，加之官场内部不同派别之间的矛盾等因素，使清廷不得不命令刑部直接复审此案。

同时，先进的人士也由此案意识到刑讯逼供的不合理性及官场的黑暗。该案正由于余杭县知县刘锡彤等多次"严刑勒供"，使得杨乃武等在重刑之下，"遍体皆伤，几至无完肤"，终至屈打成招。《申报》便是首先主张废除刑讯的主阵地之一，该报借杨乃武与小白菜案连篇累牍地对刑讯制度提出尖锐的批驳。其认为，"刑讯之理实为枉也"，其实质是为贪官酷吏提供了弄权枉法的机会。② 而其时官场的黑暗更是让人咋舌，杨乃武与小白菜的命案，历经多次京控，最后被惩处的地方官竟达几十人之多。③ 光绪初年，湖北省的京控案件甚至出现了"尽将原告管押，被告皆得取保的怪现象"④。因为清朝规定，严重刑事案件击鼓受理后，立即拘提。传唤的对象，除原、被告外，还有证人和四邻。在被告未服罪或案情尚未审理清楚之前，被告、原告不许放回，称为"羁押"⑤。在此情况下，寄望于通过京控平反昭雪的黎民百姓焉有重见天日之理！此外，京控案件中能够平反的为数极少，这也充分暴露了吏治的腐败。⑥ 由此，从冤案的发生至其最终得以昭雪的过程来看，清代的司法体制已经基本失灵，难以适应新形势的发展。

如上所述可以看出在传统的中国社会，女性身受"三从四德"观念的束缚，一般是不敢越雷池一步的。而且多数情况下，女性主要依赖男性而存活，因此基本上没什么经济负担。即使犯罪，也主要限制

---

① 《审案传闻》，《申报》1875 年 7 月 16 日。

② 《来稿》，《申报》1874 年 11 月 2 日。

③ 赵晓华：《晚清讼狱制度的社会考察》，人民大学出版社 2001 年版，第 553 页。

④ （清）朱寿朋编：《光绪朝东华录》，中华书局 1958 年版，第 553 页；刘鹏九主编：《内乡县衙与衙门文化》，中州古籍出版社 1999 年版，第 163 页。

⑤ 刘鹏九主编：《内乡县衙与衙门文化》，中州古籍出版社 1999 年版，第 163 页。

⑥ 赵晓华：《晚清讼狱制度的社会考察》，第 559 页。

在家庭之内，且多为奸情或杀伤。女性犯罪的数量与男性相比简直是微乎其微，不值一提。即使她们有所"越轨"，一般也是在家庭内部解决，不会诉之于官府。例如，对于单纯的奸情案件，只要丈夫不告诉一般是不会受到官府处罚的；而且即使向官府告发了，也会把对犯奸妇女的处置权交给其夫"听其离异"。只有发生了人命等重大的刑事案件，官府才会出面处理。此外，女性即使犯了罪，也会由于生理及社会家庭角色等而得到一定的宽免。

到了清初，随着社会的发展，女性参与社会的机会相对增多，女性犯罪类型也出现了多样化的趋势。由于清初移民的影响、人口买卖的合法化以及婚姻的不幸等原因，使得这一时期的女性拐逃案兴起。针对日益增多的女性犯罪，政府大力地旌表贞女烈妇，鼓励妇女守贞守节，限制女性的活动自由。国家法律也制定了专门针对女性的条款，对女性犯罪进行一定的控制。清中晚期，外敌的入侵，西方文化与传统文化的冲击，礼法开始渐渐松动。部分城市女性开始大量地参与社会生活，使得女性犯罪的类型呈现了复杂化的趋势。如大量的女性参与了反对国家政权的活动，当时的各种会党以及多次的起义，几乎都有女性的参与。而且该时期，由于礼法的松动，使得婚姻冲突成为社会的一大典型问题。当女性遭遇不良婚姻时，便开始潜逃、改嫁甚至通奸杀人，而不是像以前那样默默忍受或只是局部反抗。与此同时，面对社会的这一发展趋势，清朝的部分官员对某些案件的处理不再拘泥于律例，而是根据实际情况作出有利于女性的判决。但由于清中后期司法的腐败，女性蒙冤受屈的情形在案例中亦屡屡可见，其中最典型的便为晚清四大冤案之一的杨乃武小白菜案。此案的审理牵涉官员之多，持续时间之久，实为罕见。杨乃武为晚清举人，此案的审理都会如此波折，其他平民百姓的冤案就更可想而知了。

清朝的最后十年，在经历了八国联军及义和团等对清政权的冲击后，统治者意识到了变法的重要性。因此随着变法的逐步施行，清末修律也在同步进行。在新的法律中对女性犯罪的惩罚有所减轻，虽然新律由于清朝很快灭亡而未及正式实施，却被后来的北洋政府所沿用。同时，在清末民初，一方面，女性的地位得到了前所未有的提高，部分女性取得了受教育权、经济权、职业权及一定的婚姻自由权；另一方面，女性却也承担了前所未有的经济压力。很多女性特别是下层社会的妇女和男性一样为生计而不堪重负，但男女不平等的现实并未随之发生根本的改变。这一时期注重了犯罪统计，虽然存在一定的不足，但为我们提供了女性犯罪的一些数据资料。由此，可以更清楚地看出当时女性犯罪的一些情况并可以透视出其犯罪的部分深层原因。

第二章 清末女性犯罪的统计分析

　　清末社会，女性参与社会活动增加，视野变得更加开阔，开始逐渐挣脱封建的桎梏，为自身的自由争取一定的空间。但生活在这一时期的女性也是多灾多难的，她们不得不为生计奔忙，然而多数女性基本上没有什么谋生的能力，生活的重负常常令她们无所适从。在这样的情况下，"犯罪"往往成了部分女性不得已的选择，对那些生活在下层社会的妇女来说尤其如此。

　　在清末以前，人们很少重视犯罪统计，一般的刑事报表，也很少对女犯作特别的关注。晚清司法改革，在学习西方法律制度的同时，也为了展示中国司法的完整性而进行了一定规模的犯罪统计，开始重视司法统计。更由于男女平等观念的传入及女性犯罪的增多，使得女性犯罪统计也受到了一定的关注，虽然统计得不是很详尽，但较以前却进步了很多。由现存的统计资料来看，清末女性犯罪的数量远远少于男性；地区分布则主要集中在京畿等大城市。然在统计中还没有出现对女性犯罪者的职业、婚姻家庭等因素的记录，只是就女性犯罪的时间、地域、类型及被处刑罚等情况有所关涉。

　　清末的全部修律活动，包括两类：一是将《大清律例》修改而成为《大清现行刑律》，这是过渡时期混合体的法律，缺乏进步内容，于1908年正式开始修订，1910年五月十五日清廷正式颁行。① 《大清现行刑律》作为近代刑事法律变革的过渡性法典，与《大清律例》相比，只是稍有变化，其基本原则和制度均是对后者的延续。② 二是参照欧、

---

① 李光灿：《评〈寄簃文存〉》，群众出版社1985年版，第4页。
② 张晋藩主编：《中国百年法制大事纵览》，法律出版社2001年版，第22—23页。

日等国资产阶级刑法，单独制定了《大清新刑律》，这是立宪后实行的
包含资产阶级进步法律改革内容的刑事单行法典，于 1905 年正式开始
制定到 1910 年 12 月 25 日颁布。就法律来说，这一时期先后修订的
《大清现行刑律》和《大清新刑律》对旧有的法律制度进行了一定的变
革，在司法改革方面取得一定的成绩。因此从同期的司法统计中，我们
可以看出新律影响的一些痕迹，如在宣统元年（1909）司法统计的序
言中便提道："光绪三十三年本部奏定新章除折枷律有正条及例内载明
调发、改发并一应情节较重者仍照定律定例定章办理外，其由笞杖流军
罪所附加之枷及丁军留养拟枷各犯比照妇女罚赎章程不论月日多寡各酌
折罚银五两，如无力完缴者仍折作工二十日。"①

　　清末的司法统计就目前笔者所见比较完整的只有法部分别于光绪
三十三年（1907）、光绪三十四年（1908）、宣统元年（1909）所作
的刑事统计报告，第一次统计没有区分性别，因此能看到女性犯罪情
况的只有第二、三次统计。② 另外当时的大理院也对部分女性犯罪进
行了一定的关注，虽然不是很完整，但从中可以看出对女性犯罪的处
理还是受到了新律的一些影响。因此本书主要利用这些统计资料，对
清末女性犯罪进行一定的梳理。从统计来看，清末女性犯罪的规模还
远不如男性，这可能是由于在清末女性与社会的接触还不多，承担的
经济压力也不是很大，其犯罪类型和数量相对来说便要少于男性；还
有一个原因可能是这一时期的女性犯罪在其时人们的心目中，并不重
要，即使有所犯，也是"细故"，多数情况下就在家族内部给予解
决；即使上升到司法程序，只要不是人命和奸情案件的，一般也会给
予和息和开释处理。因此真正被诉诸官府的并不多，我们对这些犯罪
统计资料的分析中，能够较为明显地看出这一特点。

　　法部第二、三次统计就内容来看，第二次统计涉及的内容多些，而
第三次则多为援免减等方面的统计。因条件所限，所谓的统计有时并不
能完全反映当时中国犯罪的实际状况。由此统计者在附录中指出："以
上表除大理院及京师初级各厅、东三省各级厅表外俱系本部专据部卷自

　　① 《法部第三次统计·备考》，京华书局 1909 年版，第 947 页。
　　② 这两次统计分别为：《法部第二次统计》，京华书局，光绪三十四年（1908）；《法
部第三次统计》，京华书局，宣统元年（1909）。

行编制之表，其外省填注之表因本部具奏时送到者尚甚寥寥，兼之表式未能划一，年度更参差不齐而案由亦节略殊甚"①，"本部第一次统计表所列犯罪人数系自光绪三十三年三月十七日本部改章之日始至年终止，本表则合光绪三十四年全年并计第一次表就地正法人犯未曾列表，本表除广东等省未经奏咨有案者不计外凡曾按年按季汇报有案者概入统计是以新旧比较增减较多"②。法部的这两次统计包括了女犯的年龄、籍贯及罪名刑罚等多方面的内容，同时对女犯的援免、监禁等情况也进行了详尽的说明。而大理院则侧重对河南、直隶两省的犯罪统计，对看守所女犯的部分情况也进行了一定的关注。因此就整个清末的犯罪统计来说，虽然略显粗糙而且也不一定能真实地反映其时全国的女性犯罪情况，但由它我们还是可以看出该时期女性犯罪的大致状况。

第一节　法部第二次统计中的女性犯罪

一　女犯的人数、罪名及地域分布

在清末修律以前，民刑事案件在中国的司法中是混在一起的，凡是触犯法律的都算犯罪。对于女性犯罪的人数，如前所述，由于统计的粗糙及各省上报的层次参差不齐，就单纯统计表上的数字不能准确地反映当时女性犯罪的总人数。在清代社会，家法族规对女性的行为起着一定的规范作用。特别是人们也不太愿意看到女性涉讼，即使女性触犯了法律，一般情况下也是让相关当事人庭外和息解决。清代考查地方官政绩的重要指标是"无讼"，诉讼案件增多是地方官疏于职守的表现，所以许多地方官上台后首要的事情便是息讼③。一些地方官为了表明自己的政绩，总是竭力压制、减少诉讼。如果不得已而必须处理案件，处理的原则也是"大案化小，小案化了"。时间长了，大大降低了原本不高的法律权威，使得人们头脑中的法律观念更加淡化。④ 以上这些因素都可能使实际公布出来的数字大为减缩，因此同期女性犯罪的实际数量可

---

① 《法部第三次统计·序》，第1页。
② 《法部第二次统计·序》，第4页。
③ 郭建：《古代法官面面观》，第50页。
④ 杨剑利：《清末民初华北妇女地位的社会考察（1895—1921）》，第99页。

能比出现在统计表中的数字要多得多，但由法部的第二次统计中，我们还是可以看出当时女性犯罪的一些信息。如下图表所示：

表 2-1　　　　　　　　　　　　京畿直省女犯人数①　　　　　　　　（单位：人）

罪别＼省份	京畿	奉天	吉林	直隶	江苏	安徽	山东	山西	河南	陕西	甘肃	新疆	浙江	江西	湖北	湖南	四川	广西	云南	贵州	热河	总计
贼盗	133	—	2	2	6	—	—	—	1	2	—	—	2	—	—	—	2	—	—	—	1	151
人命	1	13	1	3	10	1	3	8	11	5	1	3	2	1	6	1	15	1	6	4	—	96
斗殴	4	—	—	1	1	—	1	—	1	1	—	—	2	—	—	—	4	—	—	2	—	17
诉讼	3	—	—	—	1	—	1	1	1	—	—	—	—	—	1	—	—	—	—	—	—	8
受赃	—	—	—	—	1	—	—	—	—	—	—	—	—	—	—	—	—	—	—	—	—	1
诈伪	3	—	—	—	—	—	—	—	—	—	—	—	—	—	—	—	—	—	—	—	—	3
犯奸	45	3	—	9	3	2	4	2	7	1	2	1	2	—	1	1	2	—	—	2	—	87
断狱	—	—	—	—	—	—	—	—	—	—	1	—	—	—	—	—	—	—	—	—	—	1
户役	2	—	—	—	—	—	—	—	—	—	—	—	—	—	—	—	—	—	—	—	—	2
婚姻	4	—	—	—	—	—	—	—	—	—	—	—	—	—	—	—	—	—	—	—	—	4
计	195	16	3	15	22	3	9	11	21	9	4	4	8	1	8	2	23	1	6	8	1	370

图 2-1　京畿直省女犯人数

在清朝的犯罪类型中，共分为 25 大类，分别为：贼盗、人命、斗殴、诉讼、受贼、诈伪、犯奸、嫌犯、捕亡、断狱、名例、职制、

————

①　整理自《京畿直省犯罪人数总表》，《法部第二次统计》，京华书局，光绪三十四年（1908），第 30—32 页。

公式、户役、田宅、婚姻、仓库、课程、钱债、祭祀、宫卫、军政、邮役、河防、杂犯。① 对于女性来说，如上表所示犯罪人数由多到少为贼盗、人命、犯奸、斗殴、诉讼、婚姻、诈伪、户役、断狱、受赃，其他类型的犯罪女性基本没有涉及。清末社会动荡，部分女性参与到社会活动中来，为生计而奔波，因此这一时期女性犯罪以贼盗② 等经济类犯罪为多。但对大多数的女性来说，其活动的范围还主要在家庭中，很多时候便会与家庭成员或邻里之间发生这样或那样的冲突，殴杀事件不可避免。此外，当时对女性贞操的控制还很严格，女性没有婚姻自由权，不少女性便容易与他人发生奸情，有的甚至还会为此而伤人或杀人，由此人命和犯奸在清末仍是女性犯罪的典型。详见下列图表：

表 2-2 女性各犯罪类型所占比例③

类型	贼盗	人命	斗殴	诉讼	受赃	诈伪	犯奸	断狱	户役	婚姻	合计
数量	151	96	17	8	1	3	87	1	2	4	370
百分比（%）	40.81	25.95	4.59	2.16	0.27	0.81	23.51	0.27	0.54	1.08	100

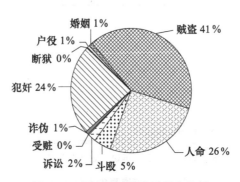

图 2-2 女性各犯罪类型所占比例

① 详见《京畿直省犯罪人数总表》，《法部第二次统计》，第 30—32 页。
② 贼盗在清朝主要包括：盗卖坟冢树木、常人盗官物、强盗、抢夺、窃盗、亲属相盗、雇工人窃家长财物、恐吓取财、棍徒扰害、钱铺关闭侵蚀存银、略人略卖人、和诱、发冢、盗贼窝主、共谋为盗、毁弃死尸、夜无故入人家已就拘执而擅杀等，对女性来说主要是略人略卖人、和诱等。参见《法部第二次统计》，第 33—77 页。
③ 整理自《京畿直省犯罪人数总表》，《法部第二次统计》，第 30—32 页。

与男性的犯罪情形相较，该期的女性犯罪无论人数还是类别都逊于男性。如男性犯罪总人数据统计为 7477 人，约为女性犯罪的 20 倍，而且男性的犯罪类型亦广泛得多，贼盗、人命、斗殴是其中最多的三种。①

就地域分布来看，统计结果表明，京师、四川、河南、江苏等省的女性犯罪人数要多些。京畿地区的女性犯罪人数之所以位居各地之首，且以贼盗和犯奸为最多，这似乎与北京为当时中国的政治、经济、文化中心，外来的人口较多等因素有较大的关系。

针对日益增多的女性犯罪，统治者也采取了一定的措施对女性犯罪进行治理，这在法律制度上体现得较为明显。法部第二次统计虽然只有光绪三十四年（1908）女性犯罪的情况，但从中也可以看出国家对女性犯罪进行惩治的情形。

二　女犯的刑罚及枷号情况

清朝的刑罚主要分为即笞、杖、徒、流、死五刑。清代，州县可以决用笞杖，"用法至枷杖而止"，徒以上则要由一省督抚决定。清代"凡审级，直省以州县正印官为初审"②。"凡军民词讼，皆须自下而上陈告。"③ 若不属于本级决断的案件，则要逐级上报，这就是清代的审转制度，这一制度并不是出于对当事人的负责，而是中央集权的表现。但几乎所有的案件都由县级开始立案审理，对一般的民事纠纷和笞、杖轻罪，县级就可以判处。县级对刑案审理后，做出拟处意见，不待当事人是否上诉，即向上传呈。府级对案件二审后，如无权管辖，即又向上转呈。这种层层审转使得案件审理复杂，但这并不是出于对当事人的负责，而是中央集权的表现。④ 案件的严重性，特别是达到可能判处刑罚的严重程度，将决定该案是否要经过法定的复审。轻微的刑事案件，知县可"自理词讼"，有权决定并执行笞杖和枷刑，并每月将这类诉讼的综述呈交上司。但这是事后进行的程序，并且它的意图绝不是引起实质性的复审。不过，过度使用枷刑须征得上级同意。在这种情况下，知县做出初审和临时判决（拟罪）以后，

---

① 参见《京畿直省犯罪人数总表》，《法部第二次统计》，第 30—32 页。
② 高潮、马建石：《历代刑法志注译》，吉林人民出版社 1994 年版，第 1049 页。
③ 吴坤修等编撰：《大清律例根源》，上海辞书出版社 2012 年版，第 1435 页。
④ 以上内容参见倪正茂等《中华法苑四千年》，第 314—315 页。

要将犯人、证人和案情移交上级（知府）。知府复查卷宗，预审被告，然后将案子移交按察使和巡抚，他们又接着进行如上程序。如果刑罚在有期徒刑以下，巡抚对拟罪的批准即为终审；如果刑罚严厉或涉及杀人，该案还要由刑部复审，只有皇帝能批准死刑的执行，而且，显然是在经过悉心复审该案之后（斩立决除外）。[①] 清末官场的腐败，使得很多案件并没能及时上报。即使是上控案件，最高司法机关有时也不能全部审理："凡呈词之较为近情者酌量事体大者奏闻，次则咨交各省督抚审理，情节支离言辞闪烁及一切例不准理者即予发还，仍将奏交咨交及发还各呈词摘叙简明事由，开列清单按月具奏。"[②] 这就使得很多案件一般都在州县自行解决，只有重大的人命、盗匪之类的案件，才会真正上升到中央解决的程序。因此就统计上来说，仅能反映女性所受刑罚的一部分。但由此次的统计可以看出，女性所受刑罚的数量还是具备了一定的规模，表现在光绪三十三年（1907）、光绪三十四年（1908）及宣统元年（1909）女性被处刑罚人数呈现出了很大的变化。[③] 详见下列图表：

表 2-3　　　　　　　京畿直省刑罚女犯人数比较[④]　　　　　（单位：人）

人数 刑罚 \ 年份	光绪 三十三年	光绪 三十四年	宣统 元年	合计	比例 （%）	各类别罪犯人数占总人数比例（%）		
						光绪 三十三年	光绪 三十四年	宣统 元年
斩	13	27	43	83	7.26	7.30	8.79	6.53
绞	16	37	41	94	8.22	8.99	12.05	6.22
遣军	2	5	4	11	0.96	1.12	1.63	0.61
流	11	16	26	53	4.63	6.18	5.21	3.95
徒	73	141	159	373	32.6	41.01	45.93	24.13
杖笞	63	76	386	525	45.9	35.39	24.76	58.57
总计	178	307	659	1144	100	100	100	100

---

①　殷中坦：《千方百计上京城：清朝的京控》，高道蕴、高鸿钧、贺卫方编《美国学者论中国法律传统》，清华大学出版社 2004 年版，第 515—516 页。

②　《都察院刑部复上控案件未能概予提审折稿》，《申报》1906 年 11 月 3 日。

③　此处为了论述的需要而将第三次统计中的相关数据也列入进行分析。

④　以上图表整理自《京畿直省刑罚增减比较表》，《法部第二次统计》，第 3—4 页；《法部第三次统计》，第 644—645 页。

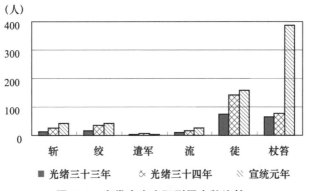

图 2-3　京畿直省女犯刑罚人数比较

　　由上可知，这一时期女性犯罪的刑罚以杖笞最多，约占 46%，然后是徒刑，约占 33%，其次为绞、斩，分别为 8% 和 7%；最后为流和遣军，分别为 5% 和 1%。[①] 女性的刑罚多集中在杖笞刑上，这说明当时女性犯罪的处理主要由州县来完成。鉴于女性的生理特点，徒刑一般收赎。流刑，仅次于死刑，用于较严重的刑事案件，其中发遣是从流刑派生出来的，一般发往黑龙江或新疆伊犁给披甲人（八旗管兵）为奴，一般流刑也可收赎。因妇女体弱无力，"徒役之事，非妇女所能任"。流刑要到远离家乡几千里的地方，服役期间难以管理，单就路上的安全问题也是个让人大伤脑筋的事情，[②] 而且一旦离去，家庭生活难以为继，妇女即使被处徒流刑，也很少实发，[③] 均准纳赎。因此一般来说，对女性真正实行的刑罚并不多。而且就刑罚分布的年限来看，光绪三十三年（1907）以徒刑为最多，光绪三十四年（1908）也以徒罪为多，宣统元年则以笞杖为多且增长率尤为显著。相比之下同期男犯所受的刑罚则以徒和遣军为主，这似乎与该期男性主要的犯罪类别有很大的关系。[④]

---

　　① 在本书中，所计算的比例都为约数，以下皆同，不赘述。

　　② 王强：《清前期女性犯罪研究》，第 20—22 页。

　　③ 只有乾隆四十八年（1783）有邢王氏因儿媳体弱不能工作，又出言顶撞而强迫其灌饮盐卤，用刀撬落门牙导致死亡，皇帝认为残忍至极而实发。参见《刑律·人命》，《刑部》78，《清会典事例》卷 800，中华书局 1991 年影印本，第 759 页。

　　④ 参见《京畿直省刑罚增减比较表》，《法部第二次统计》，第 3—4 页；《法部第三次统计》，第 644—645 页。

光绪二十八年（1902），山西巡抚赵尔巽奏请各省通设罪犯习艺所经刑部议准，"徒犯毋庸发配，按照年限，于本地收所习艺。军、流为常赦所不原者，照定例发配，一律收所习艺。遣军照满流年限计算，限满释放，应听自谋生计，并准在配所入籍为民。若为常赦所得原者，无论军、流，俱毋庸发配，即在本省收所习艺。工作年限，依照前科算。自此五徒并不发配，即军、流之发配者，数亦锐减矣"。光绪三十年（1904），又仿照外国罚金之法，改为罚银。① 按当时徒刑为五等，"其年限虽均依旧制，然均改在本地收所工作，限满释放，不若以前之发配远方矣。又凡老幼、废疾及过失伤害情可矜悯者，均听赎；惟为律例所不准收赎者，均不准赎"②。光绪三十一年（1905），修订法律大臣沈家本等奏请删除重法数端，将凌迟、枭首、戮尸废除。认为"凡此惨重之刑，故所以惩戒凶恶。第刑至于斩，身首分离，已为至惨"，因此谕令凌迟、枭首、戮尸永远革除。③ 死刑分为绞、斩两类，又各有立决和监候两种。立决属于"决不待时"，立即执行。监候要先监禁起来，等到秋审和朝审之后再作决断，秋审时可分为情实、缓决，情实又有勾决和未勾两种情况，勾决处死，若侥幸未勾，就转入下一次秋审，如果十次未勾即可改为缓决，缓决三次可减等。④ 至此清末修律将律例内凌迟、斩枭各条，俱改为斩决；其斩决各条，俱改为绞决；绞决各条，俱改为绞监候，入于秋审情实；斩监候各条，俱改为绞监候，与绞候人犯入于秋审，分别实缓。至缘坐各条，除知情者仍治罪外，余悉宽免。其刺字等项，亦概行革除。光绪三十二年（1906），法律馆又奏准将戏杀、误杀、擅杀虚拟死罪各案，分别减为徒、流，"自此而死刑亦多轻减矣"⑤。"其处拟虚拟死罪而秋审例缓者莫如戏杀、误杀、擅杀三项……中国现行律例不分戏误擅杀皆照斗杀拟绞监候，秋审缓决一次即准减流，其重者缓

---

① 赵尔巽等主编：《清史稿》，中华书局 2003 年版，第 4199 页。

② 黄秉心编：《中国刑法史》，上海书店 1992 年版，第 400—412 页。

③ 凌迟，用之十恶中不道以上诸重罪，号为极刑。枭首，则强盗居多。戮尸，所以待恶逆及强盗应枭诸犯之监故者。凡此诸刑，类皆承用明律，略有通变，行之二百余年。至此三项酷刑，在中国历史上永远消失。《清史稿》卷 143，志 118 刑法 2，第 4199 页。

④ 王强：《清前期女性犯罪研究》，第 21—22 页。

⑤ 赵尔巽等主编：《清史稿》，第 4199—4201 页。

决三次减流，盖虽名为绞罪实与流罪无殊。"① 而清末为维护岌岌可危的政权，统治者不得不乞于严刑峻法以震慑"叛乱"，特设就地正法一刑。很多嫌犯还没来得及上控，就已经被地方官处置，清朝末年的女革命家秋瑾，便因此被就地正法。②

而枷号是用木枷夹于犯人的颈部，以示惩戒的一种刑罚，可认为是杖刑的一种附加刑，主要适用于违反纲常名教有伤风化的案件。如犯奸，尼僧道姑枷于庵观门前，其他女犯枷于五城之门或闹市区。乾隆元年议准枷于各门示众的女犯必须另设墙垣房屋，"或于门监之旁添造房屋一间，或即于现在门监之内，量拨一二间，另开门户"，专为女犯居住歇宿之所，不许同男犯俱禁一处。③ 关于女犯的枷号情况，如下表：

表2-4　　　　　　　　京畿直省各省枷号女犯人数④　　　　（单位：人）

枷号人数 时限		京畿	直隶	江苏	安徽	山东	山西	河南	陕西	甘肃	新疆	浙江	湖北	四川	云南	总计
各项附加及专条枷号	三个月	4	—	—	—	—	—	—	—	—	—	1	—	—	—	5
	八十日	1	—	—	—	—	—	—	—	—	—	—	—	—	—	1
	两个月	7	—	—	—	—	—	—	—	—	—	—	—	—	—	7
	四十日	—	—	—	—	—	1	—	—	—	—	—	—	—	—	1
	一个月	13	6	3	2	2	2	4	1	2	1	—	1	3	1	41
	二十五日	1	—	—	—	—	—	—	—	—	—	—	—	—	—	1
计		26	6	3	2	2	3	4	1	2	1	1	1	3	1	56

由统计显示，光绪三十四年（1908）女性枷号刑仍以京师为最多，而且就枷号时间来看主要为1个月，枷号的案由以奸情类为主，详见下表：

---

① 《刑部都查院会奏议复虚拟死罪改为流徒折·光绪三十二年四月二日奏》，《东方杂志》1906年第3卷第7号。

② 夏晓虹：《晚清女性与近代中国》，北京大学出版社2004年版，第289页。

③ 《名例律·五刑》，（清）昆钢等修：《钦定大清会典事例》卷723，第4页。

④ 整理自《京畿直省枷号人数表》，《法部第二次统计》，第240—244页。

表 2-5　　　　　　　京畿直省各事由枷号女犯人数①　　　　（单位：人）

枷号人数 时限	案由	知情容留拐带	军民相奸	容止苟合通奸	纵容妻女犯奸	抑勒女与人通奸	亲属相奸	买卖良为奸	总计
各项附加及专条枷号	三个月	—	—	—	—	—	—	5	5
	八十日	—	—	—	—	—	—	1	1
	两个月	7	—	—	—	—	—	—	7
	四十日	—	—	—	—	—	1	—	1
	一个月	—	37	—	3	1	—	—	41
	二十五日	—	—	1	—	—	—	—	1
计		7	37	1	3	1	1	6	56

而对男性来说，枷号的时间比女性要长，枷号的案由则以存留养亲及赌博为多，因奸情而被枷号的比例很小，可见男女犯罪及其所受惩治的差异。对于女性而言，枷号刑实际上是对其奸情行为的一种严厉惩罚。虽然清末修律对女性的枷号刑也可以收赎，但收赎的银数却要增多，人们对女性的奸情行为似乎更难以原谅。

虽然法律对女性犯罪进行了严格的控制，但在执行过程中，因为女性的生理原因，统治者还是给予了一定的照顾。对于一般的犯罪行为，女性可以纳赎有的甚至可以得到援免或减轻刑罚的宽大处理。

三　女犯的援免及执刑情况

（一）女犯的秋朝审及援免

在清朝的司法实践中，秋朝审为对死刑案件的复核程序，这是统治者为避免枉杀无辜及体现矜恤的一种方法。② 秋审，清代号称大典，每年一度举行。所谓秋审，是对在押死刑犯人的特别复核缓刑的制度。死刑中的监候即押监缓刑，等候复核，入于秋审。当然，监候秋审的罪名都是情节较轻者，才有可能被缓刑免死。清代秋审制度虽有

流于形式之处，但总还是一种慎刑制度，最大限度地控制了死刑程
序，"在相当程度上减少了枉滥错杀"①。"秋审本上，入缓决者，得
旨后，刑部将戏杀、误杀、擅杀之犯，奏减杖一百，流三千里，窃贼
满贯、三犯窃贼至五十两以上之犯，奏减云、贵、两广极边、烟瘴充
军，其余仍旧监固，俟秋审三次后查办。间有初次入缓，后复改实
者，权操自上，非常例也。入可矜者，或减流，或减徒。留养承祀
者，将该犯枷号两月，责四十板释放。案系斗杀，追银二十两给死者
家属养赡。"② 朝审，则是明清两代复审京城死刑案件的一种制度，③
也会对犯罪者进行一定的减轻处理。

对于犯罪女性来说，经常能够在秋朝审时得到一定的宽减处理，
最高统治者往往以"情有可悯"来对其进行宽大处理。以对女性犯
罪处罚较为严厉的奸情命案为例，在清代，此类命案即使奸妇并未参
与其中，也要对之处以死刑。审判官在判定此案时，都会在判案的案
卷中夹签声明，由皇帝决定对犯妇的处置。后来变成了一种定例，以
示对此类犯罪女性的矜恤。"本妇一闻奸夫杀害本夫，即行喊叫，将
奸夫指捉拿，尚有不忍致死其夫之心，犹属可悯。嗣后如有此等情
事，仍照律定拟，夹签呈览，由皇帝本人裁决。"④ 秋朝审时，皇帝
一般都会将之减为杖流。多数都以"杖一百，徒三年"为最后判案
的结果。各省秋朝审女犯情况如下：

表 2-6 　　　　　京畿直省秋朝审女犯人数⑤ 　　　（单位：人）

人数\类别\省份		朝审	直隶	奉天	吉林	江苏	安徽	山东	陕西	浙江	湖北	四川	广东	云南	总计
情实	服制	1	—	—	—	1	—	—	—	—	—	—	—	—	2
	常犯	—	—	—	1	—	—	—	—	—	—	—	1	—	3
缓决		—	1	2	—	4	—	2	1	1	—	2	—	—	13

① 郑秦：《中国法制史》，文津出版社 1995 年版，第 333—334 页。
② 赵尔巽等主编：《清史稿》第 7 册，第 4209 页。
③ 刘鹏九主编：《内乡县衙与衙门文化》，中州古籍出版社 1999 年版，第 175 页。
④ 《刑律人命·杀死奸夫二》，《钦定大清会典事例》卷 802，第 772 页。
⑤ 整理自《京畿直省秋朝审人犯总表》，《法部第二次统计》，第 1—3 页。

续表

省份 人数 类别	朝审	直隶	奉天	吉林	江苏	安徽	山东	陕西	浙江	湖北	四川	广东	云南	总计
共人数	1	1	2	1	5	1	2	1	1	—	3	—	—	18
上年	6	1	1	—	6	1	1	1	—	1	6	1	1	26
比较 增	—	—	1	1	—	—	1	—	—	—	—	—	—	—
减	5	—	—	—	1	—	—	—	—	1	3	1	1	8

另就光绪三十四年（1908）来看，缓决人数为 18 人，约占女犯总犯罪人数（370 人）的 5%；而同期男性缓决人数约占男犯总人数的 0.3%（总人数为 7477 人，缓决人数为 26 人）。除了对被判处死刑的女犯给予减免外，其他类型的女性犯罪亦会得到不同程度的援免。具体情形如下表所示：

表 2-7　　　　　　　　京畿直省援免女犯人数①

直省/援免人数		京畿	吉林	安徽	河南	甘肃	浙江	总计	占此类刑罚人数的百分比
原犯罪名	贼盗	9	1	—	—	—	—	10	6.62%，（151）
	人命	—	—	1	1	—	—	2	2.08%，（96）
	斗殴	1	—	—	—	1	1	3	17.65%，（17）
	犯奸	11	—	1	—	1	—	13	14.94%，（87）
	婚姻	1	—	—	—	—	—	1	25.00%，（4）
	计	22	1	2	1	2	1	29	
原科刑罚	绞	—	—	1	—	—	—	1	2.70%，（37）
	流	—	—	1	—	—	—	1	6.25%，（16）
	徒	16	1	—	—	—	1	18	12.77%，（141）
	杖	5	—	1	—	2	—	8	10.96%，（73）
	笞	1	—	—	—	—	—	1	33.33%，（3）
	计	22	1	2	1	2	1	29	

---

① 整理自《京畿直省援免人数总表》，《法部第二次统计》，第 203—204 页。

续表

直省/援免人数		京畿	吉林	安徽	河南	甘肃	浙江	总计	占此类刑罚人数的百分比
案件新旧	旧事	—	—	—	—	—	—	—	
	新事	22	1	2	1	2	1	29	
	计	22	1	2	1	2	1	29	

就援免的类别看，所占比例最大的为婚姻类，占婚姻类别总数的20%；其次为斗殴和犯奸，各占18%和15%；最后为贼盗和人命，分别为7%和2%。对于贼盗罪，虽然统计中赦免的女犯人数较其他犯罪类型为多，但就其实际的赦免比例来说，则要小得多。而因案不能减免的监候待质及监禁的女犯中只有一名，实因以诱拐为常业而被禁。[①]在当时，即使部分女犯因故不能得到统治者的赦免，也还可以通过纳赎的方式来抵销其所受的刑罚。

（二）女犯的赎刑

纳赎制度即犯人可以通过交赎金的方式来抵其刑罚，在中国由来已久，清以前的朝代就有犯人可纳赎的做法。罚金作为一种处罚方式，在清代较为普遍。但它本身并不是一种独立的刑种，通常情况下，它只是作为其他正式刑种的替代刑。因此，一般称其为"赎刑"，即以赎金代刑罚。在清代，只是某些具有特定身份的人才被允许以赎代刑。[②]"妇人有犯奸、盗、不孝并审无力者，与乐妇各依律定罚。其余有犯笞、杖并徒、流、杂犯、死罪，该决杖一百者，审有力，与命妇、军职正妻，俱令纳赎。"一般情况下，妇女犯奸，"杖罪的决，枷罪收赎"（乾隆五年定）[③]。如果承审官在纳赎问题上不认

<hr>

① 参见《查办部监监候待质及监禁常犯不准援免表》，《法部第二次统计》，第207—210页。

② 在清代，只是某些具有特定身份的人才被允许以赎代刑，例如妇女、70岁以上的老人，15岁以下的幼童，官吏，官吏之妻等。[美] D. 布迪 C. 莫里斯：《中华帝国的法律》，朱勇译，江苏人民出版社1998年版，第76—77页。古代女性犯罪，除犯死罪、干涉十恶、常赦不原、干名犯义、犯奸、犯盗杀伤罪外，其余出于不幸被连累（如缘坐）。事可怜悯情可原谅者，皆可折赎。清代赎刑有三：一曰纳赎，无力照律决配，有力照例纳赎。二曰收赎，老幼废疾、天文生及妇人折杖，照律收赎。三曰赎罪，官员正妻及例难得决，并妇人有力者，照例赎罪。《清史稿》卷143志118刑法二，第4197页。

③ 《雍正三年奉》，《钦定大清会典事例》卷72，第14页。

真执行，清代的法律还会给予严惩。"凡律例开明准纳赎不准纳赎者，仍照旧遵行外，其律例内未经开载者，问刑官临时详审情罪应准纳赎者听其纳赎不应准赎者照律的决发落，如承审官滥准约赎并多取肥己者交部议处"（雍正三年定）[①]，可见其时统治者对女性赎刑情况的重视。清末虽然进行了修律的活动，对女犯的处罚却依然保留了赎刑这一做法。在统计表中，特意开设女性赎罪的专栏，以示对女性犯罪的宽容。详见表 2-8 和表 2-9。

由统计来看，各个地方的差异性并不大，只是京师的人数稍多，这似乎与这一时期京师女性犯罪的人数较多有关。就收赎的罪名来说，多为和诱及奸情，特别是和诱罪的收赎人数较多。

表 2-8　　　　　　**京畿直省各省收赎纳赎罪女犯人数**[②]　　　（单位：人）

年龄 / 人数 / 省份			京畿	奉天	江苏	山西	河南	陕西	浙江	湖南	贵州	总计
收赎	缘由	70岁以上	3	—	—	—	—	—	1	—	—	4
		19岁以下	5	—	—	—	—	—	—	—	—	5
		妇女犯罪的决	1	1	1	1	1	1	2	1	2	11
		计	9	1	1	1	1	1	3	1	2	20
	原科刑罚	流	1	—	—	—	—	—	1	—	—	2
		徒	6	1	1	1	1	1	1	1	—	13
		杖	2	—	—	—	—	—	1	—	2	5
		计	9	1	1	1	1	1	3	1	2	20
纳赎	缘由	妇女	—	—	—	—	—	1	1	—	—	2
		计	—	—	—	—	—	1	1	—	—	2
赎罪	原科刑罚	徒	—	—	—	—	—	1	1	—	—	2
		计	—	—	—	—	—	1	1	—	—	2

---

① 乾隆三十二年（1767）改为"滥准约赎者交部议处，多取肥己者计赃科罪"。《钦定大清会典事例》卷72，第13页。

② 整理自《京畿直省收赎纳赎罪人数表》，《法部第二次统计》，第228—229页。

表 2-9 京畿直省各事由收赎纳赎罪女犯人数① （单位：人）

年龄	人数 / 原犯案由		诱拐被诱之人不知情	和诱	人命	私和人命	斗殴	犯奸	亲属相奸	媒和犯奸	总计
收赎	缘由	70 岁以上	1	1	1	1	—	—	—	—	4
		19 岁以下	—	5	—	—	—	—	—	—	5
		妇女犯罪的决	—	4	1	1	2	1	1	1	11
		计	1	10	2	2	2	1	1	1	20
	原科刑罚	流	1					1			2
		徒	—	9			2			1	13
		杖	—	1	1	2				1	5
		计	1	10	2	2	2	1		1	20
赎罪	缘由	妇女	—	—	1	—		1		—	2
		计	—	—	1	—		1		—	2
	原科刑罚	徒	—	—	1	—		1		—	2
		计	—	—	1	—		1		—	2

（三）女犯刑罚的减轻及加重

在清朝，犯罪者在事后如能及时自首或收监后表现良好，一般都会被给予一定的减轻处理。但对女性来说，能够真正收监的人数很少，② 因此犯罪后的自首便成为多数犯案女性减轻刑罚的一条途径。该时期减轻的罪由主要为强盗、贼盗、诱拐、诱拐子女未罪送还、和诱、发冢、共谋为盗、奸夫自杀其夫奸妇不知情事后首告、围杀、铸造假银圆、反狱、妇女等。就目前的统计资料来看，女性真正自首的并不是很多，如下两表所示：

---

① 整理自《京畿直省收赎纳赎罪人数表》，《法部第二次统计》，第 228—229 页。

② 在清末以前只有实犯死罪的才会收监，其他刑犯一般责付亲属领回，到清末司法改革，虽然其他犯罪类型的女性也可以收禁，但人数也不是很多。

表 2-10　　　　**京畿直省各省自首减轻、酌量减轻女犯人数**①　　　（单位：人）

减轻人数		京省	京畿	奉天	江苏	甘肃	江西	总计
自首减轻	缘由	自首	1	2	4	1	1	9
		计	1	2	4	1	1	9
	减轻	绞候流三千里	—	1	3	1	—	5
		绞候减徒三年	—	1	1	—	1	3
		满徒减杖	1	—	—	—	—	1
		计	1	2	4	1	1	9

表 2-11　　　**京畿直省各事由自首减轻、酌量减轻女犯人数**②　　（单位：人）

减轻人数		京省	和诱	奸夫自杀其夫奸妇不知情事后首告	总计
自首减轻	缘由	自首	1	8	9
		计	1	8	9
	减轻	绞候减流三千里	—	5	5
		绞候减徒三年	—	3	3
		满徒减杖	1	—	1
		计	1	8	9

　　就表中所见，女犯刑罚减轻的缘由多为奸夫自杀其夫，奸妇不知情事后首告。在当时，国家对女性的奸情控制严格，特别是一旦发生了杀夫事件，不管犯奸女性有没有参与杀人，都要对其进行严厉的惩罚。因此在很多奸情杀人的案例中，当事女性即使不知情也要被处罚。这种情况下，统治者为了鼓励女性"事后首告"以捉拿凶手，便对这一犯罪类型的女犯进行一定的减免。对于那些没有自首的，统治者在具体的执行中，有时也会对其进行减轻处理，以下是依据《法部第二次统计》所整理的关于光绪三十四年（1908）女犯减免刑罚的情况：

---

① 参见《京畿直省自首减轻酌量减轻表》，《法部第二次统计》，第 232—234 页。
② 整理自《京畿直省自首减轻酌量减轻表》，《法部第二次统计》，第 232—234 页。

表 2-12　　　　　　服制情实十次未勾照例拟改缓决女犯人数① 　　（单位：人）

拟改缓决/省		江苏	河南	总计
原犯	奸夫自杀其夫奸妇不知情	1	—	1
	子妇犯奸翁未纵容被人杀死	—	1	1
	计	1	1	2
原科刑罚	绞监候	1	1	2
	计	1	1	2
照例拟改	缓决	1	1	2
	计	1	1	2

表 2-13　　　　　服制情实二次未勾照例拟改缓决女犯人数② 　　（单位：人）

案由 二次未勾缘由/拟改缓决人数		子妇犯奸，姑未纵容致被人谋杀 妇不知情，无恋奸情事	本妇犯奸，其夫羞愤自尽 因奸致本夫羞愤自尽尚非意料所及	总计
省份	山东	1	—	1
	四川	—	1	1
	计	1	1	2
原科	绞决改绞候	1	—	1
	绞候	—	1	1
	计	1	1	2
照例拟改	缓决	1	1	2
	计	1	1	2

　　从以上两个表格中可以看出，犯案女性得到减轻的处理不外乎如下两种理由：因奸致本夫自尽及奸夫因奸杀人，奸妇不知情。减轻的结果一般都会由原来的绞决改为绞候或缓决，这样女性就有了一定的生存机会，如果幸运其刑罚还可以因此而再被减轻或得到赦免。

　　清统治者为了达到控制犯罪的目的，很多时候对那些累犯会给予

---

　　① 整理自《服制情实十次未勾照例拟改缓决人犯表》，《法部第二次统计》，第 299 页。
　　② 整理自《服制情实二次未勾照例拟改缓决人犯表》，《法部第二次统计》，第 288—289 页。

一定的加重处罚。由于该项统计并没有区分性别，所以也无从得知当时女性的累犯加重情况。但由统计来看，清朝累犯现象存在一定的普遍性，有的甚至达到 25 次之多。犯罪类别主要集中在窃盗和抢劫上，而这两类犯罪女性涉及得都很少，由此不难推想其因累犯而被处罚的人数也不会很多。①

在清末，一般来说那些没能得到赦免或无力纳赎的女犯会被监禁。因此，考察被监禁的女性，有助于了解该时期被押女犯的一些情况。

（四）女犯的监禁

在清朝，因监狱环境的恶劣，很多时候会出现犯人惨毙狱中的现象。由统计来看，女性监毙人数和男性相比要少得多，这并不是说女监的环境较男监好，而是女性入监的人数较男性少得多。对女性来说，入监多因人命或贼盗，刑罚以斩绞为主，这是因为在清代，除了杀人犯、待质未定罪人犯及无力纳赎者外，一般女犯是不予监禁的。就监毙的原因来看，多是得病身亡，女性自杀的人数不是很多。详见表 2-14：

表 2-14　　　　　　　　　　京畿直省监毙女犯人数②　　　　　　　　（单位：人）

监毙人数 \ 类别 \ 京省		京畿	奉天	江苏	山西	河南	湖北	湖南	四川	云南	总计
原犯罪名	贼盗	2	—	1	—	—	—	—	—	—	3
	人命	—	1	2	1	2	—	2	1	2	11
	诉讼	—	—	—	—	—	1	—	—	—	1
	计	2	1	3	1	2	1	2	1	2	15
原科刑罚	斩	—	—	—	—	—	—	2	—	1	3
	绞	—	1	2	1	2	—	—	1	1	8
	徒	1	—	—	—	—	—	—	—	—	1
	监禁	1	—	—	—	—	—	—	—	—	1
	未定罪	—	—	1	—	—	1	—	—	—	2
	计	2	1	3	1	2	1	2	1	2	15

① 参见《京畿再犯以上人数表》，《法部第二次统计》，页码模糊。
② 整理自《京畿直省监毙人数总表》，《法部第二次统计》，第 247—273 页。

续表

监毙人数 京省 类别		京畿	奉天	江苏	山西	河南	湖北	湖南	四川	云南	总计
监毙 缘由	自尽	—	—	1	—	—	—	1	—	—	2
	因病	2	1	2	1	2	1	1	1	2	13
	计	2	1	3	1	2	1	2	1	2	15
案件 新旧	旧事	1	—	2	—	1	—	—	—	1	5
	新事	1	1	1	1	1	1	2	1	1	10
	计	2	1	3	1	2	1	2	1	2	15

监禁环境的恶劣以及纳赎女犯的增多,使得被押女犯能坚持到刑满释放的寥寥可数。就此次统计来看,刑满释放的女犯只有1名。[1]

由上列的统计可知,京畿地区女性犯罪所占的比例是最多的,因其得天独厚的条件,使得其司法统计相较其他地区来说显得更为详细而且完整。

四 京师女性犯罪的情况分析[2]

(一) 京师高等及各级审判厅、监察厅女犯的情况

统计资料显示,京畿女性犯罪类型较其他省份为多,几乎涵盖了女性犯罪类型的大多数。详见下表:

表 2-15　　　　京师高等审判厅判决女犯年龄[3]　　　　(单位:人)

案由 年龄	抢夺	窃盗	诱拐	人命	斗殴	犯奸	杂犯	总计	百分比 (%)
15 岁以下	—	—	1	—	—	—	—	1	0.42
16—20 岁	1	1	35			4	7	48	20.00
21—30 岁	—	1	58		1	7	6	73	30.42
31—40 岁	—	—	34	4	—	5	13	56	23.33

---

[1] 参见《京畿直省监候待质及监禁人犯期满释放人数表》,《法部第二次统计》,第278页。

[2] 为叙述方便,也将宣统元年的部分统计放在一起进行论述。

[3] 整理自《京师高等审判厅判决罪犯年龄表》,《法部第二次统计》,第305—311页。

续表

年龄＼案由	抢夺	窃盗	诱拐	人命	斗殴	犯奸	杂犯	总计	百分比（%）
41—50 岁	—	2	17	—	—	1	11	31	12.92
51—60 岁	1	—	17	3	—	—	2	23	9.58
61—70 岁	—	—	1	—	—	2	3	6	2.50
70 岁以上	—	—	2	—	—	—	—	2	0.83
总计	2	4	165	7	1	19	42	240	100
百分比（%）	0.83	1.67	68.75	2.92	0.42	7.92	17.50	100	

在当时，据统计京师高审厅女犯的年龄多集中在 20—40 岁，最小年龄为 15 岁以下，最大为 70 岁以上，且都出现在诱拐案中。而杂犯[1]，则主要集中在 30—50 岁；犯奸则多在 20—40 岁。对于京师男犯来说，则主要集中在 20—30 岁，多以窃盗和斗殴为主。[2] 而监禁人犯的年龄，男犯并没有多大变化，女犯则以 20—50 岁为多。详见下表：

表 2-16　　　　　**京师高等审判厅监禁女犯人数**[3]　　　　（单位：人）

年龄＼案由	田土	诱拐	杂案	总计
21—30 岁	—	1	1	2
31—40 岁	—	1	—	1
41—50 岁	1	—	—	1
总计	1	2	1	4

---

① 在当时主要包括赌博、造卖赌具、失火、守卫宫殿见火起离所守、不应为等。对女性来说主要为赌博、失火、不应为等。参见《法部第二次统计》第 33—77 页。

② 参见《京师高等审判厅监禁人犯男女年龄表》《京师审判厅监禁人犯男女年龄表》《京师初级审判厅判决罪犯男女年龄表》，见《法部第二次统计》，第 305—311、318—321、324—327 页。

③ 整理自《京师高等审判厅监禁人犯》，《法部第二次统计》，第 305—306 页。

京师各级审判厅由五个厅构成，主要审理地方上的笞杖案件，因此就五厅女犯所判刑罚来说，都为笞杖。其总数为 211 人，监禁的为 74 人，折赎的人数为 3 人，折工的为 2 人，援免的只有 1 人。详见下表：

表 2-17　　　　　　**京师各级审判厅判决女犯人数**①　　　　（单位：人）

罪名	人数\厅别	第一	第二	第三	第四	第五	总数
杖	监禁	5	—	5	6	50	66
	罚金	3	8	20	6	48	85
	赎	—	—	—	—	2	2
	计	8	8	25	12	100	153
笞	折工	—	—	1	—	1	2
	监禁	—	—	2	—	6	8
	罚金	22	5	14	2	3	46
	赎	—	—	—	—	1	1
	援免	1	—	—	—	—	1
	计	23	5	17	2	11	58
总计		31	13	42	14	111	211

其中，五厅综合在一起的统计显示，这一时期京师女性犯罪的类型多为奸情及斗殴，详见下表：

表 2-18　　　　　　　　**京师五厅女犯人数**②　　　　　　（单位：人）

罪名	斗殴	骂詈	窃盗	婚姻③	犯奸	杂犯	背夫在逃	背主在逃
人数	51	2	2	3	117	29	5	1

---

① 整理自《京师各级审判厅判决罪名表》，《法部第二次统计》，第 318—321 页。

② 整理自《京师五厅犯罪人数总表》，《法部第二次统计》，第 318—321 页。

③ 在当时主要包括婆逃走妇女、抢夺良家妇女、妻背夫在逃、尊长主婚改嫁等，对女性来说，主要指后两种。参见《法部第二次统计》，第 33—77 页。

各初级厅除了对笞杖刑有终审权外，对其他案件也有审理的权力，因此由其犯罪统计中，我们可以看出总体上京师女犯年龄的一些特征。详见下表：

表 2-19　　　　　　**京师各初级厅女犯年龄统计**①　　　　（单位：人）

人数 \ 厅别 \ 年龄	第一	第二	第三	第四	第五	总计
15 岁以下	—	—	—	—	1	1
16—20 岁	5	1	13	—	23	42
21—30 岁	7	1	27	7	43	85
31—40 岁	9	5	19	9	16	58
41—50 岁	4	2	21	1	12	40
51—60 岁	5	3	11	—	11	30
61—70 岁	1	1	5	—	2	9
70 岁以上	—	—	—	—	2	2
总计	31	13	96	17	110	267

由初级厅女犯的年龄来看，和高审厅的相差无几，都趋于年轻化（犯罪人数最多的都集中在 21—30 岁）。而在京师各级检察厅执行罪刑的人数统计中，女性犯罪就类型来说还是以奸情罪为最多，其次为掠卖人和杂犯，窃盗及"卖休"等人数则相对较少。但就刑罚上来说，京师监察厅的女犯所受刑罚仍以笞杖刑为最多。②

（二）本部两监的女犯情况

清朝的监狱监毙人数很多，即使是作为京师的法部监狱，也未能幸免。在本次统计中，法部监狱中监毙人数为两名，所犯罪名分别为奸拐被诱和略人略卖人，都被科以徒刑而收禁在监。详见下表：

---

① 整理自《京师各初级厅罪犯年龄统计表》，《法部第二次统计》，第 324—327 页。
② 《京师各级审判厅判决罪名表》，《法部第二次统计》，第 318—321 页。

表 2-20 本部北监毙女犯人数①

监毙人数 类别		监所	本部北监（人）
原犯罪名	贼盗	略人略卖人	1
		奸拐被诱	1
		总计	2
原科刑罚		徒	1
		监禁	1
		计	2
监毙缘由		因病	2
		计	2
案件新旧		旧事	1
		新事	1
		总计	2

本部两监中的女犯来源主要由大理院、地方厅和初级厅移送，其中以地方厅移送为最多。在当时，对于一些携带乳儿的犯妇，法律还是给予了一定的照顾，允许她们将之带入监狱。此外，女性每月出监人数总是少于入监人数，详见下表：

表 2-21 本部两监女犯出入月份② （单位：人）

月份 出入类别		正月	二月	三月	四月	五月	六月	七月	八月	九月	十月	十一月	十二月	总计
入监	月初总数	45	54	49	49	41	44	46	54	52	49	44	23	45
	大理院送	—	—	—	3	2	1	1	1	1			1	10
	地方厅送	9	14	8	7	12	9	16	7	11	18	4	—	115
	初级厅送	3	4	2	7	6	6	8	6	4	2	2	2	52
	随带乳儿	1	4	1	1	1		4		3			1	16
	合计	58	76	60	67	62	60	75	68	71	69	50	27	238

---

① 整理自《本部两监毙人数表》，《法部第二次统计》，第249页。
② 整理自《本部两监罪犯出入月表》，《法部第二次统计》，第295—296页。

续表

出入类别＼月份		正月	二月	三月	四月	五月	六月	七月	八月	九月	十月	十一月	十二月	总计
出监	释放	4	27	10	22	16	14	20	14	21	21	26	10	205
	病故	—	—	—	—	—	—	—	—	—	—	1	1	2
	随带乳儿	—	—	1	4	2	—	1	2	1	4	—	—	15
	合计	4	27	11	26	18	14	21	16	22	25	27	11	222
月末总数		54	49	49	41	44	46	54	52	49	44	23	16	16

　　另由统计可以看出本部两监犯人的年龄也多集中在 21—30 岁，且多来自顺天府和直隶，参见下两表：

表 2-22　　　　　　　　**本部监狱罪犯年龄—女**①　　　　　（单位：人）

年龄	15 岁以下	16—20 岁	21—30 岁	31—40 岁	41—50 岁	51—60 岁	61 岁以上	总计
人数	17	42	74	27	16	12	5	193

表 2-23　　　　　　　　**本部监狱罪犯籍贯—女**②　　　　　（单位：人）

籍贯	旗籍	顺天	直隶	山东	山西	陕西	四川	总计
人数	14	136	29	9	3	1	1	193

　　由此，法部第二次统计反映了其时女性犯罪的一些基本情况，但各省的司法情况参差不齐，很难就此推知全国范围内女性犯罪的真实状况。笔者也只能对之进行浅显的分析，虽然略显片面，但还是可以提供一定的参考。

第二节　法部第三次统计中的女性犯罪

　　法部第三次统计（宣统元年）的内容主要侧重在对援免罪犯的统

---

　　① 整理自《本部监狱罪犯年龄表》，《法部第二次统计》，第 297—298 页。
　　② 整理自《本部监狱罪犯籍贯》，《法部第二次统计》，第 296—297 页。

计上，特别是对援免的分类，比前两次的统计更为详尽具体。此次统计中罪犯的人数，远远超过第二次统计，如在光绪三十四年（1908），犯罪人数为男 7477 人，女 370 人；而在宣统元年（1909），男为 16600 人，女为 796 人，[①] 男女犯人数都有很大的增长。就女性犯罪的地区分布来看，仍然以京畿为最多。详见下表：

表 2-24　　　　　　　　京畿直省女犯人数[②]　　　　　　（单位：人）

总计	蒙古	热河	贵州	云南	广西	广东	四川	湖南	湖北	江西	浙江	福建
796	1	10	15	10	1	3	17	18	11	5	4	1

新疆	甘肃	陕西	河南	山西	山东	安徽	江苏	吉林	奉天	直隶	京畿	
4	8	18	22	11	10	7	22	5	15	28	550	

其中，女犯的年龄仍主要集中在 20—30 岁，且这一年龄段的犯罪类型以和奸罪为多。这既与该年龄段女性的生理发展因素有关，[③] 也与当时女性的经济负担较重有一定的联系，[④] 但不管是出于哪种目的，女性的通奸一旦诉于官府通常都要受到法律的制裁。此外，就犯罪类型而言，这一时期女性犯罪仍以和奸罪为最多，其次是贼盗罪，[⑤]详见下列图表：

表 2-25　　　　　　京畿直省女犯年龄和罪名的关系[⑥]　　　　（单位：人）

人数　罪名 年龄	户役	名例	捕亡	杂犯	和奸	诈伪	受赃	诉讼	骂詈	斗殴	人命	贼盗	总计
12 岁以上	1	—	—	1							1		3

---

① 整理自《京畿直省犯罪人数总表》，《法部第三次统计》，第 642—644 页。

② 整理自《京畿直省犯罪人数总表》，《法部第三次统计》，第 642—644 页。

③ 清朝的婚龄为男 14 岁，女 13 岁，个别地方可能更早，因此一般情况下该年龄段的女性多数已婚。

④ 该时期有女性难以通过正当的手段谋生，在家庭负担重时，常在家人默许下与人通奸来获取一定的经济来源。

⑤ 在清代女性的和诱罪也归入贼盗罪，因此可能是因为女性犯和诱的人数较多的缘故。

⑥ 整理自《京畿直省女犯年龄和罪名的关系表》，《法部第三次统计》，第 996—999 页。

续表

年龄 ＼ 罪名	户役	名例	捕亡	杂犯	和奸	诈伪	受赃	诉讼	骂詈	斗殴	人命	贼盗	总计
16岁以上	9	—	—	1	20	—	—	2	—	5	—	15	52
20岁以上	4	—	—	—	69	—	—	4	—	36	31	23	167
30岁以上	2	—	1	4	26	—	—	1	—	31	22	17	104
40岁以上	18	—	—	1	1	—	—	—	1	18	8	11	58
50岁以上	2	—	—	1	8	—	—	1	—	8	5	5	30
60岁以上	—	—	—	1	4	—	—	—	—	1	1	3	10
70岁以上	1	—	—	—	—	—	—	—	—	—	1	2	4
未详	28	1	1	56	162	—	1	3	—	20	23	51	346
在逃	11	—	—	—	—	1	—	—	—	—	—	10	22
计	76	1	2	64	291	1	1	11	1	119	91	138	796

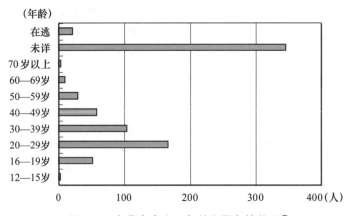

图 2-4 京畿直省女犯年龄和罪名的关系①

从援免的问题上来看，这一年宣统皇帝登基，大赦天下，因此其数量远远超出光绪三十四年（1908），且女性援免的比例还是要大于男性。如宣统元年女性犯罪人数为 796 人，赦免的就达 341 人之多，援免减等人数约占女性总犯罪人数的 43%；男性犯罪总人数为 16600

① 整理自《京畿直省女犯年龄和罪名的关系表》，《法部第三次统计》，第 996—999 页。

人，援免减案等人数为6053人，约占男性犯罪总人数的37%。而在光绪三十四年（1908），女性犯罪人数为370，减等援免的人数仅为58人（其中秋朝审18人，赦免29人，自首减等9人，服制情实十次未勾酌入缓决2人），约占女性总犯罪人数的16%。[1] 而且从《京畿直省恩酌缓减等援免人数表》中可以看出，几乎每一种类型的犯罪都有一定的赦免机会，具体内容如下。

一 死刑人犯援免减等情况

在清朝，死刑人犯一般都要上奏到皇帝那里去复核，秋朝审时便会对部分死刑案件进行一定的减免处理以免错杀无辜。特别是这一年适逢大赦，因此对各省的斩绞人犯更是进行了最大限度的减免。其中关于女犯的情况见下表：

表2-26　　　各省汇案查办斩绞犯援免减等女性人数——女[2]　　（单位：人）

原因＼地区人数	京畿	直隶	奉天	江苏	山东	山西	河南	陕西	新疆	浙江	湖北	湖南	四川	广东	云南
围殴杀人	—	1	—	2	1	—	3	—	—	—	1	1	4	—	—
妾致毙夫逾七期亲尊长	—	1	—	—	—	—	—	—	—	—	—	—	—	—	—
奸夫自杀其夫奸妇不知情尚无恋奸忘义情事	—	—	4	2	—	—	1	3	1	1	—	—	—	—	1
雇工人行窃家长计赃未至五百两	—	—	—	1	—	—	—	—	—	—	—	—	—	—	—
诱拐幼女被诱之人不知情业已给亲完娶	6	—	—	5	—	—	—	—	—	—	—	—	—	1	—
诱拐妇女被诱之人业已给亲完娶	1	—	—	—	—	—	—	—	—	—	—	—	—	—	—
谋杀情有可原	—	—	—	1	—	—	—	—	—	—	—	—	—	—	—

---

① 参见《京畿直省恩酌缓减等援免人数表》，《法部第二次统计》，第115—208页；《法部第三次统计》，第44—145页。

② 整理自《各省汇案查办斩绞犯援免减等女性人数表》，《法部第三次统计》，第3—43页。

续表

原因＼地区	京畿	直隶	奉天	江苏	山东	山西	河南	陕西	新疆	浙江	湖北	湖南	四川	广东	云南
因奸致夫被杀发事后知情	—	—	—	1	—	—	—	—	—	—	—	—	—	—	—
殴杀夫妾	—	—	—	1	—	—	—	—	—	—	—	—	—	—	—
共殴人致死	—	—	—	—	1	—	1	—	—	—	—	—	1	—	—
同姓围杀	—	—	—	1	—	—	—	—	—	—	1	—	—	—	—
谋杀本宗侄	—	—	—	—	—	1	—	—	—	—	—	—	—	—	—
威力致服人拷打致死	—	—	—	—	—	—	—	—	—	—	—	—	—	—	—
谋杀加功尚无挟缘贪贿情事	—	—	—	—	—	—	—	—	1	—	—	—	—	—	—
殴夫前妻之子致死	—	—	—	—	—	—	—	—	1	—	—	—	—	—	—
总计	7	2	4	13	3	2	5	5	1	2	1	1	5	1	1

这一次减免的力度相当大，有一部分是被缓决三、四次后因遇到这次大赦才得以免罪出狱；没有援免的多减发极边安置，只有三名被入缓决。[①] 未被援免但被减等的案由为"诱拐子女""被诱之人业已给亲完娶"及"长工行窃家长计赃未至五百两"；不准援免而入缓决案由为"妾致毙夫期亲尊长""谋杀情有可原"及"谋杀加功尚无挟嫌贪贿情事"，详见以下两表：

表 2-27　　　　　**各地查办女犯死罪减等人数**[②]　　　　（单位：人）

原因＼人数＼地区		江苏
减发极边安置（案由）	长工行窃家主赃未至五百两	1
	诱拐子女被诱之人业已给亲完娶	5
缓决次数（秋审入缓）	一次	3
	二次	3

① 《各省汇案查办斩绞犯援免减等女性人数表》，《法部第三次统计》，第 3—43 页。
② 整理自《各地查办死罪减等人数表》，《法部第三次统计》，第 146—154 页。

表 2-28　　　　**各地查办死罪不准援免酌入缓决等人数**①　　　（单位：人）

地区 人数 原因	直隶	江苏	河南
妾致毙夫期亲尊长	1	—	
谋杀情有可原	—	1	
谋杀加功尚无挟女贪贿情事	—	—	1

　　但就大赦本身来说，也不是所有的死刑罪犯都会被赦免或减等，但不准援免减等的，多数是案关"十恶"的内容，② 这类案犯一般都要被处重刑（凌迟或枭首，对女性来说，主要为凌迟）。清末的司法改革虽然去除了凌迟刑并在一定程度上减轻了对女犯的一些严苛规定，但从这一时期各地查办死罪不准援免人数的统计中我们还是可以看出统治者对尊卑伦理的维护。如在此项统计中，凡是女性伤害尊长致死的（包括丈夫）及尊长因女性而自杀的（不管有意无意）或因奸致命（死者为尊长，包括拒奸）而判死罪的女性都不得援免，而且有的女性即使被判缓决多次也没能就此免罪。③ 因此，虽然统治者对该时期部分犯罪女性进行了宽免，而且清末修律也使其法律地位得到了提高，但尊卑关系的不平等仍然在一定程度上得以留存。再加上新律在当时并没有正式公布，通行的主要是《大清现行刑律》和《大清律例》，使得处于卑幼地位女性的境遇未有多大改观。

　　清末因司法改革，军流及徒杖刑案犯允许收所习艺，很多需要发遣的女犯都被收入习艺所工作，这使得部分犯罪女性因此而免去了徒役之苦。

---

　　① 整理自《各地查办死罪不准援免酌人缓决等人数表》，《法部第三次统计》，第154—163 页。

　　② 所谓"十恶"，通常用来比喻罪大恶极，不可宽恕的人。"十恶"，原指十条大罪都是直接侵犯专制君主制度的统治基础和封建国家的统治秩序的行为，所以把它们列为重点打击对象，凡犯有十恶大罪皆处以重刑，并不享有议、赎、减、免特权，故称"十恶不赦"。参见刘鹏九主编《内乡县衙与衙门文化》，第 171 页。

　　③ 整理自《各地查办死罪不准援免人数表》，《法部第三次统计》，第 165—200 页。

二 习艺待质军流及徒杖犯援免情况

清朝末年虽然规定了犯徒流军等的人犯可以收所习艺，但这一时期社会的动荡，使得很多地方并没有来得及建立习艺所。因此对于女犯来说，这一规定有时形同具文，而只能被改为赎罪或监禁待质。但这次的赦免，却让此类女犯获得了一次免罪机会。如女性军流犯获援免的主要案由为"谋杀子妇""因奸致纵容之夫被杀但不知情审未有恋奸忘仇情事""奸夫自杀其夫，奸妇不知情，事后首告"等；徒罪援免则为"因故致纵容之夫被杀讯无知情同谋情事而私和""非理殴死子妇""和诱知情被诱之人"等，详见以下列表：

表 2-29　　奉天省汇案查办习艺待质未发配军流女犯准予援免人数①

（单位：人）

援免方式	人数	案由	谋杀子妇	因奸致纵容之夫被杀不知情审未有恋奸忘仇情事	奸夫自杀其夫奸妇不知情事后首告
准予援免	发驻防为奴	准赎	1	—	
		改监禁	—	1	
准免仍监候待质	流	三千里	—	—	2
总计			1	1	2

表 2-30　　四川省汇案查办本省习艺待质军流女犯准予援免人数②

（单位：人）

徒罪	—	—	非理故杀子妇
准予援免	军流	两千里	1
总计			1

---

① 整理自《奉天省汇案查办习艺待质未发配军流犯准予援免人数表》，《法部第三次统计》，第 252—282 页。

② 整理自《四川省汇案查办本省习艺待质军流犯准予援免人数表》，《法部第三次统计》，第 252—282 页。

表 2-31 　　　　**各省汇案查办徒杖女犯援免人数**① 　　（单位：人）

原因 ＼ 人数 ＼ 省份	陕西	四川	云南
因故致纵容之夫被杀讯无知情同谋事伊夫被杀私和	1	—	
非理殴死子妇	—	1	
和诱知情被诱之人	—	—	2

表 2-32 　　　　**各省汇案查办徒杖女犯援免人数**② 　　（单位：人）

查办及原定罪名 ＼ 省份			陕西	四川	云南
准予援免仍监候待质	徒	三年	1	—	
准予援免	徒	三年	—	1	2
总计			1	1	2

由此可以得知，统治者之所以对这些类型的女犯进行援免，多是出于在这几种类型中，犯罪者非案内主犯或本身为尊长等因素的考虑。如奸情类中女犯都是不知情，并未下首加功（动手）或为同谋，而且有的在事后还进行了首告；在非礼故杀子妇的案例中，则主要是因为清末所修律法未尽撤尊长的特权，而对尊长类女性的这一犯罪进行了一定的援免。对于被处杖刑的女犯情况，统计表中相关援免的统计未区分性别而不能进行相应的分析。同时，此次援免也对以前的积案进行了适度的处理，这对部分因缘坐而获罪的人犯而言也是一种照顾。

表 2-33 　　**四川省汇案查办各省解川安置军女犯准予援免人数**③ 　（单位：人）

				陕西省
	—		—	
准予援免	案由	—	—	杀一家非死罪三命案内缘坐之犯讯无知情同谋	1
	原定罪名及到配年份	军	附近	光绪十年	1
总计	—		—	1

---

① 整理自《各省汇案查办徒杖罪犯援免人数表》，《法部第三次统计》，第 282—292 页。
② 整理自《各省汇案查办徒杖罪犯援免人数表》，《法部第三次统计》，第 282—292 页。
③ 整理自《四川省汇案查办各省解川安置军犯准予援免人数表》，《法部第三次统计》，第 203—204 页。

如果在杀人案中女性杀害多人，就很少能得到援免。

对于应该赦免的案犯，除了各省汇报申请的以外，有时统治者也会根据上报案情的具体情况，对相关犯人也进行一定的援免处理。

三 随案女犯的援免

由目前关于随案援免的统计来看，被援免女犯的犯罪行为多是无关"十恶"且非主犯。① 而关于随案女犯不能援免的罪名主要为人命和军政两项，其中缘由就人命罪来说主要为"奸夫自杀其夫，奸妇不知情""愤妒谋杀夫妾情节残忍""奸夫自杀其夫无恋奸忘仇情事系奸通小功弟"；而在军政中主要为"听从聚众罢市开堂审署"，所拟刑罚均为绞监候。如前所述，清朝法律对因奸致命的女性都给予了惩治。虽然有些时候奸夫自杀其夫，奸妇不知情的情况会给予一定的减免处理，却以事后首告为条件。因此，在这类案件中，即使奸妇不知情，但事后如未能首告，也难以得到宽免。

在当时的中国，人们要求女性"不妒"，并把"妒"作为丈夫可以离弃妻子的理由之一。对丈夫娶妾，妻子无干涉权。如果妻子因为悍妒而将夫妾谋杀，法律一般都会给予处罚，由此次的女犯不准援免的统计中我们可以看到法律在这方面对女性犯罪的严格控制。另外在因奸致命的案例中，如果奸妇事前不知情且事后首告"并无恋奸情事"，一般情况下都会给予援免。但清朝的法律因为注重服制关系且对亲属之间的奸情控制严格，因此有时即使奸妇首告但如果通奸的对象为服制亲属，统治者也不会给予宽免。此外，对于妇女因事"聚众罢市"，滋闹公堂而被处刑罚，统治者亦不会对之援免。下表为依据《法部第三次统计》所整理的各地随案中不准援免的情形统计：

---

① 参见《各地随案查办援免人数表》，《法部第三次统计》，第460—479页。

表 2-34 各地随案查办不准援免酌入缓决女犯人数——原犯罪名①

（单位：人）

原犯罪名	人数 / 地区	直隶	奉天	江苏	湖南
人命	奸夫自杀其夫奸妇不知情	1	1	—	
	愤妒谋杀夫妾情节残忍	—			1
	奸夫自杀其夫奸妇无恋奸忘仇情事系奸通小功弟	—	1		
军政	听从聚众罢市开堂审署	—		1	
	总计	1	2	1	1

表 2-35 各地随案查办不准援免酌入缓决女犯人数——原科刑罚②

（单位：人）

原科刑罚	人数 / 地区	直隶	奉天	江苏	湖南
绞	监候	1	2	1	1
	总计	1	2	1	1

总之，宣统元年的赦免给很多犯罪女性提供了一定的援免或赎罪的机会。虽然这一年实行了"大赦"，但对于一些有关尊卑关系及女性因奸致命的部分死刑案，一般是不会给予宽免的。而且在监禁人犯准免不准免的统计中，有一在光绪十六年（1890）因疯致毙幼孩的妇女居然被监禁了9年之久，后以"应查验知有疯病医痊作速审拟报部"为最终处理结果，也没有对之进行赦免。③ 虽然清末的修律在一定程度上引进了西方所谓的人道主义精神，但却以不违背伦理、尊卑关系为前提。

在当时，除了法部对女性犯罪的统计外，大理院也对河南和直隶两省的犯罪情况及看守所内被押的女犯进行了一定的关注。

---

① 整理自《各地随案查办不准援免酌入缓决人数——原犯罪名》，《法部第三次统计》，第479—489页。

② 整理自《各地随案查办不准援免酌入缓决人数——原科刑罚》，《法部第三次统计》，第479—489页。

③ 参见《各地汇案查办监禁人犯分别准免不准免人数表》，《法部第三次统计》，页数模糊。

第三节　对大理院统计数据的分析

一　对直隶、河南两省的重点统计

在清末，直隶和河南为当时的两个大省，人口比较集中，而且离京师很近，因此大理院对这两省的犯罪情况进行了重点统计。

就直隶省而言，女性犯罪的罪名和数量都比较少。宣统三年（1911）的统计显示，各州厅女性犯罪人数为 7 名，而且犯罪类型仅为人命和奸拐。犯罪女性真正被处死刑的不多，仅有 1 名还是绞监候，而流、徒犯都被处以罚金。同时，在这 7 名女犯中，犯人命案的为 5 名，其中 1 名被处绞监候，被处流刑和徒刑的各为 2 名；而犯奸拐罪的只有 1 名，且被援免。就犯罪年龄来说，直隶省女性的犯罪年龄多集中在 30 岁。详见以下列表：

表 2-36　　　　　**直隶州厅州县定拟刑事罪名统计**①　　　　（单位：人）

类别		人命	奸拐	总计
绞	决	—	1	1
	候	1	—	1
流	罚金	2	—	2
徒	罚金	2	—	2
援免		—	1	1
总计		5	2	7

表 2-37　　　　　　**直隶州厅州县女犯人数逐月比较**②　　　　（单位：人）

月份 人数 类别	五月	六月	七月	总计
绞	1	1	1	3

---

① 整理自《直隶州厅州县定拟刑事罪名统计表》，《大理院·直隶州统计表》宣统二年（1910）统计，铅印本，清宣统年间（线装），未见页码。

② 整理自《直隶州厅州县犯罪人数逐月比较表》，《大理院·直隶州统计表》，宣统二年（1910）统计，未见页码。

续表

类别 \ 人数 \ 月份	五月	六月	七月	总计
流	—	1	1	2
徒	1	—	1	2
总计	2	2	3	7

表2-38　　　　　直隶州厅州县女犯年龄比较①　　　（单位：人）

年龄 \ 人数 \ 罪名	斩	绞	徒	总计
20—30 岁	—	—	2	2
30 岁以上	1	2	2	5
总计	1	2	4	7

另宣统二年（1910）的统计表明，此间被无期监禁的女犯为 7
名，且有 1 名在监患病。②因此这一时期直隶省的女性犯罪统计显示，
女性犯罪无论数量还是类别都不是很多。而对于河南省来说，据宣统
三年（1911）统计，同期的女性犯罪无论数量还是类型都较直隶省
为多。由统计来看，河南省各级审判厅判决的女犯人数为 48 人，犯
罪类型达 8 种之多，所受的处罚也以罚金为主。详见下表：

表2-39　　　　河南省城各级审判厅判决女犯案别罪别人数③　　　（单位：人）

刑罚 \ 人数 \ 罪名	十恶	人命	斗殴	窃盗	略诱	犯奸	诈伪	杂犯	总计
徒罪	—	—	—	—	1	—	—	—	1

---

①　整理自《直隶州厅州县罪犯年龄比较统计表》，《大理院·直隶州统计表》，宣统二
年（1910）统计，未见页码。

②　《直隶州厅州县监禁押所人犯患病死亡统计表》和《直隶州厅州县监狱出入人犯数
目统计表》，《大理院·直隶州统计表》，宣统二年（1910）统计，未见页码。（以下同）

③　整理自《河南省城各级审判厅判决罪犯案别罪别人数年表》，《大理院·河南省统
计表》，宣统三年（1911）统计。

续表

罪名 人数 刑罚	十恶	人命	斗殴	窃盗	略诱	犯奸	诈伪	杂犯	总计
罚金	1	1	4	4	16	7	2	10	45
工作	—	—	—	2	—	—	—	—	2
总计	1	1	4	6	17	7	2	10	48

而在其地方审判厅看守所的相关统计中，女性犯罪类别则为 9 种，入所人数多达 110 人，且以略诱和杂犯为多。虽然这一年入看守所的女性被告人数较多，但真正被羁押的人数却很少。如在本次统计中，最后被判无罪释放的多达 59 人，而被保释的则为 38 人，另有 7 名移解到其他地方，所以真正被羁押的只有 6 人，可见当时女性受羁押人数之少。详见下表：

表 2-40　　　　河南省城地方审判厅看守所女犯出入类别人数[1]　　（单位：人）

罪名 人数 刑罚		十恶	人命	斗殴	抢夺	窃盗	略诱	犯奸	诈伪	杂犯	总计
入所		1	2	1	3	1	82	3	3	14	110
出所	开释	—	—	—	2	—	45	2	—	10	59
	保释	1	1	1	1	1	26	1	3	3	38
	移解	—	—	—	—	—	7	—	—	—	7
	总计	1	1	1	3	1	78	3	3	13	104
现押		—	1	—	—	—	4	—	—	1	6

其时，女性犯罪者一般都会被收赎或处以罚金，只有那些无力缴纳的才会被收入监或收所工作。就河南省来说，此次各级检察厅女犯的统计中显示，女性真正被收监所的不是很多，只有 1 名，而折工的仅有 2 名，可见其并不注重对于女犯的处刑。详见以下列表：

---

① 整理自《河南省城地方审判厅看守所人犯出入类别人数年表》，《大理院·河南省统计表》，宣统三年（1911）统计。

表2-41　　　　**河南省城各级检查厅执行女犯罚赎类别**①　　　（单位：人）

类别	人数 / 厅别	地方厅	初级厅	总计
罚金	人数	33	12	45
	银数（两）	45	6	51
妇女赎罪	人数	7	—	7
	银数（两）	20	—	20
合计	人数	40	12	52
	银数（两）	65	6	71

表2-42　　　　**河南省各级检察厅执行罪刑女犯人数类别**②　　　（单位：人）

类别	人数 / 厅别	地方厅	初级厅	总计
徒	收所	1	—	1
	收赎	7	—	7
折工		2		2
罚金		33	12	45
合计		43	12	55

表2-43　　　　**河南省各级检察厅执行判决女犯人数罪别类别**③　　　（单位：人）

罪别 / 厅别	罚金罪							徒罪		酌罚
	一等	三等	四等	六等	八等	九等	十等	三年	收赎	
地方厅	—	1	4	1	8	4	12	1	7	3
初级厅	12	—	—	—	—	—	—	—	—	—
总计	12	1	4	1	8	4	12	1	7	3

---

① 整理自《河南省城地方审判厅看守所人犯出入类别人数年表》，《大理院·河南省统计表》，宣统三年（1911）统计。

② 整理自《河南省各级检察厅执行罪刑人数类别年表》，《大理院·河南省统计表》，宣统三年（1911）统计。

③ 整理自《河南省各级检察厅执行判决人数罪别类别年表》，《大理院·河南省统计表》，宣统三年（1911）统计。

另据统计表明，该期河南省女性犯罪的年龄主要在 16—20 岁和 26—30 岁这两个年龄段。详见下表：

表 2-44　　　　**河南省城各级检察厅执行判决女犯年龄类别**①　　（单位：人）

年龄　　人数　　厅别	地方厅	初级厅	总计
16—20 岁	7	7	14
21—25 岁	5	4	9
26—30 岁	12	1	13
31—40 岁	6	—	6
41—50 岁	4	—	4
51—60 岁	7	—	7
60 岁以上	2	—	2
合计	43	12	55

而且河南省女性犯罪的职业以"其他"和无业为最多，其次为婢仆和优妓，可见女性犯罪与其经济状况有较大的关系。详见下表：

表 2-45　　　　**河南省城各级检察厅执行女犯职业年表**②　　（单位：人）

职业　　人数　　厅别	地方厅	初级厅	总计
劳动	—	1	1
婢仆	6	2	8
优妓	—	7	7
无业	12	2	14

---

① 整理自《河南省城各级检察厅执行判决男女年龄类别年表》，《大理院·河南省统计表》，宣统三年（1911）统计。

② 整理自《河南省城各级检察厅执行罪犯职业年表》，《大理院·河南省统计表》，宣统三年（1911）统计。

续表

人数 厅别 职业	地方厅	初级厅	总计
其他	25	—	25
合计	43	12	55

由以上两省女性犯罪的统计我们可以看出，河南省的女性犯罪人数要多于直隶省。此外，大理院也对看守所女犯的一些情况进行了统计，详述如下。

二　看守所中女犯概况

大理院看守所接收的都是京师待质人犯及各省送来的复核人犯，因此从其统计中也可以看出女犯的一些情况。如表 2-46 所示。

大理院三年来新收女犯的人数变化显示，三年来新收女犯最多的为光绪三十三年，宣统元年之所以最少可能与这一年的大赦有一定的关系。而就月份上的变化来说，每一年的月份变化并没有一定的规律可循。看守所中出入的人次比较频繁，因此就三年来在押女犯来看，变化不是很明显。

表 2-46　　　　看守所新收女犯人数三年比较①　　　（单位：人）

人数 月份 年份	一月	二月	三月	四月	五月	六月	七月	八月	九月	十月	十一月	十二月	总计
光绪 三十三年	—	—	23	6	23	14	19	33	14	27	13	11	183
光绪 三十四年	4	10	14	2	9	3	4	4	19	0	2	8	79
宣统 元年②	5	2	6	6	3	0	1	2	5	0	4	1	35

---

①　整理自《大理院·看守所统计表》，光绪三十三年（1907），《大理院·看守所统计表》光绪三十四年（1908），《大理院·看守所统计表》，宣统元年（1909），均为铅印本，清宣统年间（线装），未见页码，以下简称《看守所新收女犯人数》（1907—1909）。

②　宣统元年由有闰二月，所以这里的二月是指两个二月的总和，以下也是这样。

表 2-47　　　　　　　　看守所女犯人数三年比较①　　　　（单位：人）

年份＼月份＼人数	一月	二月	三月	四月	五月	六月	七月	八月	九月	十月	十一月	十二月	总计
光绪三十三年	—	—	23	22	39	31	35	49	44	47	41	33	364
光绪三十四年	22	29	19	12	16	12	10	12	29	17	15	14	207
宣统元年	13	9	13	10	9	6	2	3	6	5	8	4	88

表 2-48　　　　　　　看守所女犯出所人数三年比较②　　　（单位：人）

年份＼月份＼人数	一月	二月	三月	四月	五月	六月	七月	八月	九月	十月	十一月	十二月	总计
光绪三十三年	—	—	7	6	22	15	19	19	24	19	19	15	165
光绪三十四年	3	24	0	5	7	4	2	3	12	4	9	6	81
宣统元年	6	4	3	4	3	5	1	2	1	1	5	3	38

　　另统计显示，三年来看守所人数是逐步减少的，出所人数也呈递减的趋势。但就出、入所的人数差来看，还是以宣统元年的最大。就女犯年龄来说，人数较集中的年龄段光绪三十三年（1907）为 15—24 岁；光绪三十四年（1908）为 15 岁以下和 15—19 岁；宣统元年（1909）为 15—24 岁。因此就总体来说，女犯的年龄普遍偏向于 24 岁之前。同时就三年的对比而言，光绪三十三年（1907）因收所女犯人数较多，所以多数年龄段的人数都要高于其他两年。详见下表：

---

① 整理自《看守所女犯人数》，《大理院·看守所统计表》（1907—1909）。
② 整理自《看守所女犯出所人数表》，《大理院·看守所统计表》（1907—1909）。

表 2-49　　　　　　　　看守所女犯年龄三年比较①　　　　　（单位：人）

人数 年份＼年龄	15 岁以下	15—19 岁	20—24 岁	25—29 岁	30—34 岁	35—39 岁	40—44 岁	45—49 岁	50—54 岁	55—59 岁	60—64 岁	65 岁以上	总计
光绪三十三年	9	30	29	22	19	14	21	11	10	9	4	2	180
光绪三十四年	11	13	6	10	4	11	3	3	6	2	2	4	75
宣统元年	2	7	8	2	3	1	4	4	2	2	0	0	35

　　由以上分析可以看出，清末由于修律的原因，女性的犯罪统计受到了一定的重视。但因为统计的年份比较少而且统计也比较粗糙，各年份及各部门统计的重点也有所不同，也很难说这些统计就代表了清末女性犯罪的基本情况。但由这些统计中我们还是可以看出当时女性犯罪的部分概况，这对更好地展现这一时期女性犯罪的类型及被处刑罚等情况都有一定的帮助。到了民国时期，北洋政府基本沿用了清末修律的成果，在司法方面大量地引入了西方的法律内容，开始了对犯罪方面的明细统计。因此从 1914 年开始便对全国的一些司法情况进行了报表汇总，在内容和规模上都要比清末完善得多，这对研究民初女性犯罪提供了极大的便利。同时，这一阶段提倡男女平等，使得女性在法律上也部分地获得了与男性同等的地位，再加上女性犯罪统计逐渐受到重视，使得该时期女性犯罪统计的内容更为详尽。

---

　　① 整理自《看守所女犯年龄表》，《大理院·看守所统计表》（1907—1909）。

第三章　民初女性犯罪的统计分析

　　民初的法律基本沿用清末修律的成果，但就刑事统计而言，比清末更加详细具体。由当时司法部发行的 1914—1919 年的刑事统计年报中，可以看到关于女性犯罪的大量而详尽的资料。① 民国初年妇女解放运动高涨，女权意识开始觉醒，特别是新文化思潮及五四运动，为女性获得进一步的解放打下了良好的基础。但民国初年同时也是多灾多难的，军阀混战，灾荒连年，民不聊生。特别是农村经济的破产，大家庭的逐渐解体，使得很多女性不能再像以前那样身居家中依赖男人而活。她们不得不走出家庭，在陌生的环境中和男人一样为生计奔波，以维持最基本的生活来源。由 1914—1919 年刑事犯罪的统计来看，民国初年女性参与社会活动的增加，是这一时期女性犯罪人数和犯罪类别都较以往为多的主要原因。② 司法统计年报中的犯罪统计尽管不够详尽，然而却基本上能够从中得知其时女性犯罪的部分情况。③

第一节　女性犯罪的数量和类别

一　民初女性犯罪的数量分析

　　民国初年，女性犯罪的数量从纵向上看，出现了增长的趋势，而

---

　　① 这六年的刑事统计分别为：1914 年《司法部第一次统计·刑事》；1915 年《司法部第二次统计·刑事》；1916 年《司法部第三次统计·刑事》；1917 年《司法部第四次统计·刑事》；1918 年《司法部第五次统计·刑事》；1919 年《司法部第六次统计·刑事》。均为司法部总务客第五厅编纂并发行，笔者从中整理统计出的表格较多，为行文方便，以下简称《司法部刑事统计（1914—1919）》，其他不再赘述。

　　② "女性的犯罪随着女性走向社会的同时而增加。"参见周密主编《犯罪学教程》，中央广播电视大学出版社 1990 年版，第 399 页。

　　③ 张镜予：《北京司法部犯罪统计的分析》，《社会学界》第 2 卷，1928 年。

且无论犯罪数量还是犯罪类型，都具有了一定的规模；从横向上看，女犯的数量还是少于男犯，但男女犯罪的比例已拉近了距离；特别是女性犯罪类型在民初的统计中有明显的增加，几乎覆盖了男犯的所有犯罪类型。经对各地司法机关的报表汇总统计整理如下：

表 3-1　　　　　　　　　1914—1919 年被告人数[①]　　　　　　（单位：人）

年份	1914	1915	1916	1917	1918	1919
男	43028	50115	39462	44356	38471	38480
女	4119	5502	4033	4166	3440	3992
男女比	10.4∶1	9.1∶1	9.8∶1	10.6∶1	11.2∶1	9.6∶1

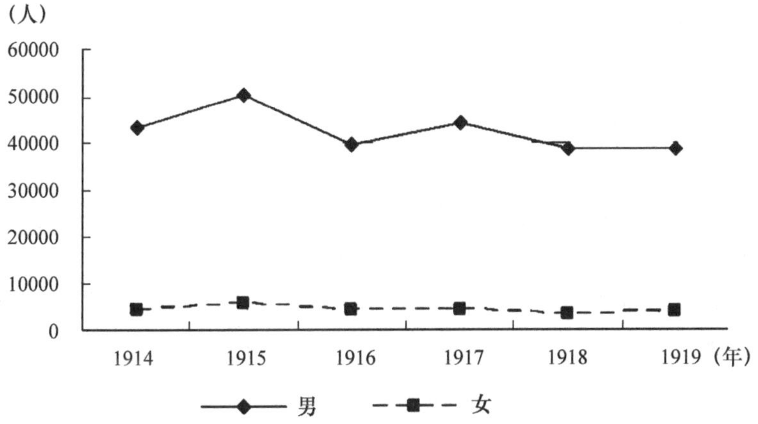

图 3-1　1914—1919 年被告人数增长情况

注：本章统计数据根据《司法部刑事统计（1914—1919）》整理，余图表不再一一列出。

由以上的统计所知，在民初，女性犯罪数量未呈现出增加的趋势。统计的结果与资料的来源有直接的关系，以上的统计情形仅限于各地新式法庭的报告，未设立新式法庭的地方及各县的县公署，都没有编造统计，年报内一概从略。故此项统计不是详尽完备的，尽管如此，它却是这个时期中国官方唯一的犯罪统计。据当时司法部的人

———————————

① 整理自《被告人数及刑别表》，《司法部刑事统计》（1914—1919）。

说，中国犯罪的数目，至少应是统计表上的五倍，[1] 但也有学者认为"照一般的观察似乎还嫌太少"。理由如下：

> 一、设立新式法庭的地方很少，民国三年全国只有四十余处。其中京师三处，直隶三处，奉天四处，吉林五处，黑龙江一处，山东一处，河南一处，山西一处，江苏三处，安徽二处，江西二处，福建二处，浙江二处，湖北二处，湖南二处，陕西一处，甘肃一处，四川二处，广东二处，广西一处，云南一处，贵州一处。而且西南各省因政治上的关系完全没有报告；二、几年来犯罪人数没有增减的变化。社会的不安宁，土匪的扰乱，犯罪数目一定比以前增加。而对于鸦片罪，政府又很放松办理，漏网的数目一定很大。只就以上所举的两点，便可以断定当时中国犯罪数目绝不止这样少。[2]

而且历来研究犯罪的范围多限于受刑罚宣告的人犯，但其仅是犯罪人数的一部分，犯罪而未为人发现及未涉诉讼的，或发现后而又逃脱的及宣告缓刑的人数是无法估计的，所以历来所谓犯罪的统计仅包括局部的材料而已。[3] 民国时期的社会学家严景耀也提出了类似的看法，认为表中所列的人数"仅是经过司法机关判决徒刑，而不宣告缓刑及易科罚金的囚犯，有的犯陆海军刑事条例由陆军军政执法处判决，在陆军监狱执行的，有许多判罚金的或宣告缓刑的，和犯违警罚法等，而在警察厅受罚的与反戒严令至戒严司令部受罚的等等人数，以及本应普通司法部门管辖的而警察厅擅自审判的人犯，与不知犯何种法律而被捕治罪的，甚至被处死刑的人们，都没有调查清楚——其实也没法调查。并且要想到许多人犯了罪，没有被官厅发现而拿获的，或者拿获了无确实证据的，尤其是在近几年来国家欠饷到半年以上，警察及一切办事人员皆枵腹从公，勉为其难的时候，对于搜查犯

---

① 据当时社会学家和司法人员的估算，这一时期中国女性犯罪的实际数字，至少相当于统计表上的五倍。王奇生：《民国初年的女性犯罪（1914—1936）》，《近代中国妇女史研究》1993年第1期。

② 张镜予：《北京司法部犯罪统计的分析》，《社会学界》第2卷，1928年。

③ 周叔昭：《北平一百名女犯的研究》，《社会学界》第6卷，1932年。

罪，差不多都本着'做一天和尚撞一天钟'的精神去敷衍了事的"。
这种情况下所得到的数字，不过是犯罪的一部分或者是一小部分。[1]
因此，统计表中的数字并不代表实际的犯罪人数，但由它我们还是可
以知道当时的一些犯罪尤其是女性犯罪的一些状况。

就男女犯罪比例来看，六年来最高的年份为 1918 年，男女犯罪
比例为 11.2∶1；最低的为 1915 年，比例为 9.1∶1，平均为 10.1∶
1。由此我们可以推测在当时的中国，男子犯罪人数比女子要多 10
倍，这个估算大约不会离准确数太远。[2] 而就当时世界各国男女犯罪
的情况来看，男女性犯罪的比例，大约在 1/10 至 1/5，即男性有 5 人
或 10 人犯罪时，女性仅有 1 人犯罪。[3] 因此，其时中国男女犯罪的比
例要小于其他国家。这主要是因为在民国初年，中国女性参与社会活
动的机会还不是很多，大多数家庭经济的供养还是依赖男性；女性受
传统道德的束缚较深，使其一般情况下不敢越雷池一步；加之娼妓不
算犯罪，由此女性犯罪的人数相对来说要少一些。

二　民初女性犯罪的类别解析

男性犯罪总数较女性为多，这是由女性生理、社会、经济等因素
和道德观念决定的。就犯罪类型来说，有学者认为有些非男性不能
犯，有些非女性不能犯。前者如强盗、强奸等，后者如堕胎等。[4] 但
也有学者进行了反驳，以强奸罪为例，认为"妇女对于男子，反乎其
本意，而用种种之强暴手段，使其为自己为性交之行为……妇女之强
奸男子者，虽云罕见，然不能谓其绝无"[5]。该期的统计显示，女性
犯罪的类型多达 40 余种，除妨害国交、妨害选举、妨害交通、伪造
度量衡、妨害卫生、官吏犯赃等少数罪名外，其他都有女性参与。详
见下表：

---

① 严景耀：《北京犯罪之社会分析》，《社会学界》第 2 卷，1928 年。
② 学者张镜予曾针对 1915 年至 1934 年的男女罪犯比例进行了比较，结果也是这个比
例。参见张镜予《北京司法部犯罪统计的分析》，《社会学界》第 2 卷，1928 年。
③ 林纪东：《刑事政策学》，中正书局 1969 年版，第 70 页。
④ 刘仰之：《犯罪学大纲》，大东书局 1946 年第 3 版，第 7 页。
⑤ 李禹铭：《对于刑法第二四〇条之商榷》，《法令周刊》1947 年总第 408 期。

表 3-2 　　　　　　　　　　1914—1919 年女性犯罪类别① 　　　　　（单位：人）

类别＼年份人数	1914	1915	1916	1917	1918	1919	总计	比例（％）
鸦片烟	1885	2487	1484	1555	1368	2083	10862	43.01
杀伤	518	653	493	395	339	335	2733	10.82
窃盗及强盗	161	195	144	131	164	101	896	3.55
赌博	214	343	345	461	233	250	1846	7.31
略诱及和诱	475	694	607	544	513	431	3264	12.93
吗啡	102	174	153	241	230	172	1072	4.25
诈欺取财	133	126	139	125	92	76	691	2.74
侵占	24	56	68	77	52	21	298	1.18
奸非及重婚	296	444	351	396	274	315	2076	8.22
赃物	34	29	33	38	27	35	196	0.78
毁弃损坏	44	82	46	43	39	29	283	1.12
伪证及诬告	63	49	34	36	24	36	242	0.96
伪造文书印文	8	4	18	8	2	10	50	0.20
妨害公务	35	33	28	40	29	30	195	0.77
伪造货币	7	10	11	3	8	4	43	0.17
渎职	5	6	3	2	2	5	23	0.09
私滥逮捕监禁	4	5	8	—	3	6	26	0.10
买卖人口	67	—	—	—	—	—	67	0.27
妨害安全信用名誉及秘密	21	20	12	25	7	6	91	0.36
逮捕监禁人脱逃	3	8	6	4	4	4	29	0.11
妨害秩序	1	13	3	5	5	—	27	0.11
亵渎祀典及发掘坟墓	2	1	2	3	—	1	9	0.04
盗匪	—	—	—	—	1	—	1	0.00
私盐	—	4	3	—	—	—	7	0.03
放火决水及妨害水利	6	13	6	15	8	20	68	0.27
危险物	1	8	2	2	3	1	17	0.07

① 整理自《罪名别被告人数及刑名表》，《司法部刑事统计》（1914—1919）。

续表

类别 / 人数 / 年份	1914	1915	1916	1917	1918	1919	总计	比例（%）
藏匿罪人及湮灭证据	2	12	6	5	1	6	32	0.13
贩运及销毁制钱	—	1	—	—	—	—	1	0.00
骚扰	1	2	—	1	—	—	4	0.02
强买和卖被抚养人	—	11	14	4	3	4	36	0.14
强制亲属卖奸及为娼	—	7	4	2	2	4	19	0.08
遗弃	4	7	7	—	—	3	21	0.08
妨害交通	—	—	—	—	—	—	0	0.00
官吏犯赃	—	—	—	—	—	—	0	0.00
妨害卫生	—	—	1	—	—	1	2	0.01
堕胎	2	3	2	4	4	2	17	0.07
伪造度量衡	—	1	—	—	—	—	1	0.00
妨害饮水、料	1	—	—	—	1	—	2	0.01
其他	—	1	—	1	2	1	5	0.02
总计	4119	5502	4033	4166	3440	3992	25252	100

其中女性较少涉及的为伪造度量衡、妨害卫生、盗匪、贩运及销毁制钱等，最常犯的为鸦片烟[1]、略诱及和诱、杀伤、奸非及重婚、赌博、窃盗、诈欺取财、吗啡等罪。

民国时期著名社会学家严景耀在其《北京犯罪之社会分析》一文中，曾把犯罪类别按性质划分为四大类型：（1）经济罪（包括窃盗强盗、侵占、诈财、略诱和诱、贩卖鸦片、赃物、赌博、掘墓、伪造货币、强制亲属卖奸或为娼等）；（2）性欲罪（包括奸非、重婚等）；（3）伤害罪（包括杀伤、诬告、放火、毁损、遗弃、妨害公务、妨害安全秩序等）；（4）政治罪，是与现存的政府，国家的法律有矛盾而谋求另一个政府或国家利益的行为。[2] 一般犯罪者对于社会约制的

---

① 此处的鸦片烟罪包括了吸食和贩运两种犯罪行为。

② 在民初主要指企图复辟清室王朝。以上内容参见严景耀《北京犯罪之社会分析》，《社会学界》第 2 卷，1928 年。

反应都是被动的，而政治犯对社会制度的反应却是"主动和有主张的"①，在民初的司法统计中，六年来没有一个女性犯政治罪。这大概有两种可能，一是政治犯需要一定的智识和政治觉悟，而该时期的女性真正具备这些条件的似乎并不多；二是即使有政治犯也会由当权者秘密处理，不会显露于司法程序中。

同时由统计可以看出，六年来女性各种犯罪类型的增减变化不是很大。就犯罪人数来说，从1914—1919年，排在第一位的为经济罪，但该类经济罪主要是鸦片烟罪，总人数为10862人，约占全数25247人的43%；排在第二位的为略诱及和罪，也属经济类犯罪，总人数为3264人，约占全数的13%；排在第三位的是杀伤罪，为伤害罪，总人数2733人，约占全数的11%；排在第四位的为奸非及重婚罪，为性欲罪，总人数为2076人，约占全数的8%。现将六年来女性的犯罪情况依严景耀的分类列表如下：

表3-3　　　　　　　1914—1919年女性犯罪分类②　　　　（单位：人）

经　济　罪		性　欲　罪		伤　害　罪	
鸦片烟	10862	奸非及重婚	2076	杀伤	2733
窃盗及强盗	896	—	—	毁弃损坏	283
赌博	1846	—	—	伪证及诬告	242
略诱及和诱	3264	—	—	妨害公务	195
吗啡	1072	—	—	渎职	23
诈欺取财	691	—	—	私滥逮捕监禁	26
侵占	298	—	—	妨害安全信用名誉及秘密	91
赃物	196	—	—	逮捕监禁人脱逃	29
伪造文书印文	50	—	—	妨害秩序	27
伪造货币	43	—	—	亵渎祀典及发掘坟墓	9

———————————

①　其实政治犯本与普通犯不同，前者目的大都为公，希望有益于社会的，虽然在方法上或实际上并不一定能确实地给社会带来福利；而后者目的则专在乎私利及为个人有关系的少数人的私利，是反社会的行为。严景耀：《中国的犯罪问题与社会变迁的关系》，第117页。

②　整理自《罪名别被告人数对比表》，《司法部刑事统计（1914—1919年）》。

续表

经　济　罪		性　欲　罪		伤　害　罪	
买卖人口	67	—	—	放火决水及妨害水利	68
盗匪	1	—	—	危险物	17
私盐	7	—	—	藏匿罪人及湮灭证据	32
贩运及销毁制钱	1	—	—	骚扰	4
强买和卖被抚养人	36	—	—	遗弃	21
强制亲属卖奸及为娼	19	—	—	妨害卫生	2
伪造度量衡	1	—	—	堕胎	17
—	—	—	—	妨害饮料水	2
共计	19350	—	2076	—	3821
占全数百分比（％）	76.64	—	8.22	—	15.13

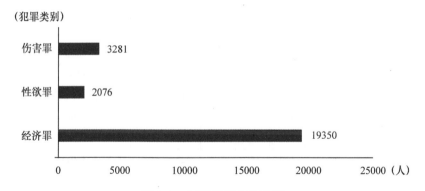

（犯罪类别）

图 3-2　三类犯罪人数比较

　　我们再来看同期男性犯罪的一些情况，据统计，六年来男性无论犯罪人数还是犯罪类别都要多于女性。就犯罪类别而言，排在第一位的亦为鸦片烟罪，共 65938 人，约占男性总犯罪人数的 26%，为经济罪；第二位为窃盗及强盗罪，为 48941 人，约占 19%，为经济罪；排在第三位为赌博，共 43119 人，约占 17%，也为经济罪；第四位为杀伤罪，总人数为 35991 人，约占 14%，为伤害罪。详见下列图表：

表 3-4 　　　　　　　　　1914—1919 年男性犯罪类别① 　　　　（单位：人）

犯罪类别 \ 年份	1914	1915	1916	1917	1918	1919	合计	百分比（%）
鸦片烟	14285	13951	8880	10798	7863	10161	65938	25.97
杀伤	6724	8421	5668	5571	4648	4959	35991	14.17
窃盗及强盗	7061	8837	7966	8935	8656	7486	48941	19.27
赌博	5859	5997	7048	7497	8378	8340	43119	16.98
略诱及和诱	1460	2685	1546	1562	1502	1242	9997	3.94
吗啡	1726	1764	1697	3035	2113	1461	11796	4.65
诈欺取财	1276	1726	1400	1494	1256	1122	8274	3.26
侵占	867	1399	1133	1312	1072	922	6705	2.64
奸非及重婚	287	563	403	490	262	319	2324	0.92
赃物	542	657	588	604	488	484	3363	1.32
毁弃损坏	393	453	460	337	307	269	2219	0.87
伪证及诬告	262	406	283	278	180	199	1608	0.63
伪造文书印文	219	365	222	274	201	189	1470	0.58
妨害公务	264	323	251	310	209	217	1574	0.62
伪造货币	327	338	246	253	242	154	1560	0.61
渎职	175	318	220	210	132	125	1180	0.46
私滥逮捕监禁	190	255	215	229	146	156	1191	0.47
买卖人口	78	—	—	—	—	—	78	0.03
妨害安全信用名誉秘密	188	232	188	181	92	95	976	0.38
妨害秩序	126	180	81	75	54	54	570	0.22
逮捕监禁人脱逃	162	208	153	200	158	133	1014	0.40
褒渎祀典及发掘坟墓	96	155	61	75	55	47	489	0.19
盗匪	51	149	86	82	78	71	517	0.20
私盐	52	137	166	189	98	58	700	0.28
放火决水及妨害水利	60	110	87	94	85	65	501	0.20
危险物	89	105	66	80	59	48	447	0.18
藏匿罪人及湮灭证据	63	78	37	27	15	19	239	0.09

① 整理自《罪名别被告人数及刑名表》，《司法部刑事统计》（1914—1919）。

续表

犯罪类别＼人数＼年份	1914	1915	1916	1917	1918	1919	合计	百分比（%）
贩运及销毁制钱	—	66	155	40	6	4	271	0.11
骚扰	68	50	63	29	6	13	229	0.09
强买和卖被抚养人	—	39	29	19	27	11	125	0.05
强制亲属卖奸或为娼	—	40	8	2	3	4	57	0.02
遗弃	20	38	12	11	11	3	95	0.04
妨害交通	13	19	15	27	36	24	134	0.05
官吏犯赃	3	14	2	—	—	—	19	0.01
妨害卫生	11	7	4	6	9	7	44	0.02
堕胎	3	5	14	4	1	2	29	0.01
伪造度量衡	1	2	2	1	—	—	6	0.00
妨害饮水、料	3	1	1	1	2	—	8	0.00
其他	24	22	6	24	21	17	114	0.04
合计	43028	50115	39462	44356	38471	38480	253912	100

注：1917年的奸非人数少6人，已经核对上下文进行了改正。

对于男性来说，犯罪人数最多的也为鸦片烟罪，其次为窃盗及强盗罪。犯罪类别排列的先后次序为：鸦片烟、窃盗及强盗、赌博、杀伤、略诱及和诱、吗啡、诈欺取财、侵占、奸非及重婚、赃物。因男性犯罪中的和诱罪有些为经济类，有些为性欲类，从统计表中不能看出这两者的区别，而不能就男性的犯罪类别按性质进行一定的划分。

因此由男女犯罪的类型可以看出，当时经济实为犯罪的一大原因。同时，由图表显示，六年来，增长最快的女性犯罪类型为鸦片烟罪，其次为略诱及和诱和奸非罪，而男性犯罪增长最快的为赌博罪，其次是鸦片烟罪，奸非罪并没有多大的变化。从纵向来看，不论男女在1915年犯罪人数都为最多。而且由六年来男女犯罪类别的比较中，可以很明显地看出男女犯罪重点的不同，下图为男女犯罪类别的历年比较：

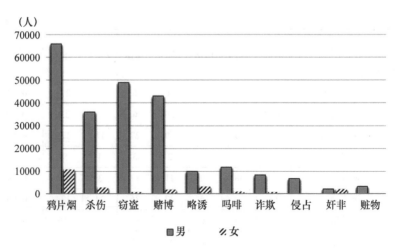

图 3-3　1914—1919 年男女犯罪类别总计人数比较①

　　性欲罪即性犯罪，在当时主要指奸非及重婚罪。由表中所示，民国初年女性的奸非及重婚罪（主要是奸非）仍然占有较高的比例。由此学者王奇生指出："虽然女性总的犯罪率远低于男性，但女子性犯罪的比例却远在男子之上。"② 这自然不是女子性欲较强或易受诱惑，而是在其时的社会条件下，女性的其他社会属性被过分剥离，性之外的资源趋近于零，致使被置于极端状况下挣扎求生的妇女，无所依傍，不得不通过性为交换手段。那种动辄以性欲求指责女性性犯罪的传统多由男性主宰的社会舆论所出。"在层层压迫之下，她们的出路，除了屈服于命运之下，也只有出于犯罪。所以由公正的眼光去看，女子性欲罪之所以多于男子，并非由于女子性欲较男子为强，乃是由于压迫过重，物极必反，乃是自然之道理。并且男子所犯的性欲罪较女子不为少，实因社会舆论对男子的性犯罪责难较少。男子所犯的性欲罪常不视为犯罪。"③

　　在民国初年，男性和女性都以鸦片烟罪为最多，吸鸦片烟在该时期的中国是一件很时髦的事情，有的甚至用来招待客人。因为它也曾

　　① 整理自《罪名别被告人数及刑名表》，《司法部刑事统计》（1914—1919）。
　　② 王奇生：《民国初年的女性犯罪（1914—1936）》，《近代中国妇女史研究》1993年第 1 期。
　　③ 周叔昭：《北平一百名女犯的研究》，《社会学界》第 6 卷，1932 年。

作为治疗疾病的药物，以致吸鸦片烟在社会上风行一时。犯此种罪行的是中国的各个阶层的人士甚至包括外籍人员，而被逮捕受处分者却多是贫苦百姓。[1] 贫困使人们的生活环境恶化，人的素质低下，在愚昧无知中受到毒品的侵染。由于贫困者没有技术、资金、能力和关系摆脱贫困，这使他们产生一种羞耻的感觉，一种无能和自卑的心理。为了麻痹这种痛苦，有些穷人便采取各种手段，躲进毒品中避世，以忘却自己的不幸，有的则是追求毒瘾高潮，以期在幻觉中实现在现实生活中不可能实现的快乐和理想。但是，毒品又使贫困的人们丧失奋斗的精神和强健的体力，变得更为贫困，在恶性循环的怪圈中不能自拔。[2] 其时吸鸦片烟很流行，由此部分女性便也会利用自己的性别之便，从事贩卖活动。而略诱及和诱之所以成为女性犯罪类型中数量较多的罪行之一，也是因为性别上有一定的便利之处。在略诱和诱罪中，因受害人多为女子，女子与女子接触常较男子容易，加之略诱和诱罪之成立需要体力者少，故女子犯略诱和诱罪的机会较男子为多。[3] 如六年来的统计显示，女子犯略诱和诱罪的比例，为男子的七倍之多。略诱多是为了金钱而用强迫或欺骗手段将青年妇女拐走骗卖；和诱一般是征得被诱人同意而将之拐走，被拐对象当中虽然也有男子，但为数很少。被拐骗的青年妇女多数被卖往妓院，由于拐骗妇女易于得手，和诱略诱也就成了民初妇女犯罪的一种主要形式。[4]

　　女性所以少犯妨害国交、妨害选举等项犯罪，是由于女性体力和社会地位的关系。一部分学者乃谓："事实证明女性触犯较少之罪，多为和女性生理不相容之罪，而女性犯罪特多之罪，则为和女性生理机能有不可分离关系之罪。可见女性的社会地位和环境，固为使女性犯罪减少的原因，但其根本的原因，仍由于素质的关系。"但就实际情形来说，很多女性犯罪都与男性存在着一定的联系，

---

[1]　严景耀:《中国的犯罪问题和社会变迁的关系》，第 167 页。
[2]　朱力:《当代中国社会问题》，社会科学文献出版社 2008 年版，第 174 页。
[3]　周叔昭:《北平一百名女犯的研究》，《社会学界》第 6 卷，1932 年。
[4]　王奇生:《民国初年的女性犯罪（1914—1936）》，《近代中国妇女史研究》1993年第 1 期。

"如堕胎、杀婴、遗弃孤儿等，颇多应由男性负责者"①。特别是女性的奸情、重婚等性犯罪，更是与男性密切相关，由此有人说，女性犯罪实际上与男性有很大的关系。而犯罪学家亦指出，"女性的犯罪活动常常是由她们最亲近的周围人，特别是同她们亲近的男性决定的"②。

另民初统计对女性犯罪在地域上的分布情况及被处刑罚类别也进行了相应的关注。这一时期，针对日益增多的女性犯罪，国家法律在沿袭清朝对女性矜恤的同时也加大了对女性犯罪的惩罚力度。

第二节 民初女性犯罪的地域特征 及所处刑罚

一 民初女性犯罪的地域特征

对于犯罪的地域特征，很多学者都给予了一定的重视，我国的文化发展，历来存在地域的差异。近百年来，由于受西方文化的冲击甚剧，这种地域的差异性呈现出了新的特点，"沿海一带，交通便利，风气开化，万物一新；而内地，则陋塞落后，野蛮朴素如昔。因此，对于犯罪亦不能舍此地域之特殊情形"③。依地方的区域研究犯罪的情况，可以从两方面观察：一是根据各地犯罪的总人数，而比较其多少；二是根据犯罪的类别，而求得其某种犯罪以某地方为最多或某地方为最少。司法部的统计年报只有各地审判厅的被告人数目，而没有分别各地方被告人罪名的种类，因此对于后一类的研究，只好付之阙如。④从六年来的统计可以看出，各省女性犯罪人数并没有一定的增减变化规律，而且就地区分布来看，仍以京师为最多，然后是吉林、江苏和奉天。见表3-5：

---

① 林纪东：《刑事政策学》，第65页。
② ［俄］阿·伊·道尔戈娃主编：《犯罪学》，第642页。
③ 刘仰之：《犯罪学大纲》，第179页。
④ 张镜予：《北京司法部犯罪统计的分析》，《社会学界》第2卷，1928年。

表 3-5   1914—1919 年女性被告人数之地区年份分布①

人数 地区	年份 1914	1915	1916	1917	1918	1919	合计
京师	764	1039	780	495	476	558	4112
直隶	247	252	215	168	148	151	1181
奉天	108	198	321	463	575	545	2210
吉林	365	619	554	559	431	810	3338
黑龙江	72	86	66	29	76	36	365
山东	132	172	112	167	164	171	918
河南	59	99	93	83	127	131	592
山西	37	44	45	49	134	239	548
江苏	348	454	339	401	376	383	2301
安徽	100	259	141	127	131	188	946
江西	340	256	157	157	120	162	1192
福建	211	178	88	179	163	148	967
浙江	249	218	249	318	200	210	1444
湖北	69	91	64	64	109	129	526
湖南	82	424	318	447	77	—	1348
陕西	10	47	33	14	6	14	124
甘肃	6	10	5	11	17	15	64
四川	553	736	353	260	—	—	1902
广东	200	—	—	—	—	—	200
广西	62	94	81	82	87	100	506
云南	99	226	—	—	—	—	325
贵州	6	—	18	93	23	—	140
察哈尔	—	—	1	—	—	2	3
合计	4119	5502	4033	4166	3440	3992	25252

因为各省设立新式法庭的多少不同，统计方面不能把每省犯罪人数完全包括在内，各省犯罪人数的比较因之就不能准确。如当时京师为最多，是因为其地域面积有限，行政上比较便利，而且其犯罪统计比较完备，并不是京师犯罪人数比无论哪一省都多；再如同期的奉天省，1919 年比 1914 年的犯罪人数增多，并不是奉天犯罪人数增加得

① 整理自《审判衙门别被告人数及刑别》，《司法部刑事统计》（1914—1919）。

快，而是 1914 年的犯罪人数统计，只根据该省四处地方审判厅的报告，到 1919 年，该省的地方审判厅就达到 10 处了。[①] 虽然关于女性犯罪的统计中，并没有显示出各省主要的犯罪类别，但此期学者们的一些调查研究，可以在一定程度上说明女性犯罪的地域性特征。

民国时期官方的犯罪统计，"只是拿给国际上看的"，有些便存在一定的偏差。[②] 基于以上情况，该时期著名的社会学家严景耀和他的学生们进行了大量的犯罪资料的调查和整理分析工作，得到了宝贵的第一手材料。[③] 现将其中关于民初的内容整理如下：

表 3-6　　　　　1915—1919 年北京和济南的犯罪人数比较[④]　　　（单位：人）

年份	北京犯罪人数 男，女	济南犯罪人数 男，女
1915	—	173，37
1916	—	200，19
1917	—	296，27
1918	—	147，17
1919	392，174	103，15

注：上列数字仅包括经过法庭判处徒刑的犯人，未经判刑经罚款结案以及许多未被侦破，或虽侦破但未治罪的未在统计表内。

在严景耀的调查中并没有包括更多城市的统计，不过由此表来看，很显然北京作为当时中国的首都，其犯罪人数要多于济南，特别是女性犯罪，更为悬殊。而且据严的调查，在上海，性犯罪和重婚罪最多；在南昌和安东，凶杀犯和伤害罪最多；在北平，拐卖罪为最多。对于多数

① 分别参见 1914 年和 1919 年《司法部刑事统计》的《审判衙门别被告人数及刑别表》。

② 北京政府颁布的所谓"犯罪统计"是官方文件，在一般情况下，应是可靠的研究工作的依据。但这些犯罪统计，主要是为了向外国人显示中国政府在这方面是可与西方相媲美的，有时还是与实际的情形有一定的出入。严景耀：《中国的犯罪问题与社会变迁的关系》，第 16 页。

③ 这些资料是严景耀于 1928 年和 1930 年两次在十二个省的调查中所收集来的。他们大多数经过了他和助手们在第二次调查时校对过；同时 20 世纪 30 年代金陵女子大学的学生们也对成都的犯罪情况进行了实地的考察，因基本上是 1928 年以后的一些资料的调查，因此本书未作分析，但对更好地分析民国时期女性犯罪情况提供了宝贵的资料。

④ 整理自严景耀《中国的犯罪问题与社会变迁的关系》，第 16—17 页。

城市来说，女性最主要的犯罪仍以经济类为主。①

　　此外，中国各地区之间发展极不均衡，各省市的男女犯罪人数，其比率也不一样。据民国时期的社会学家研究，"大概在偏僻的省区，距离资本主义文化愈远的地方，男女犯罪的相差率较大，反之，则愈小"②。以 1914 年的刑事统计为例，该年江苏省男性被告人数为 5257 人，女性被告人数为 353 人，男女犯罪比例约为 10∶7；而贵州省男性被告人数为 187 人，女性被告人数仅为 6 人，男女犯罪比例为 10∶3；③ 而 1919 年的北京，如上表所示，男女犯罪比例约为 10∶4，而济南则约为 10∶1.4。因此有人指出：女性犯罪随着工业化和城市的发展而呈增多的趋势。④ 特别是在该时期中国的农村，犯罪人数更是少之又少。可以说民国初年女性犯罪率低，与农村女性人口比重大有着直接的关系。⑤ 在当时的中国，城市的犯罪一般来说要高于农村。我们以 1919 年奉天省的犯罪统计为例，可以很明显地看出城市审判厅与农村县级审判厅之间犯罪人数上的差异，详见下表：

表 3-7　　　　　　　　　**1919 年奉天省犯罪人数**⑥　　　　　（单位：人）

沈阳审判厅		营口审判厅		辽阳审判厅		安东审判厅		铁岭审判厅	
男	女	男	女	男	女	男	女	男	女
2891	293	1786	135	644	18	1047	51	384	21
锦县审判厅		洮南审判厅		达源审判厅		海龙审判厅		复苏审判厅	
男	女	男	女	男	女	男	女	男	女
175	8	124	8	196	15	199	10	60	16

　　在其他年份的统计年报中，也可以看出城市的犯罪人数要多于农村，大城市的犯罪要多于小城市。⑦ 城市与农村是两个不同的社会区

---

①　严景耀：《中国的犯罪问题与社会变迁的关系》，第 21 页。
②　李剑华：《犯罪社会学》，上海法学编译社 1937 年版，第 160 页。
③　参见 1914 年《司法刑事统计》的《审判衙门别被告人数及刑别》。
④　周密主编：《犯罪学教程》，第 395 页。
⑤　王奇生：《民国初年的女性犯罪（1914—1936）》，《近代中国妇女史研究》1993 年第 1 期。
⑥　整理自《审判衙门别被告人数及刑别表》，1919 年《司法部第六次统计·刑事》。
⑦　详见《司法部刑事统计》（1914—1919）的《审判衙门别被告人数及刑别表》。

域，经济发展状况、人口结构、社会文化、社会生活方式、自然环境存在差异，犯罪表现形式各异。从发案率看，城市犯罪率明显高于农村。这是许多国家的犯罪统计一致表明的情况。中国的农村几乎没有罪犯，这是因为家族的共居制在中国人的生活中是根深蒂固的。以致一个人从他们家庭或家族中拿走什么东西根本算不上犯罪，他可能因此受到家人或家族传统的教训，但他不是罪犯。如果由于偷窃或斗殴伤害的是族外人，除非伤及性命，一般也是私了。① 民初因为经济的萧条，很多人便离开农村来到城市，这往往成为城市犯罪率上升的主要原因。因为"都市则娱乐场所，设备甚周，志行薄弱者，往往流连忘返。一旦资财缺乏必至诈欺攘夺，无所不为"②。同时社会制裁力非常薄弱，尤其在城市里，几乎以"各人自扫门前雪，莫管他人瓦上霜"为每人处事之真传，社会败类，因之更放逸其行为，毫无拘束，使犯罪增加。③ 另人口较多的城市，其犯罪率较人口少的区域为高。"在大城市中觅食者众多，生活的竞争激烈，经济的需要极急，手头无钱是绝对不能生活的"④，因此也常常引发一部分人的犯罪动机。

当然，城市犯罪率高，是就整个犯罪现象而言的，具体到每一类犯罪会有所不同。如清末民初，在城市，女性犯罪以经济犯罪为多；而在农村，则以杀伤罪为多。特别是女性的奸情杀人，占了很大的比例，社会学家严景耀对此进行了深刻的分析，详述如下：

> 在农村，妇女仍然无权向丈夫提出离婚，如果女方被夫方离婚了（被丈夫"休妻"休了），她就没有出路，而且受到全村人的鄙视。在农村中，因为男女的交往有所增加而启发了爱情的滋长，但还没有达到双方因爱而私奔的程度。大多数地区交通不便。在首层集体中彼此都很熟识，交通也是掌握在个人手中的。你要乘船逃走船老大就是同乡人；你要骑驴逃走，赶脚的也是熟

---

① 严景耀：《中国的犯罪问题与社会变迁的关系》，第25页。
② 赵琛：《监狱学》，第245页。
③ 严景耀：《北京犯罪之社会分析》，《社会学界》第2卷，1928年。
④ 陈文藻：《犯罪学》，犯罪学研究会1934年版，第42页。

人，甚至在火车站，来往客人不多，也很容易被人认出来。因此，私奔几乎是不可能的。所以妇女有时只好杀死她的丈夫和那些揭发她的隐私和破坏她和情人关系的人们。在城市里，人口流动很大，人们的接触不太密切，社会关系也是次层的，妇女很少因上述情况而杀人，因为她们可以逃走或要求离婚。①

同时，农村女性的生活主要依赖男性，一般情况下也就很少会犯经济罪。而在城市，女性却要承担一部分或很大一部分经济负担，因此在工作难寻且工资待遇低下的情况下，有的女性便会因食不果腹而走向犯罪。笔者从当时的《政府公报》及中国第二历史档案馆中整理出来的女性犯罪资料也证明了这一时期多数女性犯罪特别是城市女性犯罪主要以经济类为主的现实。②

此外，关于犯罪的地域分布问题，美国的芝加哥学派还描述了城市中不同地区的犯罪，显示了犯罪在城市的分布是有规律的。如在下层社会成员聚居的城市中心区犯罪率最高，而远离流动频率高的城市中心区的地区，犯罪分布逐渐减少。这一理论就是芝加哥学派著名的"同心圆"说。"同心圆"说产生于城市生态学的理论基础之上。城市生态论认为，城市类似于生物的自然生态圈和群体。城市区位结构分布的特点是核心区中有一个"流动区域"，这个流动区域中的人口和商业活动都在不断地变化，这种变化导致物质生活条件的恶化，促使居住条件低劣和家庭的破裂，违法出生率增高，以及人口庞杂和不稳定，从而引发了犯罪率的升高及其他不良社会现象的广泛发生。这些现象都是社会失范的反映和表现。虽然就民初的统计而言，我们并不能很直观地看到这一特点，但可以推测的是，这类区域在近代的都市中应该是普遍存在的。③ 特别是社会失范不仅适用于城市社区的犯罪，同样适用于家庭和整个社会，然而大量的女性犯罪显然引起了国家和社会的不稳定，因此民初的法律对其进行了一定的控制。

---

① 严景耀：《中国的犯罪问题与社会变迁的关系》，第156—157页。
② 因农村女性犯罪少，理由已如前所述，因此统计中多数指的是城市。
③ 宋浩波：《犯罪社会学》，中国人民公安大学出版社2005年版，第52页。

二 民初女性犯罪所处刑罚

民初法律沿袭了清末修律的成果，在刑罚上主要分为死刑、无期徒刑、有期徒刑、拘役和罚金。由此际的统计来看，女性犯死刑的人数并不是很多，六年来仅为 37 人，占女性总犯罪人数的 0.1%（六年来女性犯罪人数据统计显示约为 25252 人）。这可能是因为民国的法律对女性犯罪的处罚有所减轻，使得死刑人数相较以前大为减少；同时也可能是该时期女性犯罪主要以经济类为主，因此真正被处死刑的人数也不是很多。而女性被处罚金的人数最多，六年来总人数为 9749 人，约占女性总犯罪人数的 38.6%；其次为有期徒刑，为 9310 人，约占女性犯罪总人数的 36.9%；而被处拘役的人数为 6128 人，约占女性犯罪总人数的 24.3%；无期徒刑的人数为 28 人，约占女性犯罪总人数的 0.1%。以下为 1914—1919 年女性犯罪刑罚表：

表 3-8　　　　　　　　1914—1919 年女性犯罪刑罚①　　　　　（单位：人）

年份	被告人数	刑　　罚				
		死刑	无期徒刑	有期徒刑	拘役	罚金
1914	4119	10	6	1625	1069	1409
1915	5502	8	7	1885	1551	2051
1916	4033	3	3	1654	999	1374
1917	4166	6	5	1511	924	1720
1918	3440	4	5	1304	818	1309
1919	3992	6	2	1331	767	1886
合计	25252	37	28	9310	6128	9749
百分比（%）	100	0.15	0.11	36.87	24.27	38.61

而对于男性来说，六年来总犯罪人数为 253912 人，其中被处死刑的为 1155 人，约占男性总犯罪人数的 0.5%；无期徒刑的为 901 人，约占 0.4%；有期徒刑的为 111826 人，约占 44%；拘役的为 55382

---

① 整理自《刑别及被告人数表》，《司法部刑事统计》（1914—1919）。

人，约占22%，罚金的为81648人，约占32%，详见下列图表：

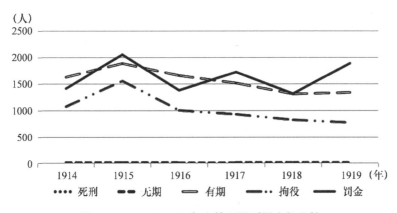

图 3-4　1914—1919 年女性犯罪刑罚人数比较

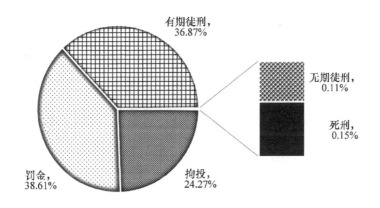

图 3-5　1914—1919 年女性犯罪刑罚人数比例

表 3-9　　　　　1914—1919 年男性犯罪的刑别及被告人数对比①　　　（单位：人）

年份	被告人数	刑		别		
		死刑	无期徒刑	有期徒刑	拘役	罚金
1914	43028	149	178	18782	9836	14083
1915	50115	327	211	23924	11212	14441

① 整理自《审判衙门别被告人数及刑别表》和《罪名别被告人数及刑别表》，《司法部刑事统计》（1914—1919）。

续表

年份	被告人数	刑　　　别				
		死刑	无期徒刑	有期徒刑	拘役	罚金
1916	39462	153	130	17670	8853	12656
1917	44356	265	156	18622	9832	15481
1918	38471	158	135	16503	8553	13122
1919	38480	103	91	16325	7096	14865
合计	253912	1155	901	111826	55382	81648
百分比（%）	100	0.45	0.35	44.04	21.81	32.16

注：1915 年罚金为 14441 人，原表中为 24441 人，多了 10000 人。

三　民初女性犯罪刑罚的加重及赦宥情况

为了加强对犯罪的控制，统治者对那些多次犯罪的人，进行了加重惩罚。详见下表：

表 3-10　　　　　　1914—1919 年男女性犯罪加重①　　　　（单位：人）

年份	被告人数		加重			
			再犯		三犯以上	
	男	女	男	女	男	女
1914	158	2	148	2	10	—
1915	463	27	378	27	85	
1916	423	11	361	11	62	—
1917	400	37	326	34	74	3
1918	430	39	341	32	89	7
1919	527	25	427	25	100	—
合计	2401	141	1981	131	420	10

由表中可以看出，女性再犯和三犯的人数不是很多，六年来女性再犯的总人数为 131 人；三犯的人数为 10 人，约占女性总犯罪人数（25252 人）的 0.56%；而男性六年来再犯和三犯的人数相对

---

① 整理自《审判衙门别被告人刑加重表》，《司法部刑事统计》（1914—1919）。

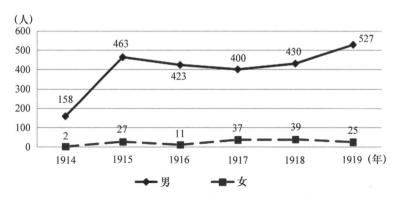

图3-6　1914—1919年男女性犯罪加重被告人数变化

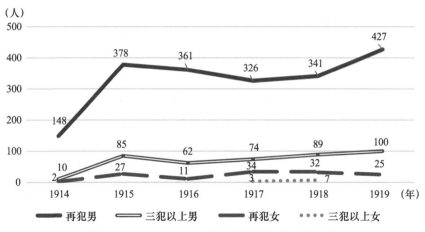

图3-7　1914—1919年男女性犯罪加重人数变化

要多些，如再犯的人数为1981人，三犯的人数为420人，约占男性总犯罪人数（253912人）的0.9%。女犯被加重处罚的类别主要以鸦片烟罪和略诱及和诱罪为最多，约占女性被加重处罚人数的79%。详见下表：

表 3-11　　　　　　　1914—1919 年女性重犯刑罚加重①　　　　（单位：人）

罪名 \ 年份		1914	1915	1916	1917	1918	1919	总计
刑事犯	妨害公务	—	1	1	—	—	—	2
	逮捕监禁人脱逃	—	1	—	—	1	—	2
	亵渎祭典及发掘坟墓	—	1	—	—	—	—	1
	鸦片烟	—	13	3	26	33	15	90
	奸非及重婚	—	2	1	2	—	1	6
	杀伤	—	2	—	1	—	—	3
	略诱及和诱	1	2	5	5	4	3	20
	窃盗及强盗	—	—	1	1	—	1	3
	诈欺取财	—	1	—	—	—	—	1
	赃物	—	—	—	—	—	1	1
特别法犯	吗啡	1	4	—	2	1	4	12
总计		2	27	11	37	39	25	141

　　而六年中男性的再犯与三犯的人数为 2401 人，其中人数最多的是窃盗及强盗罪，为 1201 人，然后为鸦片烟罪，有 302 人，二者均为经济罪，约占男性被加重处罚人数的 62%。详见下表：

表 3-12　　　　　　　1914—1919 年男性重犯刑罚加重②　　　　（单位：人）

罪名 \ 年份		1914	1915	1916	1917	1918	1919	总计
刑事犯	渎职	—	3	1	—	2	3	9
	妨害公务	5	4	2	4	2	1	18
	骚扰	7	—	1	1	—	—	9
	逮捕监禁人脱逃	38	43	43	27	40	29	220
	藏匿罪人及毁灭证据	—	2	—	—	—	—	2
	伪证及诬告	1	7	2	1	2	7	20
	放火决水及妨害水利	—	1	—	1	—	—	2

---

① 整理自《重犯刑罚加重表之罪名比较表》，《司法部刑事统计》（1914—1919）。

② 整理自《罪名别被告人刑之加重表》，《司法部刑事统计》（1914—1919）。

续表

罪名	年份	1914	1915	1916	1917	1918	1919	总计
刑事犯	危险物	—	1	1	—	2	—	4
	妨害秩序	—	1	1	1	—	—	3
	伪造货币	—	1	2	6	1	1	11
	伪造文书印文	3	1	3	4	1	1	13
	亵渎祭典及发掘坟墓	—	—	2	1	3	2	8
	鸦片烟	15	46	44	39	77	81	302
	赌博	2	17	14	5	2	13	53
	奸非及重婚	2	2	4	6	1	4	19
	杀伤	13	21	11	19	17	25	106
	私擅逮捕和监禁	—	1	—	1	3	3	8
	略诱及和诱	1	15	5	19	14	19	73
	妨害安全信用名誉及秘密	2	—	—	1	2	3	8
	窃盗及强盗	48	210	229	233	224	257	1201
	诈欺取财	12	27	21	17	8	32	117
	侵占	2	3	3	1	4	7	20
	赃物	1	5	9	1	2	9	27
	毁弃损坏	3	2	3	4	—	—	12
特别法犯	吗啡	3	47	17	6	10	30	113
	盗匪	—	1	1	—	13	—	15
	私盐	—	2	4	2	—	—	8
总计		158	463	423	400	430	527	2401

就地域分布来看，女性再犯和三犯的人数主要集中在奉天、吉林及湖南等省。这是因为这一时期的女性犯罪类型主要集中在鸦片烟罪上，出现这样的地域分布可能与各省对禁烟命令的执行情况有关，特别是民国初年的军阀势力，很多时候便成为禁烟令的最大阻碍者。详见下表：

表 3-13　　　　　1914—1919 年女性犯罪刑罚加重之地区分布①　　（单位：人）

年份 地区	1914	1915	1916	1917	1918	1919	合计
京师	—	—	—	—	—	3	3
直隶	1	—	—	—	—	3	4
奉天	—	8	4	—	3	—	15
吉林	1	2	—	4	25	13	45
黑龙江	—	4	—	—	—	—	4
山东	—	—	—	—	1	—	1
江苏	—	—	—	—	2	1	3
安徽	—	3	4	1	3	—	11
江西	—	1	—	—	1	2	4
福建	—	—	—	—	—	2	2
浙江	—	—	1	4	—	—	5
湖北	—	—	—	—	1	1	2
湖南	—	—	—	22	3	—	25
四川	—	1	1	4	—	—	6
广东	—	6	—	—	—	—	6
广西	—	1	—	2	—	—	3
贵州	—	1	—	—	—	—	1
合计	2	27	<u>11</u>	37	39	25	141

注：画线部分应为 11，部分数据有脱漏。

　　但严景耀认为一般情况下再犯及三犯以上的犯罪人数目是很不准确的，因为再犯及三犯以上的人往往是惯犯；他们非常狡猾，姓名常变，在审判时很不容易被发现；即使进了监狱，他们也绝不承认，除非监狱的职员认识他们，追问前案，用指纹去发现他。但当时因犯罪次数的不同，执行的监狱也不同。倘若初犯在第一监狱执行，再犯及三犯以上，就要在第二监狱执行，那就更查不出了，至于外省犯了罪，然后回到本省再犯案，就更不得而知。② 并且多数时候大赦后的再犯特别多，但依大理院判例要旨中"大赦前之犯罪已经免除不能为

　　① 整理自《重犯刑罚加重之地区年份表》，《司法部刑事统计》（1914—1919）。
　　② 严景耀：《北京犯罪之社会分析》，《社会学界》第 2 卷，1928 年。

累犯之原因"的规定却又不能将其视为再犯。① 社会学家认为，这是很严重的问题，不过从上述统计我们可以看出再犯及三犯以上的经济动机是十分明显的。职业犯多以此为生，因作案手段的老道，有时很难被发现；对于许多偶然犯，亦多是因生计而犯罪，如果入监，很多时候还会从他人那里学到很多的技能，因此而演成职业犯。特别是女性们犯的罪很轻，常不易发觉，有时发觉了也没有充分证据，不能定罪。有的因事情太小，被害人也不愿穷追，于是她们便逍遥法外了。即便拿住了定罪，也不过几个或十几个月的徒刑，而且可以交罚金了事。② 因此对于多数犯罪者来说，生计的危机是迫使他们一次次铤而走险的动因，只不过有时女性因自身的心思缜密而常常使其即使作案也很难被发现而已。在对犯罪者进行严格控制的同时，统治者也对犯罪人尤其是女性犯罪人进行了一定的免除或减轻刑罚的处理，见下表：

表 3-14　　　　1914—1919 年女性被告人刑罚之免除③　　　（单位：人）

年份	被免人数		免除		
			自首	中止	其他
1914	男	69	29	2	38
	女	7	4	—	3
1915	男	379	50	57	272
	女	73	7	6	60
1916	男	142	49	21	72
	女	11	4	2	5
1917	男	90	26	7	57
	女	5	3	—	2
1918	男	37	10	8	19
	女	—	—	—	—
1919	男	33	4	—	29
	女	2	1		1
合计	男	750	168	95	479
	女	98	19	8	71

① 《暂行刑律》第 4 章，大理院编辑处编：《大理院判例要旨汇览》第 2 卷，大理院编辑处 1913 年版。
② 严景耀：《北京犯罪之社会分析》，《社会学界》第 2 卷，1928 年。
③ 整理自《审判衙门别被告人刑之免除》，《司法部刑事统计》（1914—1919）。

由此可以看出，女犯真正因为自首和犯罪行为中止而被免除刑罚的人数并不是很多，六年来自首的人数为 19 人，约占犯罪总人数的 19%，犯罪中止的为 8 人，所占比例为 8%，以"其他原因"而被免除的人数为 71 人，比例为 73%。对于男性来说，也以"其他原因"被免除刑罚的为多，约占总被免人数的 67%。就免除的罪名来看，女犯主要为略诱及和诱，然后为奸非及重婚、伪证及诬告、杀伤等。详见下表：

表 3-15　　　　1914—1919 年女性被告人刑罚免除之罪名①　　　（单位：人）

	罪名别	1914	1915	1916	1917	1918	1919	总计
刑事犯	妨害公务	—	2	—	—	—	—	2
	藏匿罪人及毁灭证据	—	8	—	—	—	—	8
	伪证及诬告	5	—	5	1	—	1	12
	妨害秩序	—	1	—	—	—	—	1
	伪造文书印文	—	—	—	1	—	—	1
	鸦片烟	—	4	—	—	—	—	4
	奸非及重婚	—	12	1	—	—	—	13
	杀伤	—	10	1	—	—	—	11
	略诱及和诱	—	23	1	—	—	—	24
	妨害安全信用名誉及秘密	—	1	1	—	—	—	2
	窃盗及强盗	2	1	2	1	—	1	7
	诈欺取财	—	8	—	1	—	—	9
	侵占	—	1	—	—	—	—	1
	赃物	—	2	—	1	—	—	3
总计		7	73	11	5	—	2	98

男犯被免除刑罚的罪名则主要为伪证及诬告、窃盗及强盗、杀伤、藏匿罪人等，可见男女犯被免除刑罚的侧重点之不同。见下表：

①　整理自《罪名别被告人刑之免除表》，《司法部刑事统计》（1914—1919 年）。

表 3-16 　　1914—1919 年男性被告人刑罚免除之罪名①　　（单位：人）

罪名别		1914	1915	1916	1917	1918	1919	总计
刑事犯	渎职	1	6	—	—	—	—	7
	妨害公务	—	4	1	—	1	—	6
	藏匿罪人及毁灭证据	—	1	2	—	1	1	5
	伪证及诬告	41	74	56	48	14	4	237
	放火决水及妨害水利	—	1	2	1	—	—	4
	危险物	—	1	—	—	—	—	1
	妨害秩序	—	4	—	—	—	—	4
	伪造货币	—	11	—	1	—	—	12
	伪造文书印文	—	18	2	3	—	—	23
	鸦片烟	—	13	—	2	—	1	16
	赌博	—	5	—	—	—	—	5
	奸非及重婚	—	13	—	—	—	—	15
	杀伤	11	64	14	11	8	6	114
	私滥逮捕监禁	—	5	—	—	—	1	6
	略诱及和诱	—	54	3	—	—	—	57
	妨害安全信用名誉及秘密	—	11	—	—	—	—	11
	窃盗及强盗	6	35	39	12	10	17	119
	诈欺取财	2	25	9	4	1	—	41
	侵占	7	18	2	4	2	1	34
	赃物	—	8	8	1	—	1	18
特别法犯	毁弃损坏	—	5	—	3	—	1	9
	买卖人口	1	—	—	—	—	—	1
	私盐	—	3	—	—	—	—	3
	吗啡	—	—	2	—	—	—	2
总计		69	379	142	90	37	33	750

　　这一时期统治者也都不同程度地对男女犯所处刑罚作出了一定的减轻处理。统计显示，减轻的原因可分为法律上的减轻和酌减两大

———————

① 整理自《罪名别被告人刑之免除表》，《司法部刑事统计》（1914—1919）。

类，而且酌减的人数要多于法律上减轻的人数，约为法律上减轻人数的五倍多。就法律上而言，其中因不知法令而减轻者最多，约占总被减人数的7%；从犯其次，约占4%；然后是未遂，约占3%，其他方面也有一定程度上的减轻，具体情形如下表所示：

表 3-17　　　　　1914—1919 年女性被告人刑罚之减轻①　　　（单位：人）

年份	被减人数	自首	中止	未遂	从犯	防卫行为过当	紧急加害过当	不知法令	喑哑	未满12岁	80岁以上	其他	计	酌减
1914	506	2	—	16	19	2	—	15	1	3		—	58	448
1915	864	6	4	28	36	7	2	76	—	13	3	3	178	686
1916	584	2	—	25	18	3	—	66		7	1	9	132	452
1917	620	7	2	13	30	5	—	51		4	3	6	123	497
1918	598	—	—	11	22	1	—	20		10	2	1	67	531
1919	474	2	—	17	10		—	26		6	3	—	64	410
合计	3646	19	6	110	135	18	4	254	2	43	12	19	622	3024

而对于男性犯罪者而言，酌减的人数也要多于法律上减轻的人数，但法律上减轻的理由则以未遂者为多，② 可见当时法律在一定程度上对女性的特殊照顾。从时间上看，几乎每一年都有一定比例的减轻，尤以1915年为多。详见下表：

表 3-18　　　　　　1914—1919 年男女犯刑罚之减轻③　　　（单位：人）

年份	1914	1915	1916	1917	1918	1919	总计	所占比例（%）
男	5846	8460	6935	8979	7948	7260	45428	92.57
女	506	864	584	620	598	474	3646	7.43

从地域上来看，六年来几乎每个省份都对女犯的被处刑罚进行了减轻处理，其中尤以京师、奉天、江苏等省人数较多，这主要是因为

---

① 整理自《审判衙门别及被告人刑之减轻表》，《司法部刑事统计》（1914—1919）。
② 整理自《审判衙门别及被告人刑之减轻表》，《司法部刑事统计》（1914—1919）。
③ 整理自《审判衙门别及被告人刑之减轻表》，《司法部刑事统计》（1914—1919）。

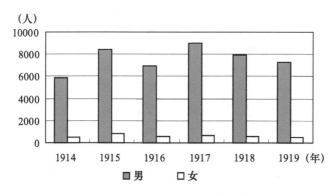

图 3-8　1914—1919 年男女犯刑罚之减轻人数

这些省份本身上报的犯罪人数也较多的缘故。从各类被减轻的罪名来看，其排序如下表所示：

表 3-19　　　　　　1914—1919 年女性刑罚减轻排序①

年份	减免类别（前四位）			
1914	杀伤	略诱及和诱	鸦片烟	窃盗及强盗
1915	杀伤	略诱及和诱	鸦片烟	窃盗及强盗
1916	杀伤	略诱及和诱	窃盗及强盗	诈欺取财
1917	杀伤	略诱及和诱	鸦片烟	窃盗及强盗
1918	杀伤	略诱及和诱	窃盗及强盗	鸦片烟
1919	杀伤	略诱及和诱	赌博	窃盗及强盗

表 3-20　　　　　　1914—1919 年男性刑罚减轻排序②

年份	减免类别（前四位）			
1914	杀伤	窃盗及强盗	略诱及和诱	鸦片烟
1915	杀伤	窃盗及强盗	略诱及和诱	鸦片烟
1916	杀伤	窃盗及强盗	略诱及和诱	诈欺取财
1917	窃盗及强盗	杀伤	鸦片烟	略诱及和诱
1918	窃盗及强盗	杀伤	鸦片烟	略诱及和诱
1919	窃盗及强盗	杀伤	赌博	略诱及和诱

---

①　整理自《审判衙门别及被告人刑之减轻表》，《司法部刑事统计》（1914—1919）。

②　整理自《审判衙门别及被告人刑之减轻表》，《司法部刑事统计》（1914—1919）。

由此可以看出，六年来女犯刑罚减轻的犯罪类别多数为经济类和杀伤类，而性犯罪类别的很少。六年来性犯罪减轻的总人数仅为119人，约占总犯罪人数的0.5%。同时由男女犯对比来说，女犯减轻的罪名最多为杀伤罪，其次为略诱及和诱罪；而男犯，减轻的刑罚则多为杀伤罪和窃盗及强盗罪，所减轻的罪名均为男女性犯罪人数较多的类型。特别是女性，因杀伤罪主要集中在家庭和邻里之间，很多时候便可以因亲友或邻里之间的谅解而获得减免；同理略诱及和诱这种其时女性犯罪人数较多的类别，很多时候也可以由此得到一定的减免。①但对女性的性欲罪来说，却因关涉到男女大防，在民初仍旧重视女性贞操的时代，要想得到一定的减免还是很困难的，因此六年来女性的奸非和重婚罪被减免的人数不是很多。

虽然统治者在一定程度上对女性犯罪给予了一定的照顾，但多数女性还是必须承受因犯罪所带来的不良后果。这么多的女性不惜触犯法律从事犯罪活动的原因是什么呢，我们通过这一时期刑事统计年报上对女性犯罪时的经济状况、职业、女性的婚姻家庭、所受教育情况等的统计分析，似乎可以找到问题的一部分答案。

第三节　民初女性犯罪时的经济和职业状况

一　民初女性犯罪时的经济状况

民国初年的女性，很多时候因经济上的不能独立而养成了一定的依赖性心理，因此一旦遭遇婚姻家庭不幸或所依赖的男性不能供养她们，便会在经济上陷于恐慌。而在当时很多下层社会的家庭里，有的女性却要和男性一样承担起生活的经济重担，但社会上并没有为她们提供更多更好的就业机会。这种情况下，陷于经济困境的部分女性便不得不通过犯罪去获取最基本的生活资料。由统计可以看出，这一时期女犯的经济和职业状况都不是很好，如在女性犯罪时的资产统计中，无资产及赤贫人数就占了很大的比例，详见下列图表：

---

① 因当时从事诱拐的女性多是被害人所熟悉的人，有时便也会由于被诱人被找回而得到一定的宽恕。

表3-21　　　　　1914—1919 年女性被告人数及犯时资产① 　　　（单位：人）

年份	被告人数	资		产		
		有资产	稍有资产	无资产	赤贫	未详
1914	4119	43	618	2893	345	220
1915	5481	98	700	3679	832	172
1916	4003	73	469	2656	675	130
1917	4137	153	1005	2252	473	254
1918	3420	133	737	2003	373	174
1919	3936	106	743	2444	465	178
总计	25096	606	4272	15927	3163	1128
所占比例（%）	100	2.41	17.02	63.46	12.60	4.49

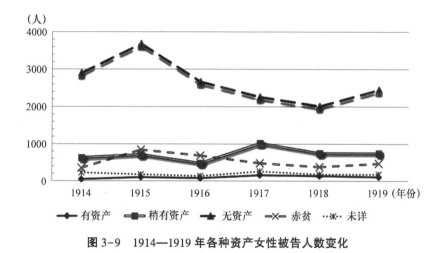

图3-9　1914—1919 年各种资产女性被告人数变化

　　由六年来的统计显示，每年都以无资产的为最多，稍有资产的占第二（除 1916 年占第三外），赤贫的占第三（除 1916 年占第二外），有资产的占第四位。因此六年来女性被告人以无资产的人数最多，所占比例约为63%；其次为稍有资产者，所占比例约为17%；然后为赤贫，所占的比例为 13%，而有资产的人犯罪最少，所占的比例为

_____

　　① 整理自《审判衙门别被告人数及其犯时资产表》，《司法部刑事统计》（1914—1919）。

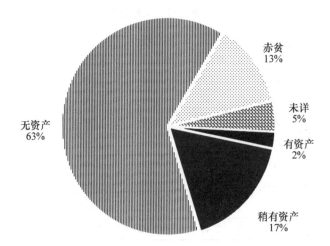

图 3-10 1914—1919 年各种资产女性被告总人数比例

2%，因无资产和赤贫的经济程度差不多，由此可以看出当时多数犯罪者的经济动机。就时间上看，六年来并没有明显的变化。而对男性来说，六年来排列的顺序也与女性相同。犯罪人数也以无资产的人数为最多，所占比例为61%；其次为稍有资产，所占比例为18%；然后为赤贫，所占比例为14%；最后为有资产，所占比例为3%，详见下列图表：

表 3-22   1914—1919 年男性被告人数及犯时资产①   （单位：人）

年份	被告人数	资		产		
		有资产	稍有资产	无资产	赤贫	未详
1914	43028	837	9115	26406	4409	2261
1915	49930	1239	8888	29796	8490	1517
1916	39096	1183	5889	24550	6435	1039
1917	44047	1571	8326	25521	6932	1697
1918	38220	1682	7100	22794	5093	1551

① 整理自《审判衙门别被告人数及其犯时资产表》，《司法部刑事统计》（1914—1919）。

续表

年份	被告人数	资		产		
		有资产	稍有资产	无资产	赤贫	未详
1919	38063	1933	7092	24018	3786	1234
总计	252384	8445	46410	153085	35145	9299
所占比例（%）	100	3.35	18.39	60.66	13.93	3.68

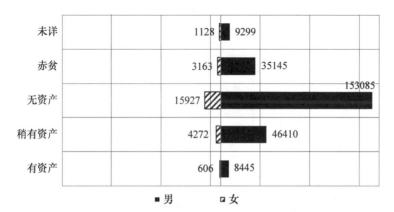

图 3-11　1914—1919 年男女被告人资产情况比较①

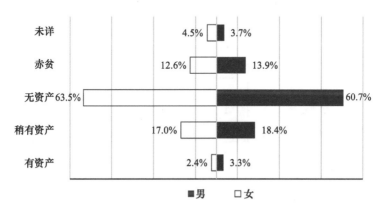

图 3-12　1914—1919 年男女被告人资产情况对比②

① 整理自《审判衙门别被告人数及其犯时资产表》，《司法部刑事统计》（1914—1919）。
② 整理自《审判衙门别被告人数及其犯时资产表》，《司法部刑事统计》（1914—1919）。

　　由此可以看出在民初，牟取一定的经济利益为男女犯罪的最主要动机，而且虽然男性无资产的犯罪人数要高于女性，但就其所占比例来说显然低于女性。此外，在女性犯罪人的资产统计中，也有很多犯罪者为稍有资产或资产较丰的人。一般来说，这些人应该是衣食无忧的，很显然她们犯罪的经济动机应该不是很强烈而主要是因为杀伤及不良的嗜好而触犯了法律。而对于无资产及赤贫的女性犯罪人，犯罪类型主要为经济类，罪名集中在鸦片、略诱及和诱和诈欺取财等类别上。以1914年为例，详见下表：

表 3-23　　　　　　　　1914 年女性被告人的资产及罪名①　　　　（单位：人）

罪名		被告人数	资			产	
			有资产	稍有资产	无资产	赤贫	未详
刑事犯	妨碍国交	—					
	渎职	5	—	3	2	—	—
	妨害公务	35	3	4	25	2	1
	妨害选举						
	骚扰	1			1		
	逮捕监禁人脱逃	3	—	1	2		
	藏匿罪人及毁灭证据	2			2		
	伪证及诬告	63	—	14	40	5	4
	放火决水及妨害水利	6		1	5		
	危险物	1	—	—	1		
	妨害交通	—					
	妨害秩序	1	—	—	1		
	伪造货币	7		1	6		
	伪造文书印文	8	—	2	4	—	2
	伪造度量衡	—					
	亵渎祭典及发掘坟墓	2	—	—	2		
	鸦片烟	1885	21	324	1390	118	32
	赌博	214	—	19	179	3	13

---

① 整理自《被告人罪名别及其犯时资产表》，《司法部刑事统计》（1914—1919）。

续表

罪名		被告人数	资		产		
			有资产	稍有资产	无资产	赤贫	未详
刑事犯	奸非及重婚	296	5	44	195	33	19
	妨害饮料、水	1	—	1	—	—	—
	妨害卫生	—	—	—	—	—	—
	杀伤	518	6	114	311	59	28
	堕胎	2	1	—	1	—	—
	遗弃	4	1	—	3	—	—
	私滥逮捕监禁	4	—	1	3	—	—
	略诱及和诱	475	4	30	368	42	31
	妨害安全信用名誉及秘密	21	1	7	12	1	—
	窃盗及强盗	161	—	26	90	35	10
	诈欺取财	133	—	8	100	13	12
	侵占	24	—	3	12	8	1
	赃物	34	—	1	21	11	1
	毁弃损坏	44	—	10	21	7	6
特别法犯	买卖人口	67	1	4	30	5	27
	吗啡	102	—	—	66	3	33
	官吏犯贼	—	—	—	—	—	—
	盗匪	—	—	—	—	—	—
	私盐	—	—	—	—	—	—
	其他	—	—	—	—	—	—
合计		4119	43	618	2893	345	220

男犯则除了妨害选举及官吏犯赃为有资产及稍有资产的人所垄断外，其他与女性差不多，鸦片烟也为有资产人所常犯；其他罪名关乎资产的情况不是很鲜明只是人数多少的问题。但鸦片烟、窃盗及强盗、略诱及和诱等经济犯罪，尤以无资产和赤贫为多。[1] 因历年来的变化不是很大，我们再以 1919 年为例来分析一下男女犯的罪名与资产的关系。对于女犯，该年统计中有资产的犯人约占总犯罪人数的

---

[1] 详见《司法部刑事统计》（1914—1919）之《罪名别被告人数及其犯时资产》。

3%，稍有资产的约占 19%，无资产的占 62%，赤贫的占 12%；男犯则有资产的占 5%，稍有资产的为 19%，无资产的占 63%，赤贫的占 10%。[①] 男女犯罪名对比如下：

表 3-24　　　　1919 年男女犯中人数最多的两种罪名排列[②]

	有 资 产		稍 有 资 产		无 资 产		赤 贫	
男	赌博	鸦片	鸦片	赌博	鸦片	赌博	窃盗及强盗	鸦片
所占比例	36%	30%	29%	29%	25%	21%	54%	22%
女	鸦片	杀伤	鸦片	赌博	鸦片	略诱及和诱	鸦片	略诱及和诱
所占比例	64%	13%	62%	11%	44%	14%	75%	6%

据统计表明，不良的嗜好在各阶层中都占有一定的比例，而尤以有资产者为多。女犯中，经济贫困者主要以经济为犯罪目的；而对于稍有资产及有资产者来说，不良的嗜好为其主要的犯罪目的。而男性，不良的嗜好更是在每个阶层中普遍存在，但对于赤贫者来说，获取经济利益仍为其犯罪的主要动机。

由历年统计整理出来的关于犯罪者的刑名别和资产情况可以得出当时犯罪多与经济目的有关。而就女性犯罪时的生计情况进行分析，也可以发现经济因素实为女性走向犯罪的最主要原因。详见下列图表：

表 3-25　　　　1914—1919 年女性被告人数及其犯时生计[③]　　　（单位：人）

年份	被告人数	生 计				
		奢侈生活	普通生活	朴质生活	贫困生活	未详
1914	4119	43	697	1032	2158	189
1915	5481	92	953	1657	2563	216

---

① 参见 1919 年《司法部第六次统计·刑事》之《罪名别被告人数及其犯时资产》。

② 整理自《罪名别被告人数及其犯时资产表》，1919 年《司法部第六次统计·刑事》。

③ 整理自《被告人数及其犯时生计表》，《司法部刑事统计》（1914—1919）。

续表

年份	被告人数	生　计				
		奢侈生活	普通生活	朴质生活	贫困生活	未详
1916	4003	60	756	1433	1582	172
1917	4137	105	1048	1434	1238	312
1918	3420	66	1002	975	957	420
1919	3936	96	905	1453	1237	245
总计	25096	462	5361	7984	9735	1554
百分比（%）	100	1.84	21.36	31.81	38.79	6.19

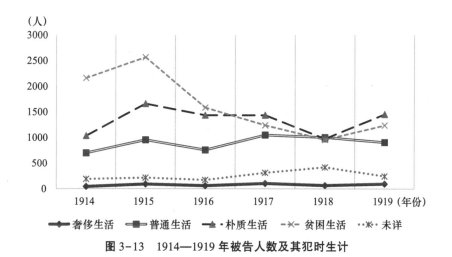

图3-13 1914—1919年被告人数及其犯时生计

由此图表可以看出，六年来女犯的生计情况在时间上并没有多大的变化。其中贫困生活的犯罪者人数最多，所占比例约为39%；其次为朴质生活和普通生活，所占比例分别为32%和21%；最后是奢侈生活，所占比例仅为2%，经济罪仍然是生活贫困者最主要的犯罪类型。而对于男性来说，情况尤其如此，且贫困生活及朴质生活犯罪者的比例要大于女性，可见其时犯罪者多数亦为生计艰难者。详见下列图表：

表 3-26　　　　　　　1914—1919 年男性被告人数及其犯时生计①

年份	被告人数	生　　计				
		奢侈生活	普通生活	朴质生活	贫困生活	未详
1914	43028	359	8967	10558	20929	2215
1915	49930	685	12294	14275	21283	1393
1916	39096	375	9942	12574	15083	1122
1917	44047	910	12582	12969	15754	1832
1918	38220	690	12125	11307	12641	1457
1919	38063	753	13161	10492	12604	1053
总计	252384	3772	69071	72175	98294	9072
所占比例（%）	100	1.49	27.37	28.60	38.95	3.59

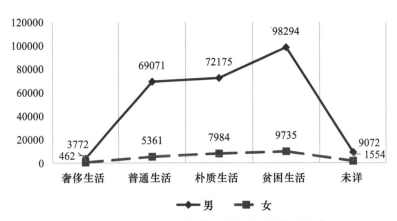

图 3-14　1914—1919 年男女犯人生计人数对比②

　　虽然男性犯罪者在生计各个类别中的总人数都要高于女性，但就所占比例来说，奢侈生活和朴质生活的犯罪比例女性却要高于男性，贫困生活则二者持平，这可能与当时女性的不良嗜好及经济困境有很大的关系。朴质和贫困生活的男性犯罪者，其犯罪类型多为强盗及窃

　　①　整理自《审判衙门别被告人数及其犯时生计表》，《司法部刑事统计》（1914—1919）。
　　②　整理自《审判衙门别被告人数及其犯时资产表》，《司法部刑事统计》（1914—1919）。

盗；而对于奢侈者来说，其犯罪则主要集中在鸦片、赌博等不良的嗜好上。生活奢侈的女犯，其犯罪类别也主要以鸦片烟为主，犯奸非及重婚罪者很少，而生活贫困及朴质的女性犯此类罪行的则很多。[①] 这可能是因为富裕的家庭对女性的贞节相对重视，同时良好的教育也让这类家庭的女性对自身有一定的约束。而对于生活贫困及朴质的女性特别是生活在社会下层的贫民女性来说，生活的艰难使得她们无暇顾及所谓的贞操问题，因此很多时候性也就成了她们用来谋生的一种手段；再如上所述女犯的资产情况，我们可以进一步证实经济压力是促使女性走向犯罪的主要原因。在民国初年，因经济的不景气，使得很多家庭的经济难以维持。以该时期的北平为例，据 1918 年狄特麦（C. G. Dittmer）的估计，如以 109 元为贫穷线的标准，根据北平 195 个家庭，每个家庭平均人口为五人的调查，贫穷人口占 61.5%[②]。这种情况下，此类家庭中的女性便不得不和男性一样承担起家庭的生计问题，因此部分女性在经济的压力下，便只好选择了犯罪。

二　民初女性犯罪时的职业类别

清末民初，随着妇女解放思潮的涌起，女性开始走向社会，涌现出了很多职业女性，如女教师、女记者、女医生、女演员等，但多集中于精英女性群体。就平民女性而言，从业的范围和人数都不是很多，且多集中在待遇低下、工资不高的行业中。由这一时期女性犯罪者的职业统计中，我们更是可以看出其时平民女性生活的艰难，详见下表：

表 3-27　　　　　1914—1919 年女刑事被告人职业统计[③]　　　（单位：人）

年份	被告人数	职业											
		农业	工业	商业	牧畜	渔业	交通业	公务	自由业	雇佣业	其他	无职业	未详
1914	4119	139	346	176	—	2	13	4	17	398	186	2084	754

① 参见《司法部刑事统计》（1914—1919）之《罪名别被告人数及其犯时生计》。
② 刘仰之：《犯罪学大纲》，第 17 页。
③ 整理自《审判衙门别被告人数及其犯时职业表》，《司法部刑事统计》（1914—1919）。

续表

年份	被告人数	职业											
		农业	工业	商业	牧畜	渔业	交通业	公务	自由业	雇佣业	其他	无职业	未详
1915	5481	217	280	178	2	5	8	9	156	569	249	3377	431
1916	4003	265	238	145	3	8	12	1	213	579	133	2295	111
1917	4137	247	260	142	15	14	7	1	197	646	197	2228	177
1918	3420	128	193	102	11	7	16	8	201	407	140	2043	164
1919	3936	94	156	86	—	—	2	1	193	586	51	2506	261
合计	25096	1090	1473	829	31	36	58	30	977	3185	956	14533	1898
比例（%）	100	4.34	5.87	3.30	0.12	0.14	0.23	0.12	3.89	12.69	3.81	57.91	7.56

在 1914—1919 年犯罪女性的职业统计中，无职业的约占 58%；雇佣业约占 13%，工业约占 6%，除此之外，农业、自由业和商业等的女性所占的比例分别为 4%、4%、3%。而渔业、牧畜、交通业、公务等行业，女性都很少涉及。

六年来女犯的职业以雇佣业为多，然后是工业、农业和自由业。但这些职业，多收入低微、待遇低下而且也不是很稳定。[①] 特别是自由业之所以在女性犯罪中占有一定的比例，更是与此有很大的关系。对于女性来说，所谓的自由业也只是以在家做女红获得薄资的最多，这种职业是不要寻找的。女子从事职业在中下层社会中多由于生活逼迫，她们除了治家外不得不从事于一种谋生活动，以赡家或至少辅助一部分家用。犯罪女子的收入不但微乎其微，而且朝不保夕，缺少稳固性。[②] 因此，女性在社会上谋职的不易及所从事工作待遇的低下，使得很多女性在沉重的经济压力下喘不过气来，为了生存不择手段以致犯罪往往成为女性犯罪人不得已的选择。

俗话说"饥寒起盗心"，对于一个无职业、无资产的贫苦女性来说，除了铤而走险外，恐怕也别无生路。美国社会学家默顿认为，人们追求的主要目标是金钱，一些因贫困而上不起学、无专业技术的普

———————

① 周叔昭：《北平女性犯罪与妇女问题》，《东方杂志》1934 年第 31 卷第 7 号。
② 周叔昭：《北平一百名女犯的研究》，《社会学界》第 6 卷，1932 年。

通工人，由于地位低、工资不高、缺少就业机会等，决定其不可能拥有较高的社会地位和较多的金钱。为了实现取得较高社会地位和得到较多金钱，往往不接受社会规范的约束而采用非法手段，即他们由于被剥夺了合法获取财富的机会，不可能通过正常的方式获得成功，只能求助于盗窃、抢劫之类的非法的、犯罪的手段。他认为这是下层社会财产犯罪率偏高的原因。① 由此，我们不难理解民国初年的女性犯罪之所以多为经济犯罪，实在是生活所迫。特别是民初以来，因屡遭水旱灾，农民得不到相当收获，于是逃荒入城，另谋生计，这更增加了失业的人数。同时，粮食之价飞涨，百物亦随之昂贵，贫民在这种境况之下，自然很容易走上犯罪之路。还有许多贫民因"生活简陋，无法讲究卫生，一旦得病，非独无资医治，且因之失业，加以平日毫无积蓄为贫穷之直接原因，兼之为犯罪之导线。还有恶劣嗜好（最普通者为鸦片与吗啡及赌博），使入款太少不能支持，且因之而无心求正当营业，渐即犯经济罪以度日"②。对于男性来说，尤其如此，详见下表：

表 3-28　　　　　1914—1919 年男刑事被告人职业统计③　　　（单位：人）

年份	被告人数	职业											
		农业	工业	商业	牧畜	渔业	交通业	公务	自由业	雇佣业	其他	无职业	未详
1914	43028	4720	5938	8797	38	152	3008	1044	775	5732	2108	8078	2638
1915	49930	6251	7737	8254	141	261	1435	1518	2369	7584	2319	10915	1146
1916	39096	5679	5614	6747	88	225	1418	860	1388	6882	1262	8665	268
1917	44047	5910	6020	6614	209	526	1943	1057	2299	6487	1682	10596	704
1918	38220	5429	5486	5395	101	176	1344	726	2831	5762	1544	8899	527
1919	38063	4860	5702	5321	87	153	1309	770	2495	7136	1446	8293	491

① ［美］罗伯特・K. 默顿：《社会理论和社会结构》，唐少杰译，译林出版社 2006 年版，第 283—290 页。

② 严景耀：《北京犯罪之社会分析》，《社会学界》第 2 卷，1928 年。

③ 整理自《审判衙门别被告人数及其犯时职业表》，《司法部刑事统计》（1914—1919）。

续表

年份	被告人数	职业											
		农业	工业	商业	牧畜	渔业	交通业	公务	自由业	雇佣业	其他	无职业	未详
合计	252384	32849	36497	41128	664	1493	10457	5975	12157	39583	10361	55446	5774
比例（%）	100	13.02	14.46	16.30	0.26	0.59	4.14	2.37	4.82	15.68	4.11	21.97	2.29

　　根据六年来的统计显示，男犯无职业的也占有很大的比例，约为22%；其次为商业，约占16%；然后为雇佣业、工业和农业，分别占16%、14%、13%，其他职业所占比例都很小。再由年份看，1914年男犯最多的是商业，为20.4%，其次是无职业，为19%；女犯最多的是无职业，占女子犯罪总数57.91%，其次为雇佣业，为12.69%；1915年男女都是以无职业的最多，男的为22%，女的有61.6%；男的其次为商业，占16.5%；女的为雇佣业，占10.3%；1916年不论男女都以无职业为最多，雇佣业次之，1917年与1916年同（指总数多少之次序而言，并非指百分比）1918年和1919年也是一样。详见下图：

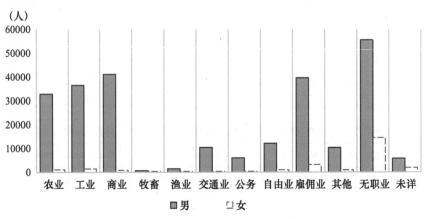

图3-15　1914—1919年男女犯各职业总人数对比①

---

① 整理自《审判衙门别被告人数及其犯时资产表》，《司法部刑事统计》（1914—1919）。

虽然男犯的总人数在各个职业类别的统计中都高于女犯，但就所占比例而言，显然女性的无职业犯罪率要远远高于男性。于职业与犯罪类型之间的关系来看，对于无职业者，无论男女犯，都以鸦片烟、强盗及窃盗、略诱及和诱等经济犯罪为主。而有职业者，从事雇佣业的女犯以鸦片烟和略诱及和诱为多，男性则以鸦片烟和赌博为众。从事工业的女犯也以鸦片烟、略诱及和诱为多，男犯以鸦片烟和赌博为主；从事农业的女犯以杀伤、鸦片烟、略诱及和诱为多，而男犯也以鸦片烟和杀伤为众；对于从事商业的女犯以鸦片烟和杀伤为主，而男犯则以鸦片烟、杀伤及赌博为多。[1] 因 1919 年的统计较为详尽，我们再以它为例分析一下。在该年统计中，女犯从事雇佣业的为 586 人，其中犯鸦片烟罪的为 387 人，约占 66%，从事略诱及和诱的 41 人，约占 7%；而男犯从事雇佣业的为 7136 人，犯鸦片烟罪的 2118 人，约占 30%，从事赌博的 1563 人，约占 22%。而从事工业的女犯为 156 人，犯鸦片烟的为 67 人，约占 43%，从事略诱及和诱的为 27 人，约占 17%；男犯则为 5702 人，贩鸦片烟的 1323 人，约占 23%，犯赌博罪的 1240 人，约占 22%。从事农业的女犯为 94 人，犯杀伤罪的 27 人，约占 29%，犯略诱及和诱罪的为 23 人，约占 24%；男犯则为 4860 人，其中赌博的为 1273 人，约占 35%，杀伤的 1046 人，约占 22%。从事商业的女犯为 86 人，其中鸦片烟罪的为 41 人，约占 48%，略诱及和诱罪的为 16 人，约占 19%；而男犯为 5321 人，鸦片烟罪为 1915 人，约占 36%，赌博为 1076 人，约占 20%。[2]

由此可以看出，鸦片和赌博不分职业和性别普遍地成为当时中国人的不良嗜好，而无论哪一个行业经济犯罪都占了一定的比例。此外，在男女性犯罪人的职业比较中，男犯之所以从事商业者为最多，便是因为从事这种职业的人犯鸦片烟罪的为多之故。至于杀伤罪，则在从事农业的犯罪者中较为突出。

同时，统计显示，无职业者在男女性犯罪者中都占有极高的比例，造成大量失业人口犯罪的原因除了与该期中国落后的经济有关

---

① 整理自《罪名别被告人数及其犯时职业》，《司法部刑事统计》（1914—1919）。

② 整理自 1918 年《司法部刑事统计》，《罪名别被告人数及其犯时职业》。

外，政治纷乱也为一个重要因素。严景耀曾描述了这一时期北京的犯罪原因，由此对中国这一时期的社会状况或可窥一斑：

> 因革命以来，即使全体旗民失养，有消耗而无生产，自然日趋贫穷。政府毫不注意不为他们而设法救济。再加上近几年来社会几乎常处于恐怖时期，交通阻碍，物价飞涨，银元价值低落，市面萧条，失业增加；再加捐税日增，捐目日繁。并且这种苛捐好像专为贫民而设故小民生计之路日迫，怎么叫他们能枵腹忍寒而安分呢？①

北京如此，其他地方的状况就更可想而知了。女性犯罪除了与经济处境有关外，很多时候还与女性的年龄、婚姻家庭及所受教育情况有一定的联系。

第四节　民初女犯的年龄、婚姻家庭及所受教育情况

一　民初女犯的年龄分布

犯罪因不同年龄的生理差异导致的犯罪种类有所不同，例如年轻人激素水平高，情欲热烈而最难遏制，因而成为性犯罪的主体。学者张镜予认为"物质上、精神上、社会上种种势力都因年龄的不同起了特异的变动，这些都与犯罪有因果的关系。犯人年龄的分布可以作研究犯罪原因的根基"②。在中国，六年来的统计显示，女犯的年龄16岁以下为数尚少。16岁起数目逐渐增多，30岁以上达到高峰；到了40岁则逐渐减少，至50岁数目骤然降落。犯罪人数最多在30—40岁的时期，约占全数1/3（29%）；其次是20—30岁和40—50岁，比例分别为17%和28%；然后是50—60岁和60—70岁，比例分别为14%和6%，其他类别比例很小。详见下列图表：

---

① 严景耀：《中国的犯罪与社会变迁的关系》，第64页。
② 张镜予：《北京司法部犯罪统计的分析》，《社会学界》第2卷，1928年。

表 3-29　　　　1914—1919 年女性被告人年龄统计①

（单位：人）

年份	被告人数	年龄（岁）									
		12—16	16—20	20—30	30—40	40—50	50—60	60—70	70—80	80 以上	未详
1914	4119	8	72	707	1093	1077	680	342	75	3	62
1915*	5490	15	170	965	1542	1541	819	320	88	6	24
1916	4003	16	95	652	1326	1147	536	172	45	2	12
1917	4137	14	144	602	1183	1149	572	290	61	5	117
1918	3420	14	88	634	1045	970	452	160	39	3	15
1919	3936	15	93	624	1183	1245	488	227	47	4	10
总计	25096	82	662	4175	7372	7129	3547	1511	355	23	240
比例（%）	100	0.33	2.64	16.64	29.38	28.41	14.13	6.02	1.41	0.09	0.96

注：原表中 1915 年合计的数字有出入，被告人数是 5481 人，但是后面总数却是 5490 人，多了 9 人，经核对，为原表登记错误，误将 956 登为 965。

① 整理自《审判衙门别被告人数及其犯罪时年龄表》，《司法部刑事统计》（1914—1919）。

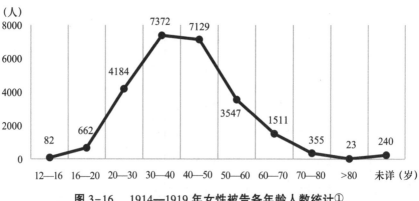

图 3-16　1914—1919 年女性被告各年龄人数统计①

由统计图表可以看出，女性犯罪涉及每一个年龄段，这与民初多数女性逐步走出家庭涉入社会的趋势有关。中国女性历来深居简出，很少参与社会活动。到了民国初年，女性开始广泛地参与社会生活，有的女性还要担负家庭的经济重担。因此，当其遭遇经济困境而又走投无路时，有时便会以犯罪作为谋生的手段。此外，在关于女性犯罪人年龄的统计中，女犯的年龄主要集中在 30—50 岁，然后是 20—30 岁。

　　而男犯，则情况稍有不同。他们犯罪的最高点也在 30—40 岁这一组里，所占比例约为 35%，然后是 20—30 岁及 40—50 岁，比例分别为 26% 和 22%，其他按次序排列如下：50—60 岁，比例为 9%；16—20 岁，比例为 3%；60—70 岁，比例为 3%；12—16 岁及 80 岁以上最少，详见下列图表：

表 3-30　　　　　　　1914—1919 年男性被告人年龄统计②　　　　（单位：人）

年份	被告人数	年龄（岁）								
		12—16	16—20	20—30	30—40	40—50	50—60	60—70	70—80	80以上	未详
1914	43028	160	1262	11691	14453	9313	3843	1304	236	18	748
1915	49930	207	1388	13659	17464	10852	4427	1344	244	8	337
1916	39096	138	1158	10386	14329	8760	3274	800	142	7	102
1917	44047	169	1186	10681	15409	10141	4539	1382	237	17	286

①　整理自《审判衙门别被告人数及其犯时年龄表》，《司法部刑事统计》（1914—1919）。
②　整理自《审判衙门别被告人数及其犯时资产表》，《司法部刑事统计》（1914—1919）。

续表

年份	被告人数	年龄（岁）									
		12—16	16—20	20—30	30—40	40—50	50—60	60—70	70—80	80以上	未详
1918	38220	176	1266	9949	13370	8695	3555	882	129	4	194
1919	38063	196	1247	10154	13627	8024	3664	974	128	8	41
总计	252384	1046	7507	66520	88652	55785	23302	6686	1116	62	1728
比例	100%	0.41%	2.97%	26.36%	35.13%	22.11%	9.23%	2.65%	0.44%	0.02%	0.68%

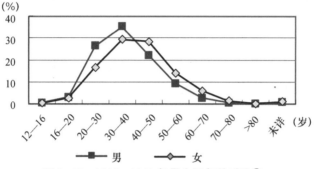

图 3-17　1914—1919 年男女犯年龄对比①

　　由以上图表可以看出，男性犯罪者的人数在每个年龄段都要高出女性犯罪者很多，但就所占比例而言，30 岁以下男犯高于女犯，40 岁以上则女犯高于男犯。就分布的比例曲线来说，男女犯的人数及年龄比例曲线则完全不同，男犯在 40 岁后急剧下降，女犯则在 50 岁后急剧下降，它们慢慢地继续增加上去直到 40 岁以上为止，然后又慢慢地减少。虽然最高点在 30—40 岁的年龄组里，然而其中的人数亦不过 29%，犯罪人数多集中在 30—50 岁，女性犯罪高发年龄的推迟，主要是由于女性社会经历和社会地位发生改变。究其原因，目前不少学者认为这与女性的成长及家庭环境等各个因素有关。如在少女和少妇时代，有来自父母和丈夫的庇护、关怀和约束，过着较为单纯的宁静的生活，参与社会的范围相对狭小，与人发生纠纷和冲突的机会也少；而年届中年时，女性开始真正承受生活的艰辛（家庭的变故、子女的抚育等）并随着生活范围的扩大和生活阅历的增长，与人发生冲突的概率增加。此时女性

---

　　①　整理自《审判衙门别被告人数及其犯时资产表》，《司法部刑事统计》（1914—1919）。

的情感体验已不如年轻时代那样敏感、胆怯、羞涩，顾虑心理也大为减弱，遇有冲突往往不肯退让。特别是 40 岁左右的女性已开始步入更年期，由于内分泌系统一定程度的紊乱而容易导致一些异常的心理现象，如情绪不安、烦躁、失眠、易冲动等，从而对罪前情绪更具敏感性，易于引起与他人纷争和实施侵害行为。[1] 这可能也是女性的杀伤罪主要集中在 40 岁左右年龄段的主要原因。而女性的鸦片烟罪的年龄分布也存在同样的情形，只不过高发年龄出现在 40—50 岁这一组里。处于这一年龄阶段的女性，很多时候由于生计的窘迫，疾病的困扰等等原因一齐袭来，常常让其无所适从，由此有时便容易感染鸦片烟瘾或靠贩运鸦片来营生。[2]

女性其他犯罪类型的年龄差异也尤为显明，如几乎有 46% 性犯罪的女性是在 20—30 岁，而在同一岁组中犯略诱和诱罪的仅占 17%。另由每一年的刑名别与女犯年龄关系的统计中，也可以看出这一特点，犯奸非和重婚的多集中在 20—30 岁，而 30—40 岁或年龄再大一些的女性则多从事略诱和诱等经济犯罪。详见下图：

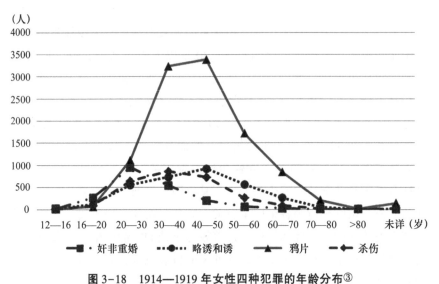

图 3-18　1914—1919 年女性四种犯罪的年龄分布[3]

---

① 衣家奇：《犯罪学》，湖南大学出版社 2005 年版，第 193 页。

② 整理自《罪名别被告人数及其犯时年龄表》，《司法部刑事统计》（1914—1919）。

③ 整理自《罪名别被告人数及其犯时年龄表》，《司法部刑事统计》（1914—1919）。

以上分析可以在一定程度上表明女性的年龄与某些犯罪的类别存在较为直接的关系，如犯奸非及重婚罪的一般要受到年龄和容貌等条件的限制，略诱及和诱罪则较为适合那些中老年妇女。而对于男性来说，很多犯罪更是与年龄存在一定的联系。以当时的窃盗及强盗和略诱及和诱为例，便可以看出男性犯罪的这一特征。详见下图：

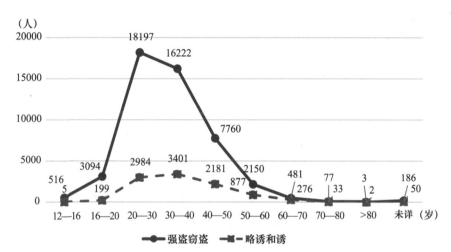

图 3-19 1914—1919 年各年龄窃盗及强盗、略诱及和
诱两种男性罪犯人数分布①

在这两种犯罪中，犯罪者的年龄都集中在 30—40 岁以上的年龄组里。在此组中，犯窃盗及强盗的比例为 33%，犯略诱及和诱的为 34%；而在 20—30 岁这一组中，犯窃盗及强盗的比例为 37%，犯略诱及和诱的为 30%。这可能是窃盗及强盗罪需要一定的体力，因此相对来说显得年轻化；略诱和诱一般情况下需要一定的周密安排，而在这方面，中年男人往往更占优势。同时由历年统计中也可以看出，男犯 30 岁以前的年龄组里以犯盗窃罪为最多，30—40 岁犯罪最多的是鸦片烟罪，而且犯罪类别大多是经济罪及杀伤罪。② 我们再以 1919 年

① 整理自《罪名别被告人数及其犯时年龄表》，《司法部刑事统计》（1914—1919）。
② 整理自《罪名别被告人数及其犯时年龄表》，《司法部刑事统计》（1914—1919）。

为例来分析一下男女犯罪与年龄之间的关系：

表3-31　　1919年男女被告人各年龄组里人数最多的犯罪类别①

年龄（岁）	12以上	16以上	20以上	30以上	40以上	50以上	60以上	70以上	80以上
男	窃盗及强盗	窃盗及强盗	窃盗及强盗	鸦片烟	鸦片烟	鸦片烟	鸦片烟	鸦片烟	鸦片烟
女	奸非及重婚	奸非及重婚	鸦片烟	略诱及和诱	鸦片烟	鸦片烟	鸦片烟	鸦片烟	鸦片烟

　　表中所示均为人数最多之犯罪类别，对于女性，16—20岁以奸非及重婚罪为主，20—30岁甚至40—50岁多以鸦片烟和略诱及和诱等经济罪为最多。而男性，则20—30岁多为强盗及窃盗，30岁以后均以鸦片烟罪为多。在统计中，年轻人占了一定的比重，许多年轻人容易犯罪是他们自己不能负成年的经济责任的缘故。他们的父母都已衰老，谋生艰难，有许多父亲竟至于死亡，而己身因缺乏相当知识，在当时工商业萧条，事少人多的社会上，他们自然没有相当的立足之地，况且意志又不坚强，那么便很容易到犯罪的险路上去！然而如略诱等罪，往往是成人所犯，因为这种罪必须有相当的计划与预备，而且又往往是职业犯的事情。② 由此可以看出，犯罪和年龄存在一定的必然联系，年龄不同，犯罪的类别也会出现一定的差异，特别是女性犯罪尤其如此。

二　民初女犯的婚姻家庭

　　据调查，婚姻家庭与犯罪也有一定的关系，家庭在社会生活中扮演着重要的角色。民国初年，有的家庭耗费过于生产，甚至于一家五六口人，专靠着一个人做工生活，负累过重，劳力不足以养家，于是就想到歧途上去。有时候因家庭不睦，各自分散或家庭教育缺乏，使儿童不能适应社会。或因供养人死亡，生计骤然发生艰难，或因无配

---

　　① 整理自《罪名别被告人数及其犯时年龄表》，1919年《司法部第六次统计·刑事》。

　　② 严景耀：《北京犯罪之社会分析》，《社会学界》第2卷，1928年。

偶而漂泊不定，结果都有流落的最大可能性。① 由这一时期犯罪女性
婚姻状况的统计中便可以看出二者也存在着一定的关联。详见下列
图表：

表3-32 1914—1919年被告女性人数及犯时婚姻状况②　　（单位：人）

年份	被告人数	未婚者	有配偶	离婚者	鳏寡者	未详
1914	4119	162	2134	6	1308	509
1915	5481	366	3510	72	1208	325
1916	4003	269	2713	48	862	111
1917	4137	330	2603	83	935	186
1918	3420	311	2146	51	764	148
1919	3936	357	2512	23	765	279
合计	25096	1795	15618	283	5842	1558
百分比（%）	100	7.15	62.23	1.13	23.28	6.21

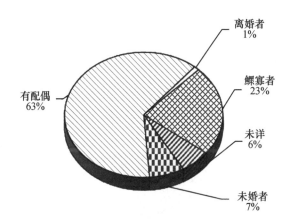

图3-20 1914—1919年女性被告人数及犯时家庭状况

由此图表所示，女性犯罪者以有配偶者为最多，约占63%；其次
为鳏寡者，约占23%；然后为未婚者，约占6%；最后为离婚者，约

---

① 严景耀：《北京犯罪之社会分析》，《社会学界》第2卷，1928年。
② 整理自《审判衙门别被告人数及犯时家庭状况表》，《司法部刑事统计》（1914—1919）。

占 1%。

一般而言，有配偶的人可以得到丈夫的供养并受到家庭的约束，生活比较稳定，有责任感，较无配偶的人犯罪的可能性低。但近代中国整体经济发展陷入困境，多数平民女性备受经济困扰。尤其是有配偶的妇女，有时甚至需要养家糊口，生活的艰辛容易将其逼上犯罪的道路。且在当时的中国，很多情况下，女性对自己的婚姻没有自主权，国家和社会也仍然鼓励妇女守贞守节，使得女性即使遭遇婚姻不幸，也只能在世俗的压力下忍气吞声，有时便容易走向犯罪。因此在统计中，可以看出这一部分人占较高的比例。以上内容如下列图表所示：

表 3-33　　　　　1914—1919 年略诱和诱罪女犯的婚姻状况①　　（单位：人）

年份	1914	1915	1916	1917	1918	1919	总计	百分比（%）
未婚者	18	26	38	45	81	45	253	7.78
有配偶者	178	432	387	329	291	280	1897	58.33
离婚者	2	7	5	35	11	6	66	2.03
鳏寡者	182	202	159	120	114	82	859	26.41
未详	95	24	13	15	14	16	177	5.44
合计	475	691	602	544	511	429	3252	100

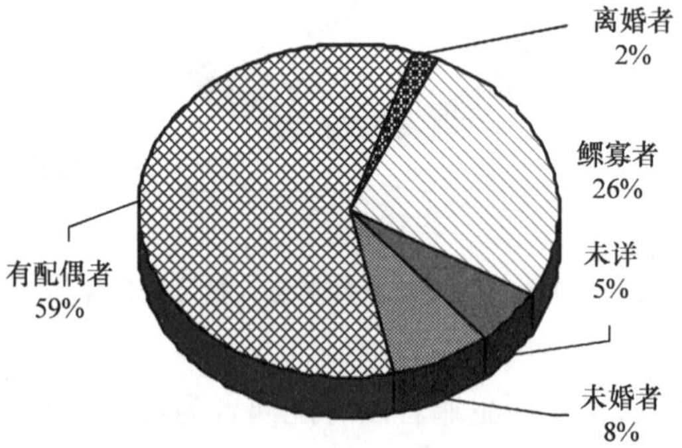

图 3-21　1914—1919 年略诱和诱罪女犯的婚姻状况

---

①　整理自《罪别被告人数及犯时家庭状况表》，《司法部刑事统计》（1914—1919）。

表 3-34   1914—1919 年奸非和重婚罪女犯的婚姻状况[①]   （单位：人）

	1914	1915	1916	1917	1918	1919	总计	百分比（%）
未婚者	13	70	69	70	44	71	337	16.19
有配偶者	197	314	242	255	186	214	1408	67.66
离婚者	2	9	4	17	9	2	43	2.07
鳏寡者	41	32	21	38	30	24	186	8.94
未详	43	23	14	16	5	6	107	5.14
合计	296	448	350	396	274	317	2081	100

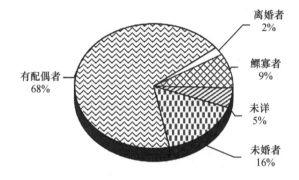

图 3-22   1914—1919 年奸非和重婚罪女犯的婚姻状况

　　由此可以看出，无论是性犯罪还是经济罪，已婚女性的比例都是很高的（在性犯罪中约为 68%；在略诱和诱罪中约为 59%）。值得注意的是，那时寡妇犯罪率亦较高。究其原因，首先是女子守寡者较多。因为中国传统习俗认为守寡是一种美德，这一传统习俗惯性巨大，政府制定褒扬贞妇烈女条例加以鼓励，社会也蔑视寡妇再嫁，从而致使女子守寡的比例较高。当时的中国社会虽然鼓励寡妇们守节，但并没有给她们一定的经济保障。[②] 其次，对绝大多数的中国女性来说，自身的谋生能力还不是很强，有时失去了丈夫就失去了生活来源，她们便会变得无依无靠。这种情况在农村有时还不严重，那里有家族，有亲戚负责维持这些寡妇的生活，因为在农村宗族势力尚且残存，大家共同为家庭福利负责。但在城市情况就完全不同了，大家庭

---

① 整理自《罪别被告人数及犯时家庭状况表》，《司法部刑事统计》（1914—1919）。
② 严景耀：《中国的犯罪问题与社会变迁的关系》，第 24 页。

制逐渐崩溃，城里的人自己成立小家庭，和农村中的大家庭断了关系。城里的小家庭如果遇到灾难，农村的大家庭也无能为力。另一方面，在城市中，遭灾赈恤体系还未建立。这些在城市中遇到困难的妇女比在农村中的要严重得多，因此一些人便通过犯罪来解决自己的生计问题，她们"除去铤而走险之外别无生路"①。特别是在略诱及和诱罪的统计中，有26%是无配偶的且几乎多为40—50岁的寡妇。因为她们丈夫已故，家中衣食无人供给而自己又缺乏谋生的能力与机会，于是走上犯罪道路。同时对这些没有婚姻束缚的女性，特别是一些守节的寡妇来说虽然能够在形式上迫于各种压力守节，但真正能做到守身如玉还是存在很大困难的。因此在性犯罪的统计中，寡妇还是占有相当比例的。丧偶妇女性犯罪的高比例说明守节妇女面临固守道德说教和满足情欲的双重压力，"对一部分丧偶妇女来说，保持守节之形是可能的，而要保持守节之实则是困难的。因而合适的条件下，婚外性的越轨将不可避免"②。

民国初年未婚女性犯罪率低，据认为主要是因为那时未婚女子一般待字深闺，和父母生活在一起，生活负担较轻，与社会接触较少，故犯罪也少。③ 同时因清朝提倡早婚，民国时期虽然将婚龄一度提高到男18岁，女16岁，但早婚现象仍在当时的中国大量存在。④ 早婚的流行，使缺乏社会经验的年轻女性发展婚外性行为的意识不是很强烈，多是在成年男性引诱之下才有越轨行为。⑤ 但此际因男女交往逐渐增加，特别是生活在下层社会的女性，加之教育的缺乏，使得她们显得愚昧无知，很多时候便容易被人引诱而犯奸非罪。因此人虽然在略诱及和诱中所占比例较低（约为8%），而在奸非和重婚中却占了很大一部分比例（约为16%）。

由上述的分析可见，婚姻家庭与女性犯罪的关系尤为重要。尤其是对于未婚的女子，在父母管束之下，少有与外界接触的机会，且无经济

① 参见严景耀《中国的犯罪问题与社会变迁的关系》，第32页。

② 王跃生：《清代中期婚姻冲突透析》，第202—203页。

③ 周叔昭：《北平一百名女犯的研究》，《社会学界》第6卷，1932年。

④ 何树宏：《从晚清到民国时期的婚姻诉讼看近代中国的法制转型》，博士学位论文，中国人民大学，2001年，第9页。

⑤ 王跃生：《清代中期婚姻冲突透析》，第204页。

的负担，犯罪的机会大大降低。结婚后女子的生活负担与丈夫的家庭经济状况成反比。所以在贫苦的家庭，妇女为生活所累而去犯罪的比例提高。而其他原因便是：女子结婚后的环境较婚前复杂，她有许多人要对付、周旋，她又有许多事需要能力去料理；同时无论在精神上还是物质上，她的生活绝不能像未婚前的逍遥无虑，所以应付环境的困难也随之增加。而"寡妇的年龄多半在 45—70 岁，年迈力衰，无力维持生活，下层阶级子女能养活父母的为数不多，寡妇可惊的比例实不外经济困难的表现"①。另外，据如前分析可知性犯罪也实为此三类女性群体犯罪的主要犯罪类型。

在该时期的中国，婚姻是"两个家庭各种社会关系的连接"。对于嫁女的家庭来说，有的则完全为了经济上的利益而将女儿出嫁。此外，在该时期，"结婚就是中国妇女的职业，如果离婚，她就会在社会上失去地位，再婚在社会上是得不到支持的"②。离婚被认为是一件大逆不道的事情，虽然 1915 年的民法草案中赋予了女性一定的离婚权，但遭遇婚姻不幸的女性好像不敢也不能提出离婚。因为对女性来说，婚姻便是她们终身的依靠，一旦被休，则生逢绝境。同时民国法律虽然明文规定可以离婚，但司法方面对离婚的限制及社会对离婚的偏见，使得即使在民国初年这样一个婚姻家庭观念变化较大的时期，离婚的人数也还是不多。③ 在犯罪统计中，离婚女性的犯罪数量很少，并不是离婚女性犯罪率低，而是其时能够离婚的女性本身就很少。

而对于男性犯罪者来说，据统计也以有配偶的人为多，约占50%。而未婚者的比例仅次于已婚者，约为 31%。这可能是民初社会的动乱及经济的不景气，使得很多人生活困窘而无力婚配；也可能这些人的父母死亡，生活失去供养而不得不自寻出路，由此走向犯罪。详见下列图表：

---

① 周叔昭：《北平一百名女犯的研究》，《社会学界》第 6 卷，1932 年。
② 严景耀：《中国的犯罪问题与社会变迁的关系》，第 155—156 页。
③ 参见拙作《民国时期城市女性离婚的难局：以平民女性为例》，《海南大学学报》（哲学社会科学版）2007 年第 2 期。

表 3-35　　　　　1914—1919 年男性被告人数及犯时家庭状况①　　（单位：人）

年份	被告人数	未婚者	有配偶	离婚者	鳏寡者	未详
1914	43028	12158	17966	48	7294	5562
1915	49930	16081	24022	757	5924	3146
1916	39096	11245	21280	386	4425	1760
1917	44047	14555	22083	641	4977	1791
1918	38220	12269	19471	592	4283	1605
1919	38063	12849	18460	335	4588	1831
合计	252384	79157	123282	2759	31491	15695
百分比（%）	100	31.36	48.85	1.09	12.48	6.22

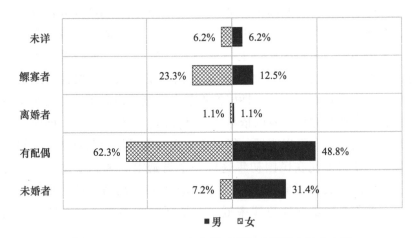

图 3-23　1914—1919 年各种家庭男女犯总人数分布②

　　就民初男女犯婚姻状况的对比来看，已婚和鳏寡的犯罪比例女性要高于男性。此时期中国的离婚数量很少，因此在男女性犯罪的比例中就显得很小。由此可以说，婚姻的状况与犯罪存在着一定的联系，特别是对女性来说，很多时候关系更为紧密。

_____

　　① 整理自《审判衙门别被告人数及犯时家庭状况表》，《司法部刑事统计》（1914—1919）。
　　② 整理自《审判衙门别被告人数及犯时家庭状况表》，《司法部刑事统计》（1914—1919）。

三 民初女犯的受教育情况

犯罪与受教育状况也有一定的关系。就六年的犯罪统计来看，犯罪者中以无学校教育者为多，特别是在女犯中所占比例尤大。详见下列图表：

表 3-36 　　　　　1914—1919 **年女性被告人的教育情况**① 　　　　（单位：人）

年份	被告人数	教 育 程 度					
		受高等教育者	受中等教育者	受普通教育者	能识字写字者	无学校教育者	未详
1914	4119	—	—	9	127	3583	400
1915	5481	1	1	21	146	4868	444
1916	4003	1	1	7	86	3706	202
1917	4137	—	11	57	359	3360	350
1918	3420	1	7	32	80	2953	347
1919	3936	—	—	2	87	3392	455
合计	25096	3	20	128	885	21862	2198
百分比（%）	100	0.01	0.08	0.51	3.53	87.11	8.76

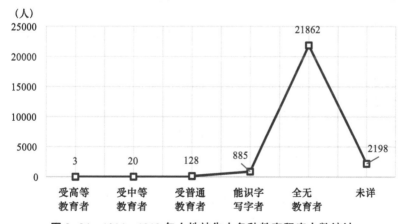

图 3-24 1914—1919 年女性被告人各种教育程度人数统计

---

① 整理自《审判衙门别被告人数及犯时教育程度表》，《司法部刑事统计》（1914—1919）。

表 3-37　　　　　　　1914—1919 年男性被告人的教育情况①　　　　　（单位：人）

年份	被告人数	教育程度					
		受高等教育者	受中等教育者	受普通教育者	能识字写字者	文盲	未详
1914	43028	79	258	1807	12126	26256*	2502
1915	49930	93	422	2604	13780	30931	2100
1916	39096	68	257	1236	9477	26561	1497
1917	44047	53	371	2764	11950	27313	1596
1918	38220	56	311	2534	8350	25212	1757
1919	38063	59	381	1564	9885	24877	1297
合计	252384	408	2000	12509	65568	161150	10749
百分比（%）	100	0.16	0.79	4.96	25.98	63.85	4.26

注：※的 1914 年男性全无教育者，和法律统计那个表有所不同，原表数字是 12126，原表上的数字统计有问题，这个表中已给予更正。

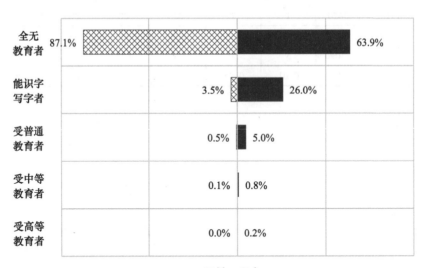

■ 男　⊠ 女

图 3-25　1914—1919 年男女被告人教育情况对比②

① 整理自《审判衙门别被告人数及犯时教育程度表》，《司法部刑事统计》（1914—1919）。

② 整理自《审判衙门别被告人数及犯时教育程度表》，《司法部刑事统计》（1914—1919）。

由此，女性犯罪者中以文盲为最多，所占比例为 87%；其次为受普通教育者和能识字者，分别约占 0.51% 和 4%；而接受中高等教育的人数很少，所占比例仅为 0.01%。对于男性来说，也以文盲为最多，所占比例为 64%；其次为能识字者，约占 26%；然后为受普通教育者，约占 5%；而接受中高等教育的人数比例也很小，约为 0.16%。但从总体上来说，男犯接受教育的程度要好于女犯，特别是所受教育的比例上，男犯要大于女犯。因各年的情形相差不多，我们再以 1918 年为例分析一下受教育程度与罪名的关系，以犯罪人数最多的罪名为例，整理见下表：

表 3-38　　　1918 年男女犯受教育程度与罪名的关系及比例①

	受高等教育者	受中等教育者	受普通教育者	能识字写字者	文盲	未详
男	侵占	鸦片烟	鸦片烟	鸦片烟	窃盗及强盗	窃盗及强盗
比例	1%	1%	12%	29%	81%	5%
女	奸非及重婚	杀伤	略诱及和诱	鸦片烟	鸦片烟	鸦片烟
比例	0.3%	2%	4%	2%	99%	14%

于表中可以得出所受教育水平的高低与罪名的轻重成反比的特点，因而可以说所受教育过少是多数犯罪者犯案的原因之一。特别是对于女性来说，因受教育过少，缺乏判断力，容易被人误导，很多时候更容易沾染不良的嗜好；同时因缺乏教育，很难在社会上找到一定的职位而容易走向犯罪。因此严景耀指出："如果人们缺乏教育——尤其是职业教育——既不能适应社会，供给社会需要，势必不能得到相当职业，或因缺乏知识而不能谋更大的职业，致劳力不足以自给，于是因贫穷而有犯罪的危险"②。周叔昭指出教育与犯罪的双重关系："凡有机会受教育者多具有相当的经济能力，教育机会的缺乏也是贫穷的一种表现"，"教育造就如果对人们的行为有相当的制裁，则教

---

① 整理自《罪名别及犯时教育状况表》，《司法部刑事统计》（1914—1919）。
② 严景耀：《北京犯罪之社会分析》，《社会学界》第 2 卷，1928 年。

育缺乏可以直接引起犯罪发生"①。由统计中所示的无教育或少教育者犯罪的高比例，便是一个很好的证明。

对于民初的女性犯罪而言，统计资料上所反映的仅是一部分甚至一小部分而已，但仍可以看出当时女性犯罪的一些情况，透过对这些统计资料的分析，应该能够反映出其时女性犯罪的一些特点。特别是通过和男犯相比，可以清晰地显示出民国初年女性犯罪的鲜明特征；而与清末女性犯罪的比较和同期外国女性犯罪的对比，更可以看出中国的女性犯罪随着社会发展所展现出的独特内涵和意义。

---

① 周叔昭：《北平一百名女犯的研究》，《社会学界》第 6 卷，1932 年。

第四章 清末民初女性犯罪
统计的比较分析

清末的犯罪统计资料虽显匮乏，但亦可从中窥得当时女性犯罪的不少内容。民国初年的司法统计，相对清末而言显得较为完整详细，因此从中可以获取女性犯罪的更多信息。通过这两个时间段的部分比较，可以看出不同政权统治下的女性犯罪所呈现出的相异之处。

另同清末相比，民国初年对女性犯罪给予了更多的关注，由以上所分析的犯罪统计中，就可以看出民初的统计资料比清末更为详尽。而很多社会学家也对民初的女性犯罪给予了一定的关注，其中最具代表性的人物便为严景耀。他的调查研究虽然涉及民初的不是很多，但还是给本书的研究提供了一定的帮助。由此，通过清末与民初的犯罪统计比较，能够更好地揭示出女性犯罪在不同阶段的相异特征。

第一节 清末民初女性犯罪数量
及类别上的比较

一 数量方面

清末，统治者对法律进行了一定的修订和调整。特别是重视了对女性犯罪的统计，这不能不说是一种进步。由这一时期官方的统计资料可以看出，女性犯罪的数量和民初相比显然还不是很多，类型也显单一。如官方统计显示，光绪三十四年（1908）女性犯罪总人数为370人，宣统元年为976人，而民国初年女性犯罪人数最少的年份也有3420人，约为宣统元年的3.5倍。在中国传统社会，男女在政治上、经济上、法律上和社会上的地位极不平衡，三从四德将妇女置于男性的绝对统治下，并束缚在家庭中。即使她们有所反抗，一般也只限定在家庭这个狭小的圈子里。就以犯罪而论，多为通奸、溺婴、不孝公婆以及家邻之间的偷盗等，最严重的杀人，也大多限于结合奸夫杀害本夫等。其他犯罪种类，妇女很少涉足。①

二 犯罪类别

清代的法制民刑不分，因此就统计上显示，当时犯罪类型为 25 种，女性涉及的仅为 10 种，主要的犯罪类型有诱拐、犯奸，且以性犯罪为主。到了民初，民刑案件分开，犯罪类型有 40 余种，除了少数几种类型外，女性都有涉及，且主要以鸦片、略诱和诱等经济犯罪为多。就现存的档案等典籍资料来看，清末有关女性的犯罪资料主要为中国第一历史档案馆所藏的刑法部档案、清政府发行的《政治官报》以及该时期大量的报刊等。由大量记载当时案例的典籍和档案可以看出，这一时期女性犯罪数量最多的还是奸情犯罪；其次是杀伤罪，主要体现在夫妻之间、婆媳之间、邻里之间的冲突，而且奸情杀人占了很大的比例；再次就是拐逃罪，主要是女性自身或在他人诱使下离开夫家；最后为卖良为娼及鸦片案。而民初的女性犯罪资料主要为中国第二历史档案馆的馆藏档案、政府发行的《政府公报》及当时的报刊等，这些资料涉及了其时女性犯罪的各种类型，较清末出现了更为复杂的情况。女性犯罪类别的增多既反映了民国初期，女性家庭社会地位日益提升，也反映了随着妇女承担家庭负担的增多，接触社会的范围也较清末为广的现实存在。另由大量的女性上诉案可以看出民初的多数女犯对自身的犯罪进行了一定的辩白和抗争，虽然大部分都会遭驳回，但可见该时期女性已开始充分意识到捍卫自身权益的重要性。而由这一时期的《大理院判决录》《大理院判例集解》《司法圭臬》《大理院解释例全文》等判例汇编中，可以看出民初女性的经济犯罪受到了一定的重视。其时女性很少性犯罪，频繁的战乱使得很多人特别是丈夫为了自身的经济利益可能对之采取了宽容的态度；

---

① 王奇生：《民国初年的女性犯罪（1914—1936）》，《近代中国妇女史研究》1993年第 1 期。

而且，国家和社会对性犯罪的惩罚也不像以前那么严格，因此对女性贞操的重视也开始有所松动。

此外，民初女性犯罪在罪名内容的规定上也出现了和清末不同的情况。如关于略诱和诱罪，在清末的法律中，即使是被诱人也要被科以一定的刑罚；而在民初，被诱人则不算犯罪。依据民初的法律，被诱人一项在刑律中无明文规定，而大理院判例民国二年非常上诉第九号更补充说"被和诱人，律无处罚正条即不为罪"，虽则男女因奸而共同主谋私奔，而女子只要说是"被和诱之人"便可以逃罪。① 对于女性的奸情犯罪，民初必须是本夫（丈夫，没有本夫的才允许尊亲属）告诉乃论，因此其性犯罪的人数并没有清末突出。②

清末与民初的女性犯罪除了自身的数量和类别出现了一定的差异外，和男性犯罪相比较也呈现出不同的趋势。由上面的分析可以看出，清末民初的女性犯罪和男性相比因时间上的差异也出现了不同的特点。首先就数量上的比例来看，清末的统计表明，男女犯之间的比例在光绪三十四年（1908）约为 20：1（男，74477 人；女，370人），宣统元年（1909）的比例为 17：1（男，16600 人；女，976人）；而到了民国初年，男女犯人数比平均为 10：1。就犯罪类别上说，如前所述，在清末女性和男性的犯罪类别存在很大的差异；而在民初，除了少数几种罪名外，男女之间的差异已不是很大，但总体而言未出现过女性犯罪在数量和类别上超过男性的情况。

三　学者们对男女犯罪差异的关注

对男女犯罪数量及类型上的差异，很多学者都给予了一定的关注。如民国时期著名社会学家严景耀就认为中国女子犯罪较男性少的原因为：

第一，在中国，女子的生活经常是依靠男子来维持。因为她们经常守在家里，与外人的接触自然就少了。

第二，女子体力较弱，很少可能去作强盗。因为她们的社会地位不高，因而犯渎职罪的机会也少了。

---

① 严景耀：《北京犯罪之社会分析》，《社会学界》第 2 卷，1928 年。
② 另外因为民初女性经济犯罪增多，因此在统计中也就显出其经济犯罪的较高比例。

　　第三，在法律面前妇女的地位比较有利，她们比较容易得到缓刑，即使按照1916年司法部的规定，她们明显地犯行为不端的轻罪，也会把徒刑改为罚款。

　　第四，妇女犯罪比较复杂、隐蔽，当然，她们被侦破逮捕归案的机会也较男子为少。[①]

　　多数学者认为女性之所以犯罪少与其社会接触的范围较少有关，"男性犯罪恒多于女子，以女子生活习惯与社会交际及外界诱惑接触者少"[②]，"在各国，尤其在中国，妇女的经济负担比男子轻，多半是由男子供给，在婚后的生活是比较固定的，因为需要管理家务并抚养子女，与外界的接触少，因而犯罪的比率较男子为小"[③]。如在民初，女性接触社会的机会较清末为多，因此在犯罪数量和类型上都要多于清末。由此有人指出，"我国近日开通的地方，女子颇多努力于生存竞争者，将来女犯的增加，自属意料中的事"[④]。也有的学者认为犯罪是反道德的行为，女性的道德观念，远较男性为高，故女性犯罪较少；犯罪需主动的心情，还要积极行使的实力，女性既缺乏主动的心情又缺乏行动的实力，故女性犯罪较少。[⑤] 但有人对女性犯罪的道德决定论提出了反驳，认为生理和社会地位的差异为男女犯罪人数差异的原因。"男女两性犯罪数的相差之巨，和犯罪趋势的不同，客观的男女等第为之差异，固然是原因之一，而主观的男女生理关系之不同，也是不能否定的事实。所以，女性的犯罪较少于男性；不能抽象地说女性的道德较高于男性，实在是由于女性的一切生活条件和一切社会活动机会不如男性的缘故；而女性亦有特殊的犯罪，也不能说这是女性特有的恶性，乃亦生理使然。"[⑥] "男女两性，在政治上、经济上、文化上，因受了生理的和历史的关系，地位也就不同。在男性中心的社会中，女性的生活是仰赖男性，女性的一切都受男性的支配，

---

① 严景耀：《中国的犯罪问题与社会变迁的关系》，第19页。
② 河北法商学院：《监狱学》，环球印务局1912年铅印本，第56页。
③ 魏贞子：《成都地方法院刑事犯罪案件的分析》，金陵女子文理学院社会学系编：《社会调查集刊》上编，金陵女子文理学院社会学系，1939年，第26页。
④ 赵琛：《监狱学》，第252页。
⑤ 林纪东：《刑事政策学》，第70—72页。
⑥ 刘仰之：《犯罪学大纲》，第153页。

男女两性间显然构成了不平等的界限。因为女性的经济不能独立，和在生理上必然存有界限的缘故，女性的犯罪，也就较男子为少。"①妇女不论是受教育的水平，还是就业机会和工资待遇，都不及男性，由此在社会犯罪率方面，女性也是低于男性的。②

也有的认为是因为历史社会的制裁力，养成妇女一种"怕事""畏缩"的态度，所以妇女们犯罪的勇气较男子小。③如在清末，女性受家法族规的束缚要大于民初，很多时候女性的犯罪也就相对来说要少得多。"凡东方女子，缺谋生能力，亦乏竞争的地位，而家族制度的约束，又常保其贞静的状态。"④"因男女年龄、职业身份、宗教等之不同，而有彼此多寡之差。如女子比于男子，因其风俗习惯，性情教育之结果而犯罪者之数极少者。"⑤民国初年，国家和社会对女性的约束力在各方面都相对减弱，虽然一度鼓励妇女守贞守节，但也没能阻止女性挣脱封建束缚的决心。因此这一时期女性犯罪的高比例除了是女性因生活所迫外，也是女性在一定程度上反抗力度增强和各方面约束力减弱的表现。

自近代以后，中国社会发生急遽的变迁，妇女渐由家庭走向社会，一部分妇女从农村走向城市。随着妇女参与社会活动的机会逐渐增多，女性犯罪的机会也逐渐增多。

因此有学者指出：

> 我国从前女子未嫁时，受父母之鞠养，重闺深闭，足不逾户。既嫁后，一切交由丈夫保护，不能独立。现今提倡男女平权，女子虽有投身于生存竞争之漩涡者，然与其他开化最早各国比较，女子接触与犯罪之机会尚稀，故犯罪者独少。⑥

① 刘仲之：《犯罪学大纲》，第 148 页。
② 陈显荣、李正典：《犯罪与社会对策：当代犯罪社会学》，群众出版社 1992 年版，第 301 页。
③ 魏贞子：《成都地方法院刑事犯罪案件的分析》，第 22 页。
④ 赵琛：《监狱学》，第 251 页。
⑤ 《监狱学目录》，湖北法政出版社光绪三十一年（1905）版，第 6 页。
⑥ 康焕栋：《监狱学要义》，上海法学书局 1934 年版，第 46 页。

　　尽管如此，民国初年的女性犯罪同清末相比在数量及类型上还是出现了增加的趋势，只是由于各种原因，同男性的比例相差还是很大。男女犯罪比例虽然因时代和国别而有所不同，但男子比女子的犯罪数总是来得大，世界上无论哪一国几乎都是一样。就男女犯罪的比例来说，"男子之犯罪多于女子之犯罪。此各国所同然者"①。"这也许是因为女子在历史上地位的关系，受社会的风俗和制度的约束，减少她们犯罪的机会。我们不能绝对地肯定女子决不像男子那样会犯罪，假如男女在社会上的地位一样，做事的机会都没有分别，男女犯罪的数目，说不定没有多大的差别。"②

　　娼妓在当时的中国不算犯罪，由此也有人认为："若以娼妓一项算入犯罪的统计中，则女子犯罪的数目，未必少于男子。如民初上海的妇女，据《时事新报》的调查，平均137人中有娼妓1人。"③

　　另男女因性质的不同，其犯罪的种类也有些差别。"女子的性质及境遇，与男子不同，女子的性质阴险，故所犯的罪，亦多属阴险；男子的性质强暴，故所犯的罪，亦多强暴。"有的犯罪如强盗、抢劫等需要强大的体力，女子的体力既不如男子，所以犯这些罪的也就少了；有些罪如渎职罪，因为女子罕有做官的，所以也就少甚至没有人犯这种罪。④ 由此男女之间地位及生理上的差异实为男女犯罪不同的原因。由清末民初的犯罪统计中，找不出有一种罪名纯粹为女子犯的，⑤ 不过奸非及重婚的比例要高于男性。而纯粹为男子犯的罪名，却有盗匪、贩运及销毁制钱、妨害交通、妨害卫生、官吏犯赃、伪造度量衡这几种。"不过这几种罪名的犯罪人数非常之少，恐怕不能算为极准确。"⑥

　　针对男女性犯罪的差异性，国外的学者也都给予了一定的关注。就男女性犯罪的数量来说，最著名的便是意大利龙勃罗梭提出的"冰

---

　　① 一般而言，女性因其生理特征，其犯罪率总要低于男性，这在世界上无论哪一国都一样。参见周密主编《犯罪学教程》，第399页。

　　② 张镜予：《北京司法部犯罪统计的分析》，《社会学界》第2卷，1928年。

　　③ 许鹏飞：《犯罪学大纲》，上海大学书店1934年版，第199页。

　　④ 魏贞子：《成都地方法院刑事犯罪案件的分析》，第26页。

　　⑤ 譬如娼妓卖淫在当时其他均为女子犯的罪名，但在中国的犯罪统计内，并未将该罪名列入。

　　⑥ 魏贞子：《成都地方法院刑事犯罪案件的分析》，第26页。

山理论"。他认为妇女的犯罪率并不是因为妇女犯罪本身数量少，而是因为妇女犯罪后被处理者少，被处理者相对于未被处理者来说，犹如浮出水面的一部分冰山顶和隐藏于水面之下的大部分冰山一样。①并且龙勃罗梭认为女性犯罪者，"因为地位的关系，当然较男性的犯罪者，其数为少。不过文明愈进步，则女性的犯罪者随之增加而已"②。特别是随着妇女就业、参与社会经济活动的范围越广，她们与法律的冲突也就越多，她们犯罪的可能性也就越大。③ 龙勃罗梭甚至还认为，"女性犯罪之所以比男性犯罪少是因为女性罪犯比男性罪犯智商低"。④ 波拉克对这一点进行了反驳，认为女性犯罪率和男性犯罪率几乎是一样的，之所以在统计时显得比男性犯罪少，主要原因在于"有些案件未及时报告，有些案件未被侦破，有些案件干脆被司法系统从轻发落了。"

因此男女性犯罪的这种差异性在当时引起了很多学者的关注。而就中国来说，清末民初男女性犯罪除了在数量及类型上存在一定的差异，就统计来看，女性犯罪的年龄和被处刑罚也出现了一定的变化。

第二节　清末民初女犯的年龄及所处刑罚的比较

一　年龄集中段的差异

对于女性犯罪的年龄，清末缺少具体详尽的统计数字，但由仅有的一些数据可以看出，女性犯罪的年龄趋向于年轻化。由上述京师审判厅、本部两监及大理院对女性年龄的统计中，我们可以看出清末女性犯罪的年龄主要集中在 20—30 岁，这可能由于这一时期的女性犯罪以性欲罪及拐逃罪（主要为被诱人）为多的缘故。而在民初，由

---

① ［英］安妮·坎贝尔：《少女犯》，刘利圭等译，社会科学文献出版社 1988 年版，第 42 页。

② 陈文藻：《犯罪学》，犯罪学研究会 1934 年版，第 25 页。

③ 王金玲：《社会转型中的女性犯罪》，浙江人民出版社 2003 年版，第 20 页。

④ Cesare Lombroso, Guglielmo Ferrero, Mary Gibson, and Nicole Hahn Rafter, *Criminal Woman, the Prostitute, and the Normal Woman*, Durham: Duke University Press, 2004, pp. 30-35.

统计中可见女性犯罪的年龄，主要集中在 30—40 岁，因此从年龄上来看，女性犯罪在高发年龄上发生了一定的变化。就总体而言，清末民初的女犯年龄主要在 20—40 岁，且几乎都是已婚女性。这些犯罪女性多为社会中的下层民众，大部分都处于无业状态，生活的重压使得她们不得不铤而走险。同时根据严景耀关于各种罪名与年龄分配的统计，可以看出男犯在 20—24 岁组里以犯窃盗与诈财罪者为最多，而 25—29 岁组里最显明的罪名是侵占、强盗及伤害三者。女犯在这方面却有点差异，几乎有 95% 犯性犯罪的是在 34 岁以下。[①] 但女犯的年龄总体来说比男犯高，"主要是因为女犯中犯经济罪的寡妇占了很大比例"[②]。

犯罪年龄的分布可以看出犯罪与许多因素，如经济状况、体力、精神的连接等。在中国 20 岁前后的女性犯罪则非常少，多半因为家庭束缚在中国比较紧。在当时，一个未婚的女子犹如尚未出笼的鸟雀，接触社会尚少。同时"因为早嫁男子，多从事于儿女的养育……和社会的接触较少，其生活多由男子负担，而且因为养育儿女的缘故，所以十分能够耐劳忍苦，身心受疲无暇顾及他事，此一年龄段的妇女犯罪自然较少。但至渐老的时候，儿女渐已长成，心身渐有余裕，有时身心失调，不能适应于社会生活，故多构成犯罪"[③]。一般来说，男子从年龄观，自 21—25 岁结婚者之犯罪多于独身者。因"人值少壮，初有家室，甚恋府第之私情，儿女成行，抚养为艰故也"。若就此年龄而论，"女子独身者之犯罪又多于结婚者，女子 20 而嫁，26—30 岁不论男女独身者犯罪皆多，唯女子 31—40 岁结婚者犯罪又多，是受累儿女之故。观离婚者犯罪则比独身结婚增加倍数，男子亦然"[④]。但统计显示却与此不同，特别是离婚者犯罪很少，理由已如前所述。同时我们还可以看出男子之犯罪愈老愈少，女子则至初老期后，其犯罪反而多于男子，原因有三："女子至初老期后，横遭其夫离婚之悲运，无所倚赖，自谋生活，接触犯罪之机会遂

① 严景耀：《北京犯罪之社会分析》，《社会学界》第 2 卷，1928 年。
② 严景耀：《中国的犯罪问题与社会变迁的关系》，第 207 页。
③ 李剑华：《犯罪学》，上海法学编译社 1931 年版，第 94—95 页。
④ 康焕栋：《监狱学要义》，第 49 页。

多"，"女子当成年期犹有温柔之性质，至初老期则世态渐熟"，"女子当成年期容颜美丽，引人爱怜，衣食必要之费用不虚缺乏。至初老期则揽镜徒伤，生活已奢，俭约为难，素无职业，何以自存，遂易陷于犯罪"[①]。

二 所处刑罚上的调整

在清代，人们受"无讼"观念的影响，一般很少愿意涉讼。"猝遇讼事原告之禀牍，被告之诉呈，各据一词两不相下。且讼端一起，胥吏之为幻张，差役之藉骚扰往往有雀角鼠牙之事，两造曲直未分而耗费已不可计数。故俗有屈死不告状之说。"[②] 特别是女性犯罪，因多数涉及的都是"细故"[③]，一般都会在家庭内部解决或由官府庭外和解处理，即使不得已而必须经司法解决的，很多时候也只是被处以较轻的刑罚。只有涉及重大的刑事案件，女性犯罪才会上升到最高司法机关去处理。因此留存下来的典籍文献中的多数女性犯罪案例，均是相对重大的刑事案件且因奸情杀人为多。而在民初，司法发生了一定的变革，凡是不服判决的都可以上诉到最高司法机关处理，这也是在大理院审理的案件中，犯罪类型出现多样化趋势的原因。其时，女性的性犯罪须其夫或尊亲属告诉乃论，如果这些人不予诉究，犯奸女性便可以逃脱法律的惩罚。特别是"律无处罚正文即不为罪"的相关规定，更是使得当事女性得以脱罪。

此外，民初废除了凌迟等酷刑，对各类刑罚也进行了一定的减轻处理。以死刑为例，就统计来说，可以明显地看到其处罚比例的减小。如在清末，据光绪三十三年（1907）、三十四年（1908）及宣统元年（1909）的统计，被处斩绞刑的女性人数分别为29人、64人、84人，所占比例分别为16%、21%、13%；而到了民初，如前所述，1914—1919年女性被处死刑的人数仅为37人，占女性总犯罪人数的0.1%。

---

① 康焕栋：《监狱学要义》，第48页。
② 《论地方设立息讼公所事》，《申报》1906年5月22日。
③ 清代将田土、户籍、婚姻、财产、债务，以及赌博、斗殴轻伤等称为"民间细故"，由州县自行处理，按清律来处以笞、杖刑。

就刑罚的加重和减轻来看，因清末刑罚加重的统计没有分性别而无从分析。但如前所述从对女犯减轻刑罚的比例来看，光绪三十四年和宣统元年分别为 16% 和 37%。到了民初，减免的比例为 14%（其中免除人数为 37 人，减轻人数为 3646 人，总犯罪人数为 25252 人）。就统计来说，减免的比例是要低于清末的。这可能是因为清末女性被处刑罚的多为"细故"，而且很多时候即使女性没有参与犯罪，但只要与之有关，也要被处罚。同时，因女性犯罪的人数比民初要少得多，相对减免的比例就大些。但到了民初，法律本身对女性的处罚已大为减轻，女性犯罪的数量又很多，减免的比例相对就小些。

因此就总体而言，民初女性犯罪的数量、类型比清末都有所增多，女犯的年龄也出现了大龄化的趋向。民初对女性犯罪的减免比例虽然要低于清末，但总体上的惩罚力度已大为减轻。

第三节　女性犯罪增多的解读

针对当时日益增多的女性犯罪，中外学者都给予了一定的关注，并从各个角度进行了原因解读。因此周叔昭指出："考察某社会现象的发生，最重要的工作就是分析其构成的因子。"[①]

对于女性犯罪的社会因素问题，严景耀认为犯罪人本身是在迅速改变的社会环境中失去适应能力的受害者。在适合的社会条件下，她们的行为是很好的。当突然的、迅速的社会变迁发生时，她们失去了自我控制，而完全受社会的影响。她们行为的不稳定和矛盾不过是文化的不稳定和矛盾的表现。犯罪行为是在新的社会环境中失去适应能力的情况下发生的，或者是在新形势下，维持她们原来的生活需要，而在这些传统形式被破坏的情况下发生的。犯罪问题应看作城市社会生活失去家庭控制的表现，也是农村生活与城市生活不适应的结果。[②]同期的学者周叔昭对女性犯罪进行了一定的分析，周认为犯罪可从两方面来解释：个人原因，如个人的特性、身心构造等；由社会方面解释，如社会环境、家庭状况、经济情形、习尚风俗。犯罪不只是个人

① 周叔昭：《北平一百名女犯的研究》，《社会学界》第 6 卷，1932 年。
② 严景耀：《中国的社会问题与社会变迁的关系》，第 203—205 页。

反常的行为，同样也是社会病态的表现。"犯罪的人是受压迫者，犯罪的妇女更是受压迫之在最下层者。"妇女问题，因中国之特殊社会情形而日趋严重。妇女渐由家庭踏入社会，与外界的接触渐次增加。同时，在此过渡期间，在帝国主义侵略下，不能发展的工业，受军阀与帝国主义摧残的农业，加以连年的内战、外侮、匪患、天灾，使民生问题日趋窘迫。在下层社会中，妇女与男子同样地负着谋生重担，她们有时竟会养活男子。但她们在生疏的环境中，缺少应付的能力，在新的使命下，缺少生存能力，于是失调的问题随之而起。"在其他方面，女子的地位并没有改善，重男轻女，双重道德的观念，仍如铁链般束缚着多数妇女，妇女解放的声浪未能达到下层阶级的妇女。教育的普及只是资产阶级极少数妇女的特殊权利，多数妇女仍处在黑暗中。"①

犯罪既是社会失衡和活动不适当的反映，又是功能效果不良的表现，是社会控制体系中结构与过程的运行缺乏应有的功能条件引起的结果。就清末民初的女性犯罪来说，目前没有任何资料显示女性犯罪的生理及心理问题，因此我们可以说当时之所以出现大量的女性犯罪与中国的社会现实有很密切的关系：第一，社会变迁引起新旧法律及道德的矛盾和冲突。很多女性在急剧的社会变化中无所适从，不辨是非，甚至因不知法律而犯罪。第二，犯罪成为部分女性谋生的一种手段和出路。第三，社会制约的放松和原有家族制度逐渐解体使得女性有了更多的自由。但在民初，这些约制已逐渐失去了其往日的控制力，从而也在一定程度上引发了部分犯罪行为的发生。对于女性来说，尤其如此。同时经济负担的加重及社会对男女约制的不平等等因素，在很大程度上也促成了这一时期女性的犯罪动机。

从国家法律的角度而言，清末的司法改革以及民初对清末成果的继承给女性提供了相对公平、人道的惩罚环境，使得女性的法律地位得到了一定的提高。在国家对犯罪女性的量刑中，也体现了从轻从宽的原则，但因为这一时期政权的性质及司法的腐败，使得女性在一定程度上仍然受到封建意识的控制。特别是女性犯罪更为统治者所不容。于是当权者虽然为迎合时势的要求对女性犯罪的惩罚相对减轻，

---

① 周叔昭：《北平女性犯罪与妇女问题》，《东方杂志》1934 年第 31 卷第 7 号。

但在某些方面却仍然未有松动。

在清代，按照规定，官员在判决案件的时候，必须引用相关的法律条文，否则将受到处罚。不过，虽然在"命盗重案"的审判方面，援引法条的做法十分普遍和严格，但在州县自理案件中，这种情形却甚为少见。事实上，州县官在审理民间词讼时依据的主要是"情理"而非成文法，这种以自由裁量为基本特征的审判是"虽无公认惯例的支持，但个别人认为有理由的行为"①。而且在当时，民众对官府的审案很多时候存有畏惧心理，经由官府处理的案件也不是很多。特别是对女性来说，即使到了清末民初人们也还是不愿让其出入审判场所。因此就整个社会来说，国家对女性犯罪行为的惩罚只能说是一部分，对女性犯罪行为所形成的制约更多是来自国家法律制度之外，如中国的家法族规。

近代以来的国家和社会针对日益增多的女性犯罪，先后采取了一定的救济措施，这对防止和控制女性犯罪起到了一定的作用。但从实际效果看，这一时期对女性犯罪的救济并未能让女性真正受益多少，多数的受难女性仍然生活在水深火热之中。特别是处于清末民初这一转型期，妇女解放运动的呼声高涨，女性的社会家庭地位得到了一定的提高。女性开始大量地走向社会，甚至在下层社会，妇女和男人一样要承担生活的重担。而当时的社会并未给女性提供很好的生存机会，她们在家庭中仍然备受不幸婚姻家庭的束缚而不能自拔；女性的经济压力增大，其教育及职业状况却并没有因此而改善，当遭遇不幸时，女性便只好通过犯罪来寻得一定的出路。由于该时期的社会变迁和女性的犯罪有很大的关系，女性沐浴了"自由"的空气，但面对强大的经济压力和传统的封建势力时，也还是无可奈何，犯罪很多时候便成为她们进行抗争的一种方式和生活的一种手段。

---

① 梁治平：《清代的习惯法：社会与国家》，中国政法大学出版社 1996 年版，第 186 页。

第五章　清末民初的社会变迁与女性犯罪研究

我们知道，犯罪问题具有普遍性，即存在于任何社会、任何时代之中，转型中的社会亦不例外；同时，犯罪又具有特殊性，即在不同的社会、不同的时代里，犯罪问题的性质和表现形式又各有不同。因此，清末民初作为一个转型社会，既有与其他转型社会相类似的犯罪问题，又有与其他社会不尽相同的犯罪问题。[1] 对于罪犯犯罪的原因，严景耀认为，"犯罪人本身是在迅速改变的社会环境中失去适应能力的受害者。在适合的社会条件下，他们的行为是很好的。当社会急速变迁时，他们失去了自我控制。他们行为的不稳定和矛盾不过是文化的不稳定和矛盾的表现，他们是受文化的影响"[2]。形象互动理论主要研究人际互动的过程，简称互动论，是与社会功能理论相对立的社会学理论。社会心理学重点研究社会文化的主观方面，即研究个人心理状态和态度，它与社会学研究社会文化的客观方面是不同的，社会学研究的是社会价值。为实现对人的行为完整地、无偏差地分析，形象互动理论将二者结合起来，既考虑受主观经验影响的个人态度，又考虑外在客观环境因素对主观因素影响的问题，也就是要考虑态度与价值、个人与社会组织、个人行为与社会规范之间的相互关系。社会之所以发生变迁，主要是团体对个人要求做出某种程度的屈服，以及个人在团体范围内取得所期望的满足交互作用的结果。个人的犯罪行为和其他差异行为都不是单纯的个人问题，而是同社会相关的问题。由于人是以追求快乐为原则的，社会是以追求社会安全和社会功利为

---

① 郑杭生主编：《社会学概论新修》，中国人民大学出版社 2003 年版，第 364 页。
② 严景耀：《中国的犯罪问题与社会变迁的关系》，第 204 页。

原则的，所以二者往往会发生冲突。就犯罪问题而言，社会对犯罪这种差异行为的反应不仅是一种后果，而且是一种促成犯罪的原因。因为一连串的犯罪和社会反应两者之间的互动是造成标签化的过程。[1]由此研究这一时期的社会变迁与妇女问题，有利于我们更好地剖析其时女性生活的实际状况和她们所面临的困境。

第一节   清末民初女性的婚姻家庭与女性犯罪

社会变迁理论认为：社会在向工业化和城市化跃迁的过程中，社会生活的方方面面都在经历深刻的变革，家庭作为其中一个小细胞也必然会经历某些变化。也有人认为婚姻家庭领域的变化首先来源于观念领域的革命。经济的全球化发展、现代科学技术对传媒和通信手段的更新，以及世界性文化交流的开展，使得国内高文化阶层的人率先吸收了西方的性观念、婚姻观念、家庭观念等，继而又身体力行。他们文化权威的身份使得他们的行为成为大众模仿的对象，从而最终促成了近代社会新的婚姻家庭观的形成。[2] 随着社会结构的转型与社会观念的变化，公共权利、宗族、家长权力从小家庭中逐渐撤离，婚姻成为个人领域的私事，人们对自身的婚姻与性行为有了更大的选择自由。

一   新式婚姻家庭观念的传扬和冲击

从本质上说，婚姻是指为社会制度所承认的两性之间稳定的关系。所谓婚姻是为社会所认可的，主要是指涉及男女双方关系的制度化安排。婚姻本质在于它是依托社会风俗和法律规范化了的人类个体的两性结合，是人类社会生活中的一种特殊的社会关系、社会行为。婚姻家庭生活是人们在一生中的主要生活类型，它不仅事关个人的终身幸福，而且对社会的稳定与发展也产生重大的影响。[3] 传统的中国社会是建立在礼教基础之上的，婚姻只有经过"父母之命、媒妁之

---

① 宋浩波：《犯罪社会学》，第46页。
② 朱力：《当代中国社会问题》，第328页。
③ 朱力：《当代中国社会问题》，第326页。

言"等种种礼仪手续才能完成。同时法律也认可畜妾、多妻制在一部分家庭中成为事实，童养媳、卖妻、租妻等也普遍存在并被视为正常，婚姻关系趋于商品化。这种畸形婚姻的存在，很多时候便成为引发各种犯罪的根源。因此历次思想运动都提出"婚姻革命"的口号，要求打破一切旧道德、恶习惯，打破非人道的不自然的机械婚姻问题，建立起平等、自由和以恋爱为基础的男女结合方式，取消包办、买卖婚姻，使男女当事人成为婚姻的主体。① 交际自由，结婚自由的呼声更是高涨，女子开始冲破旧礼教的封锁线，要求有选择配偶的自由。② 针对妇女长期受封建政权、族权、夫权的压迫，有人认为女性解放必先实行"家庭革命"，反抗父母、兄弟、翁姑和丈夫的压制，作一个掌握命运的自由女子。③ 特别是当时很多的报纸杂志都对此进行了一定的宣传并倡导女性的婚姻家庭革命，一些著名的宣传女权解放的报刊，如《女子世界》《女界泪》《女报》等相继发表文章，揭露旧婚姻给人们特别是女子带来的痛苦，提倡晚婚，提倡法制婚姻，④ 主张婚姻自主，男女恋爱，文明结婚，反对娶妾和娼妓制度。⑤ 而且对于性交关系的评价，也产生了新的道德标准，"不仅要问是结婚的还是私通的，而且要问是不是出于爱情，由于相互的爱而产生的"⑥。在新性道德倡导者看来，"恋爱和婚姻合一的观念"，是性道德的私事原则、意志自由原则和男女平等原则的归宿。⑦ 在此影响下，这一时期女性的婚姻家庭观念发生了很大变化，日益兴盛的女子解放运动和人们趋新的社会时尚无疑在影响女性的婚姻观上扮演了一个重要的角色。家庭是社会的细胞，婚姻家庭变迁是社会变迁的一个缩影。

　　在知识分子的倡导和传媒的鼓吹下，女性开始意识到婚姻的自主

---

　　① 邓伟志、徐榕：《家庭社会学》，中国社会科学出版社 2001 年版，第 141 页。

　　② 政协全国委员会文史资料研究委员会编：《辛亥革命回忆录》第 2 集，中华书局 1962 年版，第 29—32 页。

　　③ 刘红、刘光永：《妇女运动史话》，《百年中国史话》第 1 辑，社会科学文献出版社 2000 年版，第 22—23 页。

　　④ 蒋积伟：《清末民初的女权解放》，《山东省农业管理干部学院学报》2003 年第 6 期。

　　⑤ 王国敏主编：《20 世纪的中国妇女》，四川大学出版社 2000 年版，第 79 页。

　　⑥ 周作人：《读报的经验》，《晨报·五周年纪念增刊》1923 年 12 月 1 日。

　　⑦ 吴效马：《五四时期女性、儿童个性解放思潮研究》，博士学位论文，北京师范大学，1998 年，第 17 页。

权利。而女权运动的兴起，"毁家"观念的提出，更使得部分女性开始打破旧的"父母之命，媒妁之言"及不良婚姻家庭的束缚，为自身的自由做出一定的努力。很多女性敢于提出离婚，自己寻觅生活的伴侣，不顾世俗的反对，以致"娜拉"似的出走在此际成为一种风潮。① 女子再嫁也不鲜见，封建的贞操观念，已不再被人们视为圭臬。② 纳妾陋俗，更受到了抨击，③ 遭到了公开的批判。④ 民国以后，纳妾现象在较开化地区有所减少，有些已为人妾的妇女不甘低人一等，纷纷与丈夫离异。在上海这类大城市，纳妾制补充一夫一妻制的重要性开始减少，而逐渐被姘居、娼妓等非婚姻形式取代。⑤ 更为突出的就是女性性意识的觉醒。在以前，妇女们在严酷的性禁锢和性压抑下，一般是不敢与人通奸的，但自身的性需求又让她们无所适从。⑥ 到了清末民初，女性已经意识到了性的权利。遭遇夫妻性生活不和谐，性欲不能满足时，很多女性便主动要求离婚。⑦ 甚至有女性公然把"结婚后不致放空手枪"作为征婚的一个标准，⑧ 可见其时女性对自身性权利的重视程度。而守节妇女也开始摆脱旧有贞节观念的束缚，要求有正常的性生活，⑨ 特别是近代以来居然有寡妇为了最大限

---

① 宋立中：《清末民初江南婚姻礼俗嬗变探因》，《浙江社会科学》2004 年第 2 期。

② 如当时有一妇人竟先后改嫁五次。《一妇五嫁》，《中华新报》1917 年 9 月 19 日；甚至有族长主动为改嫁寡妇准备妆奁。

③ 如在清末居然有禁止纳妾的民间广告在天津出现。《纳妾广告》，《大公报》1909 年 7 月 30 日。

④ "多妻之制既妨碍家庭之幸福尤为社会从恶之府，乃我国一般时髦人物稍得肄志即以纳妾为第一事而日种种罪恶即于此为之胚胎，有识者虽痛切指导卒不能挽颓风于一。"参见《纳妾》，《大公报》（长沙）1917 年 5 月 18 日。

⑤ 刘志琴主编：《近代中国社会文化变迁录》第 3 卷，第 98 页。

⑥ 参见杨玉奎《古代刑具史话》，第 157 页。

⑦ 如 1908 年杭州拾宝堂下首东街某氏女因与夫"伉俪不协"，主动赴厅请求离婚。参见《离婚》，《时事报·图画杂俎》1908 年 5 月 6 日；而 1906 年发生在天津的女方因男方无性功能而要求离婚得到了官方的支持。参见《通缴昏（婚）帖》，《大公报》1906 年 2 月 15 日；另据 1914 年 8 月 15 日《盛京时报》载，时有一林姓女在婚后发现其夫并阳具不能行房事而请求"休夫"，成为轰动一时的新闻。《夫妇之道苦》，《盛京时报》1914 年 8 月 15 日。

⑧ 《痴女求婚书》，《民立报》1912 年 12 月 19 日。

⑨ 如奉天凤城有李张氏年已不惑生有子女，年轻时尚能含辛茹苦清洁自守，"近日突改其志甘愿嫁人作妾"。参见《守贞不易》，《盛京时报》1917 年 3 月 15 日；另广东顺德梁姓女梁保屏未婚守节已有八年，"苦雨凄风殊无生人乐趣后知男女居室乃人之大伦"，竟主动与一相馆老板私逃到香港。参见《婚姻奇案》，《大公报》1904 年 7 月 28 日。

度地享受性自由而不愿再嫁。①

　　同时，独身女性呈现不断增多的趋势，这也是中国女子不满自己所处的社会环境，对之进行反抗的一种形式。② "她们既不愿落入悲惨婚姻的苦海，又不敢大胆地追求婚姻自由，更没有改造旧家庭、建立新家庭的能力，男女平等的新式家庭对她们仍是可望而不可即。"③ 更有女性独身者主张对于两性之间，大抵 "随意地临时行乐，全无正式婚姻的形迹，只有彼此淫乱的行为"④。因此，她们的性行为是自由的。

　　总而言之，在清末民初妇女解放大潮的冲击下，婚姻自由为社会所重视，也出现了一些可喜的变化，但不可估计过高。因为，真正的婚姻自由的实现是非常难的一件事，它涉及经济发展、观念和价值观的更新、道德伦理的重构以及文化传统的变革等许多方面。在清末民初那种在各方面都处于低水平的社会里，不可能实现婚姻上的本质的飞跃。⑤ 当遭遇婚姻家庭不幸时，大部分女性只能俯首听命地生活着，而不敢做出什么反抗来。一些女性虽然已经意识到婚姻的不良影响，但在传统贞节观念的束缚下，又毫无办法。一方面是新思想新行为在召唤，而另一方面又一时难以达成满足这种新标准的条件，在这种进退维谷的状态中往往酝酿着危机。

二　旧式婚姻制度依然占据主导地位

　　清末民初之时，自主婚姻的提倡成为一股强大的潮流，然而其对中国的影响是缓慢和局部的。新式的婚姻多流行于经济发达，较早开放的大都市，而其他多数地方的婚姻状况依然保持着原有的特点。加之国家的法律也严格禁止男女自由结合，如清末制定的《大清民律草

----

　　① 《恋多夫不愿再嫁》，《大公报》（长沙）1917 年 11 月 4 日。

　　② 瑟卢：《文明与独身》，梅生编《中国妇女问题讨论集》第 4 集，上海新文化书社 1934 年版，第 78 页。

　　③ 乔秦玲：《近代女子教育与知识女性的觉醒（1840—1919）》，博士学位论文，中山大学，2000 年。

　　④ 李剑俦：《打破独身主义》，《京报·独身主义专号》1925 年 2 月 4 日。

　　⑤ 李喜所：《民国初年生活观念和习俗的变迁》，薛君度、刘志琴主编《近代中国社会生活与观念变迁》，第 158 页。

案》第 1388 条规定："结婚须由父母允许。"① 这种情况下，多数人的主婚之权"实在于父母，而无子女容喙之余地"②。

当时因溺婴而引起的性别比例失调，以及婚娶费的昂贵等因素，使相当一部分男子娶妻困难，在性欲上陷于危机。这些都在一定程度上造成了出妻、典妻、租妻以及收继婚等恶劣婚俗的出现和长期存在。③ 如据 1911 年 5 月 16 日《妇女时报》载："各地有典妻之恶俗者甚多，而尤以宁波为甚，十年十五年不等至收赎时已儿女成行也。"④ 甚至到了民国初年，此种现象在下层社会仍大量存在，如此际的《盛京时报》上就有大量的关于此种恶习的报道。⑤ 有的甚至强抢成婚，使得女性毫无婚姻决定权。如营口有郭梁氏聘王氏之女为媳，后因王氏去世，婆家恐其女无母有失教养欲先娶过门被拒而将之强抢成婚。⑥

因此，这一时期的多数婚姻依然还是"以路人而骤作夫妇，则因性情才学之异，易致乖违，此势所必至矣。然而饮食男女，人之大欲存焉，情欲之念，必不能终郁无所施，不施于正当之配偶，则施于密约之情人，濮上桑间，所以时有不名誉之结合也。故为夫者不钟情于其妻，则狎妓蓄妾之风开矣；为妻者不钟情于其夫，则外遇私奔之事至矣"⑦。这种情况下，夫妻之间很少能和睦相处，矛盾冲突不可避免。特别是在经常发生的丈夫虐待妻妾及女性通奸、拐逃等的案件中，更可以看出这种婚姻制度下女性的悲哀。如奉天有一女因失宠于翁姑而被离间，其夫每日非打即骂凌虐百出；⑧ 另辽阳有马氏因其夫性情凶恶而时遭殴打，后又欲用刀杀毙该氏未遂被邻人救下。⑨

---

① 参见朱勇主编《中国法制通史·清末中华民国》，中国法制出版社 1999 年版，第 228 页。
② 炼石：《中国婚俗五大弊端》，《中国新女界杂志》1907 年第 3 期。
③ 杨剑利：《清末民初华北妇女地位的社会考察（1895—1921）》，第 9 页。
④ 《宁波恶俗》，《妇女时报》1911 年 5 月 15 日。
⑤ 《典妻奇闻》，《盛京时报》1914 年 10 月 31 日；《易妻奇闻》，《盛京时报》1914 年 11 月 12 日；《出租发妻之奇闻》，《盛京时报》1917 年 8 月 16 日等。
⑥ 参见《判牍类·人命门》，《各省审判厅判牍》，1912 年 5 月，第 11—13 页。
⑦ 履夷：《婚姻改良论》，《辛亥革命前十年时论选集》第 3 卷，生活·读书·新知三联书店 1963 年版，第 841 页。
⑧ 《夫妇成仇》，《盛京时报》1909 年 9 月 10 日。
⑨ 《杀妻不果》，《盛京时报》1914 年 9 月 1 日。

　　大量早婚现象的存在更加剧了女性婚姻的不幸。早婚现象在清末民初依然突出，清朝政府规定，男子 16 岁，女子 14 岁，为法定婚龄，可以自便，鼓励早婚，鼓励人口增长。民国时期一度提高到男18 岁，女 16 岁，但早婚现象仍大量存在。① 其中最典型的便为童养媳婚姻，不但贫苦之家"十室之中八九如是"，即在一般中等人家也屡见不鲜。② 男方希望家里早日多个帮手并能传宗接代，女方家里希望早些把女儿嫁出去好得到一定的聘金且家里也会减少一个人饭食的开销。然大量早婚现象的存在及童养媳等畸形婚姻的流行，使得女性的婚姻生活一般都不甚和谐。③

　　在旧式的婚姻生活中，多数丈夫并不重视对妻子性欲的满足，"夫妻之间的性生活中，夫恒多自私，对于妻之满足与否甚少顾念"④。而一夫多妻制的存在更是加剧了女性的性危机，使得多数女性的性生活毫无幸福可言。特别是近代以来许多家庭中的男性因生计所需赴外工作，或者妇女外出工作，就很容易导致婚外情的发生。⑤ 对农村女性来说，如果其夫离开农村出外谋生，十之八九是不常回家的，因此这些妇女便成了活寡妇。在城市的女子还可以改嫁或同居，乡村则因宗法和贞操的关系，妇女们只得在长夜漫漫的等待中，忍受残酷的性的束缚。⑥ 当婚姻中性生活不如意时，男子可以娶妾嫖妓，女子却只能从一而终。因此女性经常处于性欲被压抑的状态，有时便容易发生一些犯法的事情。⑦

----

　　① 何树宏：《从晚清到民国的婚姻诉讼看近代中国的法制转型》，第 9 页。
　　② 在当时，据统计全国至少半数以上州县有此，不但贫民阶层这样做，甚至中上层人士也有进行仿效的。参见郭松义《清代的童养媳婚姻》，李中清、郭松义、定宜庄编：《婚姻家庭与人口行为》，北京大学出版社 2000 年版，第 33 页。
　　③ 如山东小张李氏因嫌其夫年幼而与无服同族兄通奸并将夫杀害。参见《大理院判决录》，民国三年（1914）上字第一九七号，第 34—35 页；另唐县民妇刘氏因伊夫年幼矮小不通人事将之谋勒身死。参见《刘氏因伊夫呆开先年幼矮小不通人事将之谋勒身死案》，1909 年，中国第一历史档案馆藏，案宗号：475—16—31—23256。
　　④ 吴至信：《最近十六年之北平离婚案》，李文海主编：《民国时期社会调查丛编·婚姻家庭卷》，福建教育出版社 2005 年版，第 392 页。
　　⑤ 赖惠敏、朱庆薇：《妇女、家庭与社会：雍乾时期拐逃案的分析》，《近代中国妇女史研究》2000 年第 8 期。
　　⑥ 陈碧云：《农村破产与农村妇女》，《东方杂志》1935 年第 32 卷第 5 号。
　　⑦ 如当时很多女性会选择与人通奸，甚至因此而去杀人或潜逃，都与此有一定的关系。

在大量的女性杀人案中，可以看出女性由于长期的性压抑及生活环境的不良影响而形成的极端扭曲的心态。同时，女性在婚姻家庭中的卑下地位，常常令其遭受非人的折磨而不能自拔。在摆脱不良环境无望的情况下，部分女性便选择了将对方杀死以发泄心中的积怨。因此，这一时期虽然婚姻家庭方面出现了很多新气象，但却未能改变女性低下的家庭地位。多数女性面临不幸的婚姻家庭时，仍然毫无出路。虽然也有女性选择离婚，潜逃甚至将对自己造成一定伤害的家庭成员控究，但多数却未能如愿。此外，面对恶劣的婚姻家庭状况，多数女性未选择离家出走，是因为很多时候即使离家成功，生存的艰难也让其望而却步。当时社会虽然给女性提供了一定的职业，但多数工资低廉且其职位也很少。对一般的女性来说，很难独立谋生，因此便只好选择在家中继续忍受，这也是部分女性采取极端方式进行反抗的原因。由此可以说，其时女性职业的不发达也是造成女性犯罪的一大原因。

第二节 清末民初女性的职业问题与女性犯罪

一 清末民初女性的职业问题

在近代社会的形成中，"家庭"领域的形成和女性在此领域握有的主导权，使女性靠着性别隔离（sex segregation）找到了逃脱男性权力的"庇护所"，反过来说就是创造出了"女性王国"。成为"家庭主妇"对许多女性而言意味着阶级晋升。对男性而言，能拥有佣人而不劳妻子做家务更是他社会阶级地位的标志。至今在许多梦想着婚后成为"家庭主妇"的女孩心中仍回响着成为家庭主妇意味着阶级晋升的近代初期的余音。因为对她们而言，自己只能通过结婚这唯一的机会重新选择自己的所属阶级。①

在近代以前，中国的女性一般生活在家庭之中，承担了养老抚恤工作，婚姻就是她们一生的职业，女人们都要努力地经营好在家庭中的角色，做一个合格的贤妻良母。虽有个别的女性走向了社会，但那

---

① ［日］上野千鹤子：《父权制与资本主义》，邹韵、薛梅译，浙江大学出版社 2020年版，第 34 页。

也是少之又少的现象。"中国妇女在过去时代，称不上说职业，因为他们深受贤妻良母主义的迫害，甚至大多数的妇女关在家里享受安静清闲的生活，并没有出外求职业的机会。虽有许多乡下女人和无产阶级的女子，帮助男子去做耕种，或洗濯、纺纱或给人家雇佣做奴隶的事，但比较地说，不过占全部分的九牛一毛而已。"①

到了清末民初，社会的发展以及生活的重压，使得女性离开家庭，走向社会。作为人数众多的下层社会妇女，由于贫困，更是不得不去就业谋生。但当时所谓的女性职业多集中在少数几个低贱的职业上，"旧时所谓女子职业与女性低下的社会地位是吻合的，除了缝补、洗衣等正当生计外，不少妇女为了养家糊口，或者仅仅是为了活着，不得不从事龌龊的，甚至是卑下的'职业'——说媒拉纤、稳婆、女佣、女巫、按摩女、坤伶鼓姬、娼妓，等等"②。同时，由于近代纺织业的发展而诞生了中国近代第一批的纺织女工。③ 虽也有女性从事其他职业，但人数却很少。总体而言，近代女性所从事工作的种类很少，相对男性来说，人数也不是很多。以北京为例，据1915年国务院统计局的报告，京师人口共79万人，而妇女28万余人，仅占1/3，有人对该时期妇女的职业状况进行了一定的描述，摘录如下：

现在妇女的职业，竟可以屈指可数尽，而且大多数还是没有职业，度着极难挨过的苦日子。旧式生产的手工业，如纺纱织布等，十有八九已被新式机械工业摧毁，所以内地的妇女大半是终日辛苦而得不到一文钱，最多只能帮助男子做些耕田的工作。在都会里有一部分妇女侥幸得到职业，但她们的工作是极其繁杂，报酬薪俸是极其微少，工作环境是极其恶劣，无论哪一点都不能得到和男子平等的待遇。而一般雇主所以雇佣妇女的动机，不过是利用妇女工价的低廉，甚至利用妇女的美色的。一般社会人士也都把妇女的职业看轻，他们只要稍有资产，便不放他们的妇女

---

① 陈绶荪：《社会问题辞典》，民智书局1929年版，第606页。
② 刘宁元：《北京女性史研究二十年》，《北京党史》1999年第5期。
③ 李长莉：《从晚清上海看女性家庭角色的近代变迁：从"男外女内"到"男女并立"》，张国刚主编：《家庭史研究的新视野》，生活·读书·新知三联书店2004年版，第497页。

去从事职业。他们始终不曾把妇女的职业问题重视，不曾把妇女的职业地位提高，仿佛职业是妇女的末路似的。①

显然人们对女性从业的排斥和反感也影响了女性的从业率，此际对女性就业的呼声很高，"但事实上除了出卖青春的职业外，没有哪一行职业欢迎女职员"②。民国时期因为职业的难寻，出现了女子拉洋车的现象，因此时人感叹道："人民困苦已极观此妇人拉车一事殊可叹也。"③

虽然社会未能为女性提供更多的职业，但社会的发展，却使得女性在这一时期不得不走向社会。在城市，下层社会生计的艰难，使得女性同男性一样承担着生活的重担，有的甚至要养活男人甚至一家人。"在这物价上涨的年头，男子一个人做事已不能养活一家了，多数已婚妇女都被迫出来就业，为理想而从事职业的人到底是占少数。"④ 特别是近代以来，农村经济的破产，使得农民们纷纷涌向城市。而近现代的中国城市，因工业的不发达，经济的不景气，很多人处于失业或无业的状态之中。"都市的失业者，回不得农村；农村的农民向都市奔跑，也无从容纳。但是，人是要生存的，决不能等待死神的降临，这样，农妇就不得不自告奋勇，赶向都市来出卖劳动力了。"⑤ "女子为严重的饥寒所迫，也就不能不离乡背井了，并且也是非常之大的，她们跑到城市的出路，大概也不出以下几种：进工厂做女工，当姨娘或当娼妓，或为人奴婢等。能在工厂找到女工工作，这要算是她们最大的幸运，虽然女工是最悲惨最受压迫的工钱奴隶，可是现时城市工业所能容纳的女工十分有限，随着丝厂的关闭，大半已经失业，所以做女工的道路，事实上已走不通。当姨娘和小大姐姑且不论其工作的被贱视，工钱的刻薄，也因为'人浮于事'，往往一个姨娘的位置有三四个候补者，好像一个黄包车上十个候补者一样。娼妓生活之卑贱与痛苦，姑且不论，但当娼妓是有一定条件的，就是必

---

① 达心：《中国妇女的过去将来》，《妇女杂志》1931年第17卷第6号。
② 刘素人：《女子职业贴补政策》，《妇女月刊》1946年第5卷第3期。
③ 《妇人拉洋车》，《盛京时报》1916年12月22日。
④ 刘素人：《女子职业贴补政策》，《妇女月刊》1946年第5卷第3期。
⑤ 惠中：《堕胎——犯罪》，《妇女共鸣》1936年第5卷第1期。

须年轻和相当姿色，然而这却不是每一个乡村女子都能具备的。况且现时城市中的娼妓也到了供给大大地超过于需要了。"①

那些幸运找到工作的，也多数是工资低廉，待遇低下的职业。"劳动阶级的妇女的经济状况像庐隐女士以纱厂女工为例，每月收入十二三元至二十元便算十二分的可怜，她还没有见上成千上万替人家充当仆妇的苦境！她们每月的收入虽因地而小有差别，但至多不过五六元，少的也许一元二元，而且遍于全国；她们吃的是残羹冷炙，穿的是有结破衣，还有那代人洗衣或做针线等的女工，每月收入至多也不过十元，她们的工作时间，是没有限定的，但绝不会少于十二小时！他们的灵魂里所潜伏着的悲哀，不必说是不堪揭露的了。②"再加上经济的不景气，有时甚至不发工资，使得女性即使找到了工作有时也很难存活。如该时期经济相对发达的上海，便出现了拖欠女工工资的现象。"本埠某丝厂五十余日不发女工工资，女工等不堪其苦，该厂又以集众罢工为由就此为图赖工资。女工系贫苦之家未有十日之粮，岂能五十余日不发工资兼之天气隆冬有无衣无食之叹。"③

没有工作不仅仅是一个经济问题，也是一个社会问题。从社会学上来看，失业制造了一个庞大的城市贫困群体。出卖劳动力是城市生活中人口的收入来源，一旦失业，生活的收入来源也就中断，失业者群体便成为社会群体序列等级阶梯中的下层人群。特别是当失业者是一个家庭中主要的或唯一的收入来源时，失业的问题尤其严重，会导致一个家庭的贫困。而这种状况具有连带性：当劳动者丧失劳动岗位，会给失业者本人与家庭带来严重的不安全感，带来严重的心理挫折感。不仅如此，业缘人际关系纽带的断裂，家庭失去基本的经济来源，会引发一系列附带的问题，如家庭关系本身的失和，矛盾增多，在社会初级关系中地位上处于劣势。如果失业问题不能及时解决，长期处于贫困之中，失业者甚至会出现反社会心态，引起人与人之间的利益矛盾和冲突。失业导致贫困与严重的心理压力，成为引发其他社

---

①　陈碧云：《农村破产与农村妇女》，《东方杂志》1935 年第 32 卷第 5 号。

②　东生女士：《社会革命与中国妇女问题》，《妇女杂志》1926 年第 12 卷第 6 号。

③　《女工煞是可怜》，《民立报》1913 年 1 月 4 日。

会问题乃至犯罪的一个根源。①因此对于多数面临经济危机的女性来说，如果找不到工作或是工资低廉，便很容易诱发犯罪。

二　女性的职业与女性犯罪

由清末民初女性被告人的职业统计中可以看出，女犯 90% 以上都为无业或失业人群而且多集中在城市。因为在农村，虽然近代以来大家庭趋向解体，但有些毕竟还在继续维持，而且农村的家族主义也让女性即使陷于经济危机，也会得到相应的帮助。但在城里就不一样了，很多时候家族失去了往日的约束力和救济力，因此城市生活的艰难，使得女性的经济压力较以往增加很多。在当时，一般平民女性的生活主要依赖她们的丈夫，倘若失去丈夫的供养且自身又无职业，生活有时便难以为继。"凡是无职业的妇女，都是寄生于她们丈夫之下的。倘然不幸她们的丈夫，不能供给她们的生活费，或是先她们死去了或害病了，那么她们的生活，立时就要发生恐慌。"②那些年轻漂亮的有时或许还可以去当娼妓或改嫁，但这需要克服一定的羞耻心和冲破贞操观念的束缚，而对于那些深受传统观念影响或年龄较大的妇女来说，很多时候便只好通过犯罪来获取最基本的生活资料。因此部分城市女性在无工可做，无业可寻而又失去供养的情况下，便很容易走向犯罪。特别是因农村经济的破产，农村女性到城里来寻求工作，但城市显然并没能提供更多的职业机会，该时期女性犯罪数量特别是城市女性犯罪数量的增加很多时候便是因为女性在城市里找不到工作所致。"至于因无一技之长，或长久失业，饥寒交迫，以致沦于犯罪，更是明显地表示出职业和犯罪的关系。"③

而一些经济上没有压力的女性，终日赋闲在家百无聊赖，有时便容易感染不良的嗜好。④特别是那些丈夫经常外出的，还会受人引诱与人通奸或私逃。因为被禁锢在家，难免在精神和身体方面都处于一

---

① 朱力：《当代中国社会问题》，第 274 页。

② 董纯标：《从各方面论妇女职业的重要》，《妇女杂志》1927 年第 13 卷第 8 号。

③ 林纪东：《刑事政策学》，第 61 页。

④ 这一时期大量的女性吸毒、赌博，很多时候便与之有一定的关系。

种不健康的状态之中，较易与家人或邻居起冲突，表现出一定的极端心态。

对于多数的下层社会女性来说，即使有了职业也不一定就意味着解决了生活问题，工资的低廉常常令她们难以为生，更何况有时还要面临失业的局面。这种情况下，部分女性便也会由此而走向犯罪，如有的女工窃取纱厂中的东西，女佣则偷窃或从事诱拐活动等。此外，因为婢女和妓女地位的低下，失去人身自由且时常受到虐待，有时便会发生卷逃事件。时人指出："现今女子之陷于困厄者，共分四类；最下者为娼妓，稍进则为妾御，又稍进则为婢仆，进而益上则为雇婢及工女。"① 因此，就当时社会而言，与女性犯罪密切相关的职业便为女佣和娼妓。

清末民初，虽然女性被推向了社会，但很显然社会未能给予其很好的生存空间。很多身处经济困境的女性不得不为娼妓，有的甚至铤而走险，因此在一定程度上可以说"娼妓和诱拐是当时女性最好的两大职业"②。而女性之所以在社会上很难找到工作，除了受其时社会背景的影响外，还与女性自身所受教育过少有一定的因果关系。特别是有些女性之所以走向犯罪，很大程度上与其所受的教育情况也有密切的联系。

第三节　清末民初女性的教育问题与女性犯罪

清末以前，"女子无才便是德"的观念一直牢牢地束缚着女性的身心，即使有个别的接受了一些教育，也无非是以封建的贤妻良母为范本。到了近代，社会的发展使人们逐渐认识到女性教育的重要性。很多人从强国保种的目的出发，也认为非振兴女学不可；同时一些女权运动者们也认为女子地位的低下与女子"不知学"有着极大的关系，因此要使她们摆脱对男性的依赖，养成自立的人格，只有让女子

① 畏公（刘师培）：《论女子劳动问题》，《天义报》1907年第6期。
② 杨剑利：《清末民初华北妇女地位的社会考察（1895—1921）》，第406页。

接受教育，学会独立生活的本领才能实现真正的男女平等。[1] 有的妇女不遗余力提倡女子教育，甚至牺牲生命亦所不惜。如杭州贞文女学校长惠馨，因学校经济不济，难以维持而自杀身亡。[2] 由此，女性教育受到了一定的重视，但在当时因学校教育的"精英化"和教育内容的"畸形性"以及不良家庭等的影响，使得多数女性仍然没能避免因此而犯罪的危险。

一　女性学校教育及存在的问题

（一）学校教育概况

近代以来，从最早的清末《女学报》开始，便以"提倡女学"相号召。[3] 特别是鸦片战争以后，女学渐兴，外国传教士最早在中国倡办女学。戊戌变法时代，维新人士更是将振兴女学作为改革之重要项目，以兴女学为起点，开始了近代女子教育观念的更新。[4] 同时，清末女性也获得了被派出国留学的机会。于是一些逐步走上社会，并接受新式教育的女性，开始向旧社会挑战。她们或提倡男女平权，或投身革命运动，一部分女性开始以自己的力量来改变自身的命运。[5] 辛亥革命前后，革命派更是大力提倡女子教育。孙中山很明确地指出，要把妇女教育成为与男性一样能反抗压迫、争取独立自由、品质高尚、具有自食其力本领的人；只有掌握文化科学知识，妇女才能获得经济和政治地位，实现男女平等。由此，女子学校渐成规模，受教育人数逐渐增多。到 1912 年，据统计女学生总数达 141130 人；1916年，受中等教育的女子有 8005 人，受初等教育的女子有 164719 人（四川、贵州、广西缺）。[6] 即使偏远的黑龙江省，到 1915 年，也有

---

① 林吉玲：《20 世纪中国女性发展史论》，第 81 页。

② 参见鲍家麟《辛亥革命时期的妇女思潮（1898—1911）》，中华文化复兴运动推行委员会主编：《中国近代化史论集·近代思潮》第 18 编，台湾商务印书馆 1986 年版，第936 页。

③ 夏晓虹：《晚清社会文化》，湖北教育出版社 2001 年版，第 279 页。

④ 林吉玲：《20 世纪中国女性发展史论》，第 54 页。

⑤ 周积明、宋德金主编：《中国社会史论》（下），湖北教育出版社 2000 年版，第 546 页。

⑥ 赵连跃：《从清末民初婚姻家庭的新变化看妇女地位的变迁》，《广西右江民族师专学报》2000 年第 4 期。

20余县建立了60所女子中学，300余所县女子小学，100余所私立女子小学，达到了县县有女校的程度。文化教育发达的江、浙、京、津一带则更是长足进步。① 尽管受教育的人数有限，女校不授高深知识（国立女子大学到1918年才成立），且男女不能同校（实际上五四后大学才开女禁）。但使受教育的妇女走出家庭，接触社会，参加各种社会活动，提高了独立能力。更重要的是，女性的觉悟提高了，逐渐了解受苦受难的根源，认识到婚姻幸福和男女平权的重要性，从而更勇敢地走自己的路。特别是这一时期知识女性的出现和其在家庭、社会中的活跃不失为清末民初的一道风景。②

对于进入学校的儿童和青少年来说，随着年龄的增长，在社会化方面学校和教师的教育作用逐渐超过了家庭和家长的教育作用，而成为儿童和青少年社会化的最重要的社会环境因素。③ 虽然清末民初的女学教育具备了一定的规模，但却未能达到真正让女性独立的目的，尤其是该时期封建政权的性质也使得所谓的女子教育并未收到预期的效果。

（二）学校教育中存在的问题

由以上所列的数据可以看出，当时女学生的数量还不是很多，特别是和男性相比，就更少。据1918年、1919年两年教育部调查的结果，各省区初等学生总数为4842638人，其中男生占4634501人，而女生仅为217137人，就总数来看，女生竟不足1%。④ 另据1919年教育部的调查，京师和京兆区域内初等教育方面，女校不过88所（包括公立和私立的），女生不过4200余人，"以首都之地，中外观瞻所系，教育中枢所在，而女子教育乃幼稚于此极，可胜浩叹"⑤。另据《中国教育统计概览》载，1919年以前公立女子中学全国只有9所，女子职业学校也寥寥无几。这表明要使女子取得与男子同样受教育的机会，还需要进行不懈斗争。⑥

---

① 陈文联：《五四时期妇女解放运动思潮研究》，博士学位论文，湖南师范大学，2002年，第87页。

② 赵连跃：《从清末民初婚姻家庭的新变化看妇女地位的变迁》，《广西右江民族师专学报》2000年第4期。

③ 郑杭生主编：《社会学概论新修》，第89页。

④ 杨东莼：《评中国十九年来的妇女运动》，《妇女杂志》1931年第17卷第1号。

⑤ 宋化殿：《北京妇女之生活》，《妇女杂志》1926年第12卷第10号。

⑥ 林吉玲：《20世纪中国女性发展史论》，第66页。

就教育的内容来看，也多是贤妻良母主义为基本。① 特别是近代社会虽然使女性有了一定的教育权利，但限制其接受高等教育，而且通俗传统女教，也以家政教育为主。妇女受教育的目的也只限于培养贤妻良母和一些教师而已，男女平等和婚姻自由仍旧被否定。因此女子教育的目的"只为父母教成个好女儿，为丈夫教成个好妻子，没有存心替社会教出一个女子（人）"②。特别是袁世凯上台后，对妇女运动更是采取否定的态度。1914 年民国教育总长汤化龙重申："余对于女子之教育方针，则在使其将来足为贤妻良母，可以维持家庭而已。"③ 从而将民国初年孙中山、蔡元培制定的教育发展规划以及女子教育的方针全盘否定，而且教育部还明令取缔所有私立女子法政学校，一场轰轰烈烈的妇女教育运动遂告失败。④

由这一时期的犯罪统计可以看出，受过教育的女子在女性犯罪中也占有一定的比例，可知所谓的教育并没能改变她们实际的生活状况。而对于更多的女性来说，学校教育更是遥不可及，当经济的压力、婚姻家庭的痛苦等不良因素一齐袭来时，便容易走向犯罪。有人指出："在妇女方面，虽经辛亥革命，民八学生运动，思想上发生了极其巨大的变易，渐倾向于独立自由平等的要求，终因过去积习太深，受教育太少，政府对于女子教育方针没有积极求彻底解放的政策，致使大多数女子仍陷于畸形的社会状况之下，进退无由。在这般状况下的女子受男子玩弄的机会既多，使得社会上所表现的两性关系的形态愈加混杂。"⑤ 近代以来很多的家庭也并没有给女性提供一个很好的生活环境，特别是良好家庭教育的缺乏，更增加了女性犯罪的危险。

二　女性家庭教育及存在的问题

几乎对于每个人来说，家庭都是个体出生后接受社会化的第一个

---

① 刘红、刘光永：《妇女运动史话》，《百年中国史话》第 1 辑，社会科学文献出版社 2000 年版，第 55—56 页。

② 佩韦：《妇女解放问题的建设方面》，《妇女杂志》1920 年第 6 卷第 1 号。

③ 《通议》，《教育杂志》1914 年第 6 卷第 4 号。

④ 何黎萍：《民国前期的女权运动：19 世纪末至 20 世纪 30 年代初》，博士学位论文，中国社会科学院近代史研究所，1996 年，第 28 页。

⑤ 李峙山：《适于现社会的三种妇女》，《妇女共鸣》1932 年第 1 卷。

社会环境，家庭的教育和影响对每个人早期社会化甚至一生的社会化都具有重要意义。然在清末民初的家庭里，基本上没有重视什么家庭教育，特别是在下层社会里，情况尤其恶劣，家庭成员的不良行为及周围人的生活方式很多时候就成为女性模仿的对象而没有任何道德观念的约束。由此可以说，模仿是犯罪的原因和途径之一。

（一）不良家庭环境的影响

家庭教育和家庭环境的影响是一个人社会化的开端，它为个人一生的社会化奠定了基础，家庭社会化的结果将对个人的一生产生影响。对于个体早期社会化来说，家庭环境因素对个人的观念、心理和行为习惯会发生潜移默化的深刻影响，如家庭的社会特征、父母的经济收入、生活方式和文化教养等，都通过日常的家庭生活和交往活动对儿童的行为规范、心理特征、价值观念、生活习惯等产生重大影响。在各种社会环境中，家庭所能给予个人的感情的交流和爱的体验是最多的。一个人能否正常地发展，他能否理解爱，既懂得接受别人的爱，也能给予别人爱，这种感情方面的社会化很大程度上取决于他所处的家庭环境条件。[①] 由于家庭是儿童生活的第一课堂，父母的言行对他们有着巨大的影响力。"父母或家长之行为不端，不知教养儿童，往来之亲朋多放肆邪侈之人，儿童耳濡目染则廉耻心渐泯，亦易陷于罪辟。"[②] "家庭的不安对社会影响甚大，家庭又为人格的养成机构，儿童的健全人格是否养成，全赖于成长的家庭是否良好。"[③] 特别是大家庭组织，人口众多，难于和平，假使彼此待遇不同，极易发生嫉妒怨恨，再由嫉妒怨恨而实施犯罪行为。"至于父母早丧，夫妻不睦，姑嫂猜忌，亦为妇女犯罪的原因。"[④]

下层社会成员更可能陷入犯罪的陷阱。这是因为他们接受社会中犯罪亚文化的机会较多，熟悉犯罪这种社会角色。行为偏差理论认为，一个人偏差行为产生的原因是不恰当的社会化，主要发生在初级群体中。限制学习所谓传统方式的机会，增加对偏差方式的学习、限

---

① 郑杭生主编：《社会学概论新修》，第 88 页。
② 西神：《家庭中之所以出不良少年之故》，《妇女杂志》1917 年第 3 卷第 11 号。
③ 杨雅彬：《近代中国社会学》（下），中国社会科学出版社 2001 年版，第 845—846 页。
④ 陈荫萱等：《女子法律常识》，上海女子书店 1935 年版，第 124 页。

制获取合法目标的机会、产生紧张和压迫感，并且导致以偏差方式来解除这些感觉，这些都是造成偏差行为的重要背景。[①] 其主要代表罗伯特·墨顿（Robert Merton）在其1938年发表的《社会结构与迷乱》论文中认为，当文化目标被过于强调，而且当获取这些目标的合法机会受到阻碍时，迷乱（anomie，又译作失范）对社会中某些特定区域里的人们而言是很平常的事情。[②] 爱德文·苏德兰（Edwin Sutherland）在差异关联论中提出，是社会过程而不是社会结构造成了个人的偏差行为。人是通过与"偏差行为者"模式的结合之后才学习到偏差行为。[③] 在不良的家庭环境里，家长的恶性行为对女性的犯罪有时甚至起到了一个示范和引导的作用。如1914年上海有韩王氏因与夫口角而商同其女将夫砍死；[④] 另1912年云南有廖谢氏因其夫借款不偿被检察官传唤，该氏便手持秽物棍棒同其女将传票之人殴伤并在庭上大肆咆哮，口出秽言；[⑤] 而1903年陕西李小凤则被其父怂恿将李施氏殴打致其投水自溺。[⑥] 特别是在性方面，很多女性都是受家长的影响或胁迫而与他人发生非法性行为。这一时期的《盛京时报》对之刊载颇多，如1916年有高姓女因其母已与某甲交好，该女受其影响亦与某无赖交好；[⑦] 另1918年有某孀妇与某甲姘度，后去世，其女便也与某甲有染。[⑧] 甚至有的母亲会将自己的女儿拉入与奸夫行奸，如1910年有一妇人为了讨好奸夫便诱令其女与奸夫好好；[⑨] 另1919年有李姓之妻与韩姓通奸将次女（19岁）拉入，后又将三女（12岁）带去同与奸淫。[⑩] 因此，一般来说"好的父母所教育的子女不能说其子女必然怎样好，但是不至于怎样坏，反之，在不良的家庭里，无论

---

① 朱力：《当代中国社会问题》，第22页。

② Merton, Robert, "Social Structure and Anomie", *American Sociological Review*, No. 3, 1938, pp. 672-682.

③ Sutherland, ed., *Principles of Criminology*, J. B. Lippincott, 1939, pp. 4-9.

④ 《再志妻女之狠毒》，《申报》1914年4月9日。

⑤ 《判牍类·斗殴门》，《各省审判厅判牍》，1912年5月，第2—3页。

⑥ 《李小凤则听从其父怂恿将李施氏殴打致其投水自溺》，1903—1904年，中国第一历史档案馆藏，宗卷号：475—16—26—21177。

⑦ 《母女吃醋》，《盛京时报》1916年8月19日。

⑧ 《母死女继》，《盛京时报》1918年4月20日。

⑨ 《母女一夫》，《盛京时报》1910年9月18日。

⑩ 《母女同逃》，《盛京时报》1919年1月10日。

如何，一定要生出多数的犯罪者"。"不良的家庭，缺乏儿女教育，遗儿女以不良的影响，使其轻易便至犯罪。"①

特别是嫁到夫家后，女性有时也会因不良环境的影响而易受侵染。如1913年京师有高侯氏之翁姑从事诱拐活动，婚后该氏便也同夫假称兄妹骗婚诈财；② 另据1919年2月8日《盛京时报》载，有一妇人与周某通奸，其儿媳便也因其子不懂房事而乘间与周某有暧昧情事。③

基于以上，有人指出，女性之所以犯罪，其原因有三：受不良教育的影响；受环境的压迫；受坏人的引诱。④ 对于女性来说，一生的大部分时间都要在家庭中度过，因此不良的家庭环境自然成为影响其行为的重要因素。特别是在近代中国，公立女子教育十分缺乏的情况下，一般家庭对女性的道德教育和性教育都不是很重视，由此也成为女性自身堕落的一个原因。

（二）良好家庭教育的缺乏

在当时的中国，很少重视家庭教育，特别是有些家庭因经济所迫，"苦于儿女的负担，其知识程度又不能深审培养良好儿童对于国家社会的重要性，故于儿女幼小之际，即未予以适当的重视"⑤。有教养的家庭即使对女子进行教育也多是注重"贤妻良母"及女红等内容。

这一时期很多中国家庭缺少道德教育，因此这种家庭出来的女性便很容易与人发生骂詈、斗殴等事件，甚至酿成命案。因"无家庭教育，而小儿女之举动大半野蛮"⑥。而且在与他人的争斗中，很多都是因为一些细故，便足以让女性置对方于死地，更可以看出其教育缺乏所带来的恶劣影响。由此也不难推想很多女性之所以肆无忌惮地去虐待和伤害他人，实与其家庭教育有很大的关系，"惟凌虐婢仆之手

---

① 许鹏飞：《犯罪学大纲》，第167页。
② 《略诱及和诱》，《京师地方审判厅判牍汇编》，民国二年（1913）9月，第10—13页。
③ 《婆媳争春》，《盛京时报》1919年2月8日。
④ 徐静贞：《青年堕落的原因》，《女钟》1931年第19期。
⑤ 林纪东：《刑事政策学》，第56页。
⑥ 《女学宜兴》，《醒俗画报》1907年2月1日。

段为家庭教育必修之专科"①。

对于性教育，在清末民初的社会更是讳莫如深，家庭内部也是闭口不谈。使得女性在不良的性环境中易受引诱胁迫，以致发生奸通淫乱情事。特别是穷人家的儿童自小就习染于性的知识和引诱。成年后，不道德的性行为便易发生，② 如前所述部分女性被兄弟或父亲诱奸便可以看出其时中国性教育的一大缺憾。甚至因性教育缺乏，致有姑嫂同榻而眠，现身说法的现象发生。③ 而有些女性，在清末民初开明且腐化的社会风气熏染下更是毫无节制地放纵自己的情欲，④ 尤其是有女性为了实现自己的性欲求竟不惜去杀害那些无辜的人，更可以看出其时女性性道德所受的不良引导。

在中国，纲常伦理是传统礼法的精髓，但到了清末民初，以家族主义为砥柱的纲常伦理在民众心目中渐渐失去立足之基。⑤ 特别是有些女性又缺乏应有的家庭教育和学校教育，于是犯罪不可避免。

三　教育缺失与女性犯罪

（一）女权运动被束之高阁

近代以来，女权运动兴起，妇女解放的声浪很高，但因教育的不普及，使得多数女性的生存状况并没有发生多大变化，传统的女学观念仍然成为广大妇女的人生哲学。许多女子闺训的书（如《女儿经》《闺训千字文》）都提到女子出嫁后，作为一个好媳妇的行为标准是：用心侍奉公婆、与妯娌和睦相处，对于丈夫则要顺从、规劝，而且在民间流传很广。⑥ 文化素质低的女性本身在各方面都处于弱势地位，她们的自我意识又不易被唤醒，所以这是一个难解的悖论。到了民初，袁世凯政府对女性身心的束缚及对女子教育的打压更是让女性

---

①　《如此教育》，《人镜画报》1907 年 8 月 22 日。

②　麦倩会：《北平娼妓问题》，《社会学界》第 5 卷，1931 年。

③　参见《沂州王氏女孕儿案》，《清稗类钞》（三），第 1009 页。

④　如有王氏因自幼沾染恶习明偷暗卖日以为常。参见《道士妻公堂弃夫》，《大公报》（长沙）1917 年 3 月 21 日。

⑤　张仁善：《礼·法·社会：清代法律转型与社会变迁》，第 289 页。

⑥　参见王政、陈雁主编《百年中国女权思潮研究》，复旦大学出版社 2005 年版，第 99 页。

恢复到了以前被压迫的状态之中。"中国女界之黑暗，至今日已达极点矣。锢闭其智识，窒塞其聪明，纤弱其躯体，种种野蛮无人道之钳制……以达其摧残女界之毒手。"① 而且即使是那些接受了教育的女性，也因教育内容的畸形性而没能使其摆脱依附的地位。学校里的女学生毕业了便去嫁人，"这般女学生嫁人以后，所受的教育，便被社会家庭消灭。受过教育的妇女往往为一般社会所歧视，使觉悟未深的妇女不愿去受教育，同时也因社会蔑视而没有在社会尽力的机会"②。因此有人指出："吾国有今日之劣果。余敢断言必有昔日之恶因。恶因者何，轻视女子教育之谓也。"③

　　近代社会，因为教育的缺乏，很多女性并没有意识到自己地位上的不平等，还是过着以前那种男尊女卑的生活，仍然屈从于家庭生活，顺从她们的丈夫，无论在物质上还是精神上都显现出很强的依赖性。同时，因教育的缺乏，有的女性悍泼乖戾，扰乱家庭；有的则愚昧无知，为人所惑。由此，有人指出了中国不兴女学之害：

　　　　（女子）虑不出衣服金钱，足不出户庭，愚陋暗昧，仅为男子之附属物，至可悯也。女子既不学，则天性本训者，日益顺从为事，依赖之外一无所称；否则乖戾谬误，妇姑勃豀，扰乱家庭。执吾国人而问之，盖含忍太息而莫能明言者，殆十家八九也。岂女子之性皆不善哉？任其性，丧其德，有以致之耳。我国妇女，愚昧无知。于是全国教育妇女之权，乃寄希望于来世，而僧道之说适足以中之。于是全国教育妇女之权，乃为僧道所扼，诵经礼忏，拜佛焚香，举国如狂，滔滔不返。至于贫家妇女，积其针线所得钱，蓄诸数十年，以供僧道之一掷，天下之至愚可悯，孰甚于是。④

---

　　① 《哀女界》，中华全国妇女联合会妇女运动历史教研室编：《中国近代妇女运动历史资料：1840—1918》，中国妇女出版社 1991 年版，第 213 页。
　　② 梓生：《妇女教育的困难点》，《妇女杂志》1921 年第 7 卷第 5 号。
　　③ 王因南：《余之女子教育感言》，《国立周报》1919 年 4 月 22 日。
　　④ 竹庄：《论中国女学不兴之害》，张枬、王忍之编：《辛亥革命前十年间时论选集》，生活·读书·新知三联书店 1977 年版，第 923 页。

知识的不平等，可以说是一切不平等的根源。妇女没有职业，或不能得到经济的独立，是由于教育。社会上之所以重男轻女，给男性很大的生存优势，很多时候就是由于女性的"无识"。中国传统的贞节观念之所以能束缚女性的身心达数千年之久，很多时候也是因为女性自身并没有意识到它的不平等。一直到民国时期，很多女性仍然死守不幸福的婚姻及所谓的贞节观而没有反抗的意识。

因此，这一时期虽然社会的发展使部分女性不得不走向社会并承担起一定的家庭负担，但在其他方面，女子的地位并没有改善。"重男轻女，双重道德的观念仍如铁链般地束缚着多数的妇女，妇女解放的声浪未能达到下层阶级的妇女。教育的普及只是资产阶级少数妇女的特殊权利。多数的妇女仍处在黑暗中。妇女智识的缺乏，与妇女失调的关系有三：第一，减低了她们的谋生能力；第二，使她们更易受恶劣环境的引诱；第三，智识的缺乏，使'不知法令'成为犯罪理由之一。"①

（二）女性生存条件愈加恶化

当时的环境将女性推向了社会，但因教育特别是职业教育的缺乏往往令其难以在社会上立足。穷人的窘迫往往源于他们没有选择，而没有选择的主要的原因之一是穷人在市场竞争中缺乏必要的文化资本。布迪厄的文化资本概念既指由人们长期内化的禀性和才能构成的心态，也指由合法化的制度所确认的各种头衔、地位，还指那些已经物化的文化财产。根据不同的指代，布迪厄在分析不同阶级出身的儿童受教育机会和就业的不平等状况后指出：权力决定着教育制度，决定着文化资本的分配和再生产。现实中，无论怎样的社会，当教育制度被视为争夺和维持统治阶级地位的重要工具时，文化资本潜在的不平等分配是必然的。作为社会地位低下的下层的人，历来只可能作为教育制度的牺牲品，而那些掌管制度的精英阶层定会具有高等教育背景，因为他们把持着支配文化资源的权力。② 即使那些有幸接受了教育的女性，也因教育内容的关系而很少能较好地服务于社会，所谓的

---

① 周叔昭：《北平女性犯罪与妇女问题》，《东方杂志》1934 年第 31 卷第 7 号。

② David, Swartz, *Culture and Power: The Sociology of Pierre Bourdieu*, Chicago: The university of Chicago press, 1997, p. 288.

教育并没有增加其生存的能力。"近年以来，吾国之女子教育，莫不徒尚形式，骛为虚文，往往费时间耗心力，而不切于实际。"① 更何况多数女性基本上是未受过任何教育的，在经济不景气、失业率又很高的社会环境中，想要寻到一个能供自己谋生的职业简直难上加难。因此有学者指出："在目前中国社会，妇女教育尤为急需。妇女因地位更动后，需要智识以应付环境，又因经济压迫，不得不求知以图生存。妇女教育问题，因而增加其严重性。在生活无忧，养尊处优的上层阶级妇女，谋生不是必需，智识缺乏或可不构成严重问题。但是在生活无着之贫苦妇女，智识是必须，智识是资本，教育的缺乏尤其是职业训练的缺乏，将要引起何等恐慌？于是需要职业的贫苦妇女，因为缺少职业的训练与智力，而谋不到较高职业。"② 这种情况下，部分女性便不得不靠犯罪来维持最基本的生活。即使女性在社会上谋到了一定的职业，也多是一些工资低廉、待遇低下的女工、女佣之类的行业。而且因为所受教育过少，很少能在技能上或业务上有较大的提高，有的则容易与主人发生这样或那样的冲突，甚至触犯当时的法律。如前所述大量女工、女佣犯罪的案例，便可以看出此类女性的悲哀：一方面做这些事情的女子，实在没有受过教育，太没有品格；另一方面工厂管理员和雇主对这些女工、女佣也多存一种轻视的心理，③以致很难相安。

同时女性也会因智识的缺乏而容易上当受骗，如上海沈江氏因诱拐嫌疑被收押，诉讼关系尚未成立之前即由一律师与之欲订包办特约并交费 600 元，后氏因侦查结果免诉，该律师也并未将钱返还。④ 特别是其时大部分女性都很迷信，时常盲目地去听信而很少去证实信息的真伪。如民国时期苏垣有一吃素的老太婆，以修行念佛之名专门拐骗良家妇女。有些妇女没有见识，往往上当受骗而执迷不悟。⑤ 很多女性更是将自己命运的好坏寄托在算命人的身上，甚至因此而盲目自杀。如据 1909 年 6 月 6 日《时事报图画杂俎》载，时有一妇女因听

---

① 瑟庐：《妇女之解放与改造》，《妇女杂志》1920 年第 5 卷第 12 号。
② 周叔昭：《北平女性犯罪与妇女问题》，《东方杂志》1934 年第 31 卷第 7 号。
③ 胡怀琛：《女子职业问题》，《妇女杂志》社说 1920 年第 6 卷第 10 号。
④ 参见《江苏律师惩戒委员会决议书》，《政府公报》1917 年 3 月 5 日。
⑤ 骆宾生编：《黑幕大观——旧中国军、政、匪、伶、娼之怪状》，第 319 页。

信算命人之谣说而吞烟自尽；① 另 1909 年奉天张姓妇则因听信瞽者算命说其必死，因此忧郁成疾竟自服鸦片身亡；② 而 1918 年广东开平有六女也在听信了巫婆的鬼话后，认为此生悲苦，毫无劲头而相约投江。③

清末民初的妇女接受教育的比例很小，绝大多数妇女仍是文盲。一种观念一旦在她们脑海中形成，就具有很强的根植力，促使她们无意识地去维护这种观念。④ 因此谭嗣同认为处于世俗间的妇女昧于理道，"奉腐儒古老之谬说为天经地义"，故而造成为人劫持、为人玩弄、为人协逃、为人鬻贩的诸多悲剧。⑤ 这一点在很多由农村跑到城市来寻生计的女性身上表现得尤为明显：

> 她们从农村迁入城市，旧家庭制度被破坏了，所有家庭的一切准则也无效了。但是，有些旧道德观点还存在，她们还不能立即和新情况相适应。例如很难找到工作，因为这些工作一向是男人做的。随着大家庭规范的丧失和旧道德失去控制，许多妇女或者由于社会危机或者由于个人危机，她们如果不做些违法或犯罪的事情就无法求得其他自存的方式。
>
> 这种情况下，很多女性在适应新环境的过程中便会陷入一种前所未有的恐慌当中，甚至手足无措。有些女性因为不能适应新的生活环境而陷入堕落、迷惘甚至无可奈何的境地，有的便会因此而迷失自己原来的本性甚至走向犯罪。⑥

社会失范理论认为，随着文化的发展及城市化、工业化的进程，社会流动大大加速，不同的文化既产生融合，又产生碰撞，因而引起犯罪的增多。犯罪在本质上是属于规范、准则、习惯、价值

① 《妇女迷信星卜之害》，《时事报图画杂俎》1909 年 6 月 6 日。
② 《愚不可及》，《大公报》1909 年 7 月 16 日。
③ 《六女投江》，《文史精华》编辑部编：《近代中国大案纪实》（上卷），第 556 页。
④ 杨剑利：《清末民初华北妇女地位的社会考察（1895—1921）》，第 20 页。
⑤ 杨念群：《戊戌维新时期关于"习性"改造的构想及其意义》，薛君度、刘志琴主编：《近代中国社会活与观念的变迁》，第 344 页。
⑥ 严景耀：《中国的犯罪问题与社会变迁的关系》，第 58—59 页。

观范畴的问题，因此规范和价值判断是分析犯罪的重要依据。由于社会缺乏整体目标，或者虽然有整体目标，但没有实现整体目标的有效途径，社会的凝聚力就不会形成。于是，以往既存的社会价值和公认的规范被打乱，传统的社会制度和文化规范便不再被遵从，社会就出现了失范现象。社会失范说明社会规范的混乱、矛盾和缺乏，以及人们对其缺乏遵从的态度，犯罪行为就是在这种状态中产生的，表明了社会关系的变化所产生的社会成员之间的不信任感、复杂性以及他们在群体中的关系的不确定性，使群体的凝聚力受到了削弱和破坏。犯罪是社会发展不平衡的产物，社会的诸多变化和冲突都影响个人的行为。社会病态理论强调犯罪和人的罪过一样，是由人自身品质不好造成的；社会失范理论则强调人的社会生活背景，是犯罪的主要原因。[1]

同时，清末民初，虽然社会的大门已向女性打开，但长期足不出户的生活让女性的见识很少，有时甚至因为智识的缺乏而显得懵懂茫然。特别是当时的中国，自由恋爱的风气影响了很多年轻人，但女性因为智识的缺乏而容易被一些男性的表面所迷惑而陷入困境。如当时奉天有王姓女与一警兵相识定亲，女母不允因而涉讼，后警兵将该女领至他处竟将其卖入娼寮。[2]"中国人对于男女之爱的看法和西方人的看法是不相同的。从西方人的观点看，中国姑娘和社会的接触太少，她们没有足够的机会选择对象，她们碰到谁就是谁。她们一接触就一见钟情，心心相印了。这是一种正在过渡的原始集团的态度，这也是男性拐骗犯容易得手的一个因素，同时这也是姑娘们盲目选择对象的一个因素。"[3]中国社会家庭教育中长期缺乏对女性的肯定性评价，因而有人一旦对之给予积极评价，往往令之神迷，与东方传统文化的金字塔结构密切相关。而且进入城市里的女性往往还是以从前在农村的眼光来看待她周围的人，容易轻信他人而被拐卖或由于见识上的狭隘而上当受骗，这一时期很多女性被诱拐便是因其智识的缺乏所致。如1904年贵州的瑞氏因听信一个陌生邻居的话（捏称氏翁受诉

---

① 宋浩波：《犯罪社会学》，第52页。
② 参见《自由结婚之恶果》，《盛京时报》1914年10月18日。
③ 严景耀：《中国的犯罪问题与社会变迁的关系》，第43页。

需钱要将该氏嫁卖）而被人诱卖以致无处可寻；① 另 1911 年北京的黄卞氏仅仅因为与夫怄气便轻易地相信一个陌生的过路人而与之逃走；同案中年近 15 岁的张大胖儿更是愚昧得让人痛惜，不但轻易地与陌生人通奸，而且在审判时也还在为伤害她的人遮掩。② 在拐逃案中，多数被拐女性都是完全盲目地听从，她们没有自己的想法，完全去相信那诱拐她的人。"女少文化而被人鬻卖，更有甚者，堕入女园，次或列于婢妾。"③ 因此以这样的智识程度去面对复杂的社会，女性的境遇就可想而知了。由此严景耀又进一步指出：

> 犯罪也可以看作在新的社会生活中家庭控制失效的一种症状，是城市生活与农村生活矛盾的结果。农村社区的行为规范如个人如何对待朋友、裙带关系、家族集体主义、对性的态度等那是很适当的，但当他们具有这些好品德生活在城市里时，就会吃亏或受害，因为城市中非人际关系和个人主义是流行的。在农村里，如果你相信别人，别人也相信你就会受到表扬或赞赏，如果你在城市，你不相信任何不相识的人才算是聪明有心计。④

社会解组理论认为，社会问题是文化冲突的产物，它产生于传统角色和规范的崩溃或受压迫者反抗社会的基本价值体系。当传统角色和规范崩溃时，人们就会陷入不知所措的状态，从而无所适从，便引起社会解组。当受压迫者反抗社会的基本价值体系时，差异行为就会大量滋生，造成社会解组。⑤

而教育作为一种制度化形式的文化资本明显具有代际传递特征。"原本缺乏文化教育的穷人，其孩子的受教育程度亦将是低下的。教育程度相对低下的历史，使他们积淀或内化了的适应主流社会的才能

---

① 《铁张氏图财诱卖刑浮赢家童养媳得赃案》，1904—1905 年，中国第一历史档案馆藏，案卷号：475—16—28—22314。

② 《王李氏诱拐黄卞氏一案》，1911 年，中国第一历史档案馆藏，案卷号：475—16—31—24957。

③ 《黑龙江巡按史朱庆润呈江省设立女子教养》，《政府公报》1914 年 11 月 2 日。

④ 严景耀：《中国的犯罪问题与社会变迁的关系》，第 56 页。

⑤ 宋浩波：《犯罪社会学》，第 49 页。

也相当贫瘠，或其内化的禀性迥异于社会主流文化，因而他们的生存状态、他们所能建构或鉴赏的文化财产都绝非主流社会能够认同和接受的。于是我们说，穷人在文化资本的层面上都是匮乏而不入主流的，他们贫困因为他们自己别无选择。"① 而且贫困者总是希望按照自己的理解去生活、去发掘，他们总是向往着一种与他们自己的目标与价值观相一致的发展方式。由此，未受教育者对于适应社会环境的能力既差，对于法律及道德观念又缺乏，对于自身情感的冲动不能有适当的控制，以致间接地成了犯罪的根源。② 而且由于所受教育太少，对事物缺乏是非判断，获取谋生的机会显然也要少得多。特别是当时下层社会的民众，迫于生计往往降低了道德门槛，这一现象在一些社会的边缘人群当中尤其突出，如城市的贫民区、难民聚居区和游民等，严酷恶劣的生存环境使之根本无暇传延传统的道德理念，亦无从让妇女受到正式的教育，而整个的世风却日趋开化甚至腐化，这就使这些群体当中的妇女更少道德和良知的顾忌，因而在这一时期的女性犯罪者中，她们所占的比例是较高的。

（三）教育缺失促发女性犯罪

1. 不良的教育使女性变得无知、盲从

女性因所受教育的缺乏常常容易走向犯罪，以女性诱拐他人为例，女子智识的缺乏造成其犯罪的可能性有两点：（1）诱拐罪常有极复杂的案情，不似杀人、盗窃罪的明显，且因智识的缺乏，很多女子并不知诱拐是犯法，甚至有妇女认为贩卖人口与贩卖货物没有什么不同。（2）因案情的复杂，愚蠢的妇女时常被拉拢在里面。日本医学博士小南又一郎氏有几句话颇可以用来形容中国当时的女犯："妇女于理性方面比较感受薄弱，其犯罪也由于静思沉虑，阴谋密图者较少。复因一般女性类皆意志薄弱，缺乏自主之力，易受恶性男子之煽惑，以至陷于犯罪。"这两点能否用来形容不同环境下的一般妇女当然又当别论，不过在其时教育不发达的中国女界，知识缺乏不能不算为主要的犯罪原因之一了。③

① 周怡：《贫困研究：结构解释与文化解释的对垒》，《社会学研究》2002 年第 3 期。
② 金陵女子文理学院社会学系编：《社会调查集刊》，第 46 页。
③ 以上内容参见周叔昭《北平一百名女犯的研究》，《社会学界》第 6 卷，1932 年。

在拐逃案中，作为诱拐主体的女性多数都是受他人诱惑在利益的驱使下而配合男性进行诱拐活动。而在女性的其他犯罪中，女性有时也是因为受了他人的怂恿、蛊惑而走向犯罪的。"女性犯罪主体往往在理解、辨别和抵制能力方面与社会的复杂性很不适应，她们习惯于用直线思维剪裁多变的社会现实，对社会上的是非、善恶、真假、美丑、良莠等并存的情形，不能完全分辨和识别，有时甚至会混淆和颠倒。当社会的消极与负面因素影响她们时，往往难以抵制，易于接受。同时，对自己行为的后果，她们往往也缺乏预知和预防的能力"①。如在女性的偷窃罪中，很多婢女便因受他人唆使而窃取主人家的财物甚至潜逃，她们轻易地就相信别人的话且服从他人的命令，足见女性的这一无知、盲从性的心理。

而且在当时，中国的女性因长期受传统三从四德思想的毒害，很多时候已经失去了自己的话语权。最典型的就是在女性的背夫潜逃和改嫁的案例中，女性几乎就像木偶一样任人摆布。

因此，很多时候，女性所受教育的缺乏实际上成了女性很难适应社会的一个很大的原因。而长期以来的奴化生活更养成了女性无知、盲从的心理，对很多事情缺乏判断力，也很少意识到自己的权利和地位问题，每天都是浑浑噩噩，在听从中过活，毫无思想的余地。更有部分女性因该时期家法族规及社会道德的维系力逐渐削弱而肆意地放纵自己的行为，很多时候便也就走向了犯罪。

2. 因教育的缺乏而不知约束自己的言行

清末民初的社会，很多女性因少教育而毫无道德意识，一切以自己的喜好为标准而肆意地去放纵自己的言行。"自其幼时已无教育，种种妨碍公德之举动，纷至而沓。"②特别是身为家长的女性，更是对儿女的行为大肆干涉甚至对儿媳任意凌虐。"中国妇女无学无识种种恶劣的习惯，样样浅陋的思想，只说个一支半段就说上十朝半月，恐怕也说不完。女子若没有受过教育凭她怎么贤德从中总免不了糊涂乖谬的行为，给儿子提亲要捡有钱的，可不问这女孩子性格如何针线如何，单贪图过门那一份嫁妆或图的是相貌俊，脚裹得小；给女儿提亲，也要捡有

---

① 张久祥：《犯罪心理与案例分析》，第 225 页。
② 《谕地方官宜注重女子教育》，《申报》1906 年 5 月 14 日。

钱的可不论那孩子品行怎么样有什么艺业没有。婆婆数说媳妇的不是对也对不是也是可不许回答一二的，要是一回言这就算不孝必须逼着儿子打骂，打骂了那才算儿子是孝顺。"① 特别是大量的女性虐杀案中，犯案女性可以全然不顾被害人的生命安危而对之进行残忍虐待，有些甚至将之杀害。这些犯罪女性的恶毒、凶残常常令人发指，女性本身所谓的善良、温顺、富有同情心等优良品质在她们的身上荡然无存。而且很多女性常常因此而虐待杀伤成性，这除了与其时环境造成女性性格的变态相关，恐怕其教育的缺乏也是一个无可回避的因素。

这一时期，也有女性因教育的缺乏而不知"礼"（理），当时部分家庭中出现女性不善待尊长的现象，便可以看出其家庭及社会教育的失败。同时，有些女性也会因说别人的闲话而引发一系列的悲剧，大量邻里之间杀伤案的发生，有些便源于此。而且在如前所述女性的诬告案中，女性往往出于嫉妒、报复等心理便无端诬陷他人而给对方造成了很大伤害。

"情爱是女子之生命"②，近代以来部分女性便因此放纵自己的欲望而不能自拔，这一时期女性性犯罪的高比例很多时候便是由此而造成的严重后果。

透过大量女性犯罪的案例可以看出，多数犯案女性都是因为没有一定的准则约束自己的行为而走向了犯罪。特别是因为缺乏教育，很多女性对所谓的法律茫然无知便更容易涉足犯罪。

3. 对法律的无知使之易于犯罪

清末民初，多数的女性都未受到什么正规的教育，更谈不上对法律知识的了解。因此法律知识的匮乏、法律意识的欠缺是女性罪犯又一特征。"绝大多数的女性犯罪人脑子里没有一个清醒的用以约束自己行为的法律概念，不懂得最起码的法律常识，更谈不上对法律的威力和严肃性有深刻的理解"③，她们并不知道自己的行为已经构成了犯罪。

清末民初，国家对法律的宣传不是很到位，有些新法即使颁布

---

① 《说妇人支持儿女婚嫁及婆媳不合的事》，《大公报》1911年7月20日。
② 梅光迪讲演，陈东原、张友鸾记：《女子与文化》，《妇女杂志》1921年第8卷第1号。
③ 张久祥：《犯罪心理与案例分析》，第226页。

了，很多人特别是女性也是懵懂无知。如民国时期有一妇女因诱拐罪而被判入狱，她即使在监狱中生活了很多年也没有弄懂自己为什么会被判刑。在她看来"我既然花钱将她（被诱人）买来，为什么不能将她卖掉"①。她并不知道在清朝合法的人口买卖在民国时期已经是一种非法的行为。特别是1915年的民法草案虽然赋予了女性一定的离婚权，但大部分女性却对此一无所知。当遭遇婚姻不幸时，多数女性仍然选择默默忍受，一些勇于反抗的，有时也会因不知法而容易走向犯罪。

此外，女性在生活中受到不公平的待遇，如果法律也没能帮助其解决难题，有的便会因此而大闹公堂。因为对一些女性特别是下层社会的女性来说，没有什么道德和家法族规的约束，很多时候都是靠权势和暴力说话，进而引发冲突甚而殴杀事件。日常生活中，能言善辩会带来很多好处。缺乏智识的女性在法庭上甚至会咆哮公堂。如1913年年仅19岁的翟氏因侮辱伤害判处徒刑不服一案中，② 翟氏并没有想到通过上诉来争取自己的权益，而是将所有的不满发泄到宣布判决的审判官身上，认为是他们给自己带来不公的命运；幼稚地以为通过自己的暴力反抗，可能就会挽回审判结果，完全无视法律的存在。虽然翟氏后来通过上诉减轻了刑罚，但其鲁莽无知的反抗方式，足见其时部分女性因不谙法律，缺乏教养所表现出来的蛮横无理。

近代的社会虽然在一定程度上赋予了女性以一定的受教育权利，但很显然这种权利只是上层社会的部分女性所享有。而且由于教育内容的限制，这些人即使接受了教育，也很少能真正为社会服务。而平民女性家庭成员及周围人的不良行为，潜移默化地影响了这些平民女性。同时教育尤其是职业教育的缺乏也降低了女性在社会上生存的能力，而对法律知识的缺乏，更使得很多女性即使犯罪也不知道自己的行为触犯了法律。

其时，女性因所受教育有限，在社会上找不到什么好职业，就业存在一定的问题。但经济的不景气却使得很多女性不得不走向社会承担起生活的负担，她们常常备受生计的压迫，面临饥饿的威胁；而且

---

① 周叔昭：《北平女性犯罪与妇女问题》，《东方杂志》1934年第31卷第7号。
② 《刑事控告》，《司法圭臬》，时间不详，第7—8页。

近代社会的奢侈享乐的风气，也影响了部分女性的生活观，常常因好逸恶劳而容易走向歧途。因此，经济上的压力及生活上的享乐主义，使得部分女性在面临生计上的困境时，出于无奈而犯罪。

第四节　清末民初女性的经济问题与女性犯罪

一　清末民初的动荡社会与女性的经济状况

（一）动荡的社会环境致使女性的经济负担沉重

清末民初的社会动乱不安，天灾频仍而且具有发生频率高、持续时间长、受害面积广、受灾人口多等显著特点，灾发之后往往呈现出"赤地千余里，饥民数百万"的惨境，而灾荒的连续性和积累性所带来的损害更是长期挥之不去。① 除了天灾外，这一时期的社会也动荡不安。时局的政权处于飘摇之中，革命频繁，而后又进入北洋军阀混战时期。② 长期战乱，连年的天灾及无休止的战乱给百姓生活造成了很大的恶劣影响，很多人因此而失去生计的来源和依靠，生活处于水深火热之中。

近代以来，中国社会正由农村经济进展到工业化的过程中，家庭的稳固不得不动摇。妇女渐由家庭进入社会，与外界的接触渐次增加，但当遭遇困难时，有些大家庭已不再提供帮助，"妇女在她们离家后就变得无人帮助"。有些妇女失去了丈夫，"便也就失去了生活的来源，她们完全成为无依无靠的了。而且工作的难寻，使得这些在城市中受灾受难的妇女的困难比在农村中的要严重得多"③，因此出现了"数千贫女无归宿"的现象。④

同时在帝国主义侵略下，民生问题日趋窘迫。在下层社会中，妇女与男子同样地负着谋生重担，她们活动的范围增加，负担增加。但是，她们的智识并没有随之增进，她们在生疏的环境中，缺少应付的能力；在新的使命下，缺少生存的本领，于是失调的问题随之而起。

---

① 张军：《论清末民初的救贫思想与实践》，《株洲师范高等专科学校学报》2004 年第 3 期。

② 汪海燕：《刑事诉讼模式的演进》，中国人民公安大学 2004 年版，第 400 页。

③ 严景耀：《中国的犯罪问题与社会变迁的关系》，第 14、32 页。

④ 《贫女无归宿》，《大公报》1912 年 7 月 2 日。

"在他方面，女子的地位并没有改善。重男轻女，双重道德的观念，仍如铁链般束缚着多数妇女。"① 因此学者周叔昭认为："这是民生问题，妇女犯罪关系的症结。"② 特别是农村经济的凋敝，更使很多农村妇女离开土地到城市来谋求生路。但在城市，"经济的不景气，让很多男士们都无所适从，很难谋到合适的工作，更何况这些手无缚鸡之力的女子呢？她们活动范围和负担增加，可是她们教育机会并不随着增加，她们被贫穷压迫，当然免不了犯罪的行为；在就业无门，生活无着的情况下，很多女性便铤而走险，不惜触犯当时的法律，在这不合理的社会里挣扎奋斗"③。

（二）女性的实际经济状况

1. 不独立的经济地位

在传统社会，女子不依赖他人便无容身之地，她们无财产权，不能继承夫家或母家的财产，缺乏独立谋生的技能与学问。嫁人成为女人的唯一出路，女子的一生，只有从母家到夫家的一条路可走。④ 婚姻实际上就是一种买卖关系，女人为了取得终身的饭票将自己卖进来，男人为了买得女性的性的专属权和生育权才会将女人娶进来，因此金钱的关系在当时的婚姻中被明显地显示出来。

婚姻选择是女性寻找经济依赖的结果，甚至其时很多人，为了求得生活上的温饱，甘愿为妾，以求得安身之地。即使接受了新思想的女学生，也不能摆脱这一桎梏。如当时长沙一女学生，毕业后便甘愿与人为妾。⑤ 因为经济上不能独立，女性在婚姻家庭中的地位便相对来说要低于男性，对性也就缺乏一定的决定权。"妇女对男性的经济依赖性和以男性为主导的社会文化背景下，社会对男性和女性持不同的性行为标准，使得女性常常缺乏性决定权。"⑥ 由此男人可以纳妾嫖娼，女性却只能独守空房。

当遭遇婚姻不幸时，如果离婚，女性便失去了经济上的来源，即使

---

① 吕文甲编：《妇女法律十讲》，长城书局 1934 年版，第 3—4 页。
② 周叔昭：《北平女性犯罪与妇女问题》，《东方杂志》1934 年第 31 卷第 7 号。
③ 陈荫萱等：《女子法律常识》，第 125—126 页。
④ 乔秦玲：《近代女子教育与知识女性的觉醒（1840—1919）》，第 75 页。
⑤ 参见《密卖之女学生》，《大公报》（长沙）1917 年 3 月 21 日。
⑥ 肖建国、姚建龙：《女性性犯罪与性受害》，华东理工大学出版社 2002 年版，第 14 页。

再嫁，也还要承受巨大的社会压力。"普通的女子离婚以后，为了要衣食住行，不得不另找一个解决她这种需要的人，再嫁和因袭的道德观念相抵牾。处女的价值和离婚的不名誉相谬。"① 这也是很多女性虽然遭遇了婚姻不幸而不敢反抗的原因，"在她们当中，又多多少少是早已不堪丈夫的虐待与冷淡，早已甘愿过孤独生活，只因经济关系束缚着她们，使她们不敢公然脱离。这就是说，如果她们的经济能够独立，也许早已自动提议离婚，决不肯含垢忍痛勉强维持那只能给她们痛苦的不幸生活的"②。"社会上那些没有财力而靠丈夫生活的女子，她常常奴颜婢膝地去侍奉男子，以求得其婚姻之久远，若一旦被离，便发生生活困难和绝境，或至于悲痛不已或是厌世自杀。"当时，女性因离婚而自杀的大有其人，如当时有马刘氏便因其夫欲与之离婚而服毒身死。特别是此际部分女性因婚姻的不幸福而通奸、潜逃甚至去杀人却不敢提出离婚：除了因为离婚的困难外，有时也是担心离婚后会失去生活的供养。因此，在该时期，"性的自由发展着，而教育的自由，职业的自由或经济的自由则停滞不发展，大部分的女性在目前依然是经济的无产阶级"③。

清末民初，由于经济上的不能独立，又缺少谋生的技能，有的女性便会因经济上的纠纷而和家人起冲突。如河南叶县孀妇王陈氏因为氏翁娶吕氏作妾，与氏素不和睦，后翁故，该妾央族人将地卖出，氏为夺财产而与之争讼。④ 有的则采取各种手段去争取财产上的监护，如时有王氏带子女二人改嫁黄某，后见子女长成便同子女打扑黄某逼其交出所有积蓄。⑤

2. 享乐、贪利的心理特征

在清末以前一些女性因为很少大量地从事生产劳作，不用承担经济的压力，有时便养成了贪图享乐的心理。特别是在清末民初世风的影响下，表现得更为明显。"光绪中叶以后，梭布低落，风俗日奢，乡女沾染城镇习气，类好修饰，于是生计日促。"同时在西方冲击下，

---

① 高山：《离婚自由与中国女子》，《妇女杂志》1924 年第 10 卷第 9 号。
② 蔡慕晖：《经济独立与精神独立》，《东方杂志》1933 年第 30 卷第 1 号。
③ 金仲华：《妇女问题的各方面》，开明书店 1934 年版，第 123—124 页。
④ 《王陈氏诬控王怀三贿通官吏凌节灭门一案》，1909—1910 年，中国第一历史档案馆藏，全宗案卷号：475—16—33—26720。
⑤ 参见《谋夫夺产之骇文》，《大公报》（长沙）1917 年 6 月 24 日。

212 / 女性失范与司法应对：基于清末民初司法统计的考察

"旧有农业崇俭美德的丧失，而整个社会风气趋向奢侈，注重物质享受"①。清末的消费中存在大量的奢侈现象，而且有些社会成员的生活方式已超过了礼法约束的范畴，"某些新式消费在礼法条文中无规可循"②。这种现象一直影响到民国时期广大民众的生活，虽然当时部分女性的经济负担比以前增加，但由于长期的依赖生活及奢靡世风的影响，一些妇女还是未能改变注重享受的心理。

这种情况下，当这些女性所依赖的男性不能满足她的物质需求时，她们便会很现实地去寻找那些可以供给她更好物质享受的人。近代以来，娼妓的大量兴起除了与女性的经济困境有关外，有时也是因为女性的这种贪图享乐心理的作用。"娼妓产生的根本，是经济的原因。此外人口众多，都市中性的不平衡，男子贫苦不能及时结婚，女子未受教育无生活知识技能，乡间女子羡慕都市繁华，因奢侈放佚而堕落，都是制造娼妓的原因。"③当时在东北三省就专有大炕勾引良家妇女，"故好虚荣享乐者常常深入其中"④。

因此，近代以来女性的依赖及贪图享受等心理，使其在经济负担日益加重的社会中变得不能适应而容易走向犯罪。同时，女性的这一心态特征，也使其在家庭经济不能维持时往往成为不良家庭的牺牲品。

3. 女性成为不良家庭的牺牲品

女性的利益往往在家庭中更容易被忽视和牺牲。由于妻子长期以来一直是个牺牲者的角色：为了丈夫的发展、儿女的成长、老人的安康而牺牲自己的权利、青春、爱好、理想、时间、精力等女性所有能够付出的东西。女性的这种牺牲虽然受到了赞扬，但被认为是理所当然的。这从另一个侧面说明女性的主体性在家庭中遭到漠视和践踏，女性的利益被不断"牺牲"。清末民初，多数人们的生活困苦不堪，特别是在农村，经济的凋敝，农民的破产，让很多人无以为生。这种情况下，处于经济上弱势地位的女性自然就成为必然的牺牲品。"地

---

　　① 李国邢：《中国现代化的区域研究·闽浙台地区（1860—1916）》，"中研院"近代史研究所1982年版，第576页。
　　② 张仁善：《礼·法·社会：清代法律转型与社会变迁》，第284—285页。
　　③ 王书奴：《中国娼妓史》，团结出版社2004年版，第328页。
　　④ 《勾引妇女》，《盛京时报》1915年12月22日。

主上门催租，高利贷者上门讨债，团兵县差上门追索苛捐杂税或其他勒索时，男子往往避开女子常常忍受意外的惊恐和侮辱。有时高利贷者甚至以农民的妻子女儿作为债务的抵押品，好像牲口一样。"同时也因为人口的增长而使得部分家庭入不敷出，"我国近年人口日增，米珠薪桂，生计维艰"①，于是因"贫穷而兴溺女之风"②。在城市，这种情况更是屡见不鲜。如 1917 年长沙有陈孟氏因夫以小贩营生入不敷出，而先后将所生三女溺死；③另 1918 年天津有苏氏夫妻因贫苦难度，将幼女送往亲姑家被拒而将之活埋。④

在经济贫困的家庭里，有些女性还会遭到被出卖的命运。"今中国贫民以生殖日繁，生计日促，无力养赡，每有以嫁卖儿女为糊口计者。如淮徐皖豫一带，在在皆是，饥馑之后，继以兵戈，盖亦万不得已之行动也。"⑤这些孩子们的父母，往往对人们这样说："不卖她，无力养活，终要饿死。卖了她，不但她得活，连我们也得活了。"出卖女儿的人，除了因女儿生离，天性上受了一些痛苦之外，只是自怨命苦，决不会怨收买她的人，甚至反而感谢他们。"所以收买婢女的人，亦都自命是一种慈善的行为并不是不道德的事情。因而有人对于当时政府的解放婢女，认为无疑是一种虐政。"⑥民国时期禁止人口买卖，有时卖女之人便会因此而受处罚。⑦但即使如此，社会上的人口买卖也仍在进行，最明显的表现就是这一时期娼妓的激增。"因家贫而鬻女，因鬻女之故而娼妓妾御日益多。"⑧近代以来，"娼妓的出身，多自乡人，或贫苦之家，以生活之压迫，将现生女儿，卖与人贩，或由贩拐来，再卖与妓院鸨母，教以各种歌舞琴技，稍长使之招待狎客，鸨母对于妓女，视为货物，争相渔利，妓院日增"⑨。同时，

① 《女子职业传习》，《大公报》1911 年 6 月 13 日。
② 陈碧云：《农村破产与农村妇女》，《东方杂志》1935 年第 32 卷第 5 号。
③ 《溺女惨闻》，《大公报》（长沙）1917 年 2 月 14 日。
④ 《活埋幼女》，《大公报》1918 年 9 月 3 日。
⑤ 《卖女之叹》，《大公报》1913 年 9 月 21 日。
⑥ 黄绍竑：《五十回忆》，岳麓书社 1999 年版，第 149 页。
⑦ 如有丁姚氏因贫不能度日且身患重病商允素识之祝朱氏将女嫁卖与人为俚媳而被处七等罚。参见《判牍类·户婚门》，《各省审判厅判牍》，1912 年 5 月，第 12 页。
⑧ 畏公：《论女子劳动问题》，《辛亥革命前十年时论选集》第 2 卷下册，第 938 页。
⑨ 唐国桢：《如何解决娼妓问题》，《妇女共鸣》1932 年第 1 卷第 3、4 期。

女性所寄予很大希望的婚姻，有时也会将之作为经济上的牺牲品。有些女性被婆家嫁卖，有的则被逼为娼。如其时北京的乍某便因生计困难而将其妻女嫁卖；[①] 另有张氏则被其夫逼令作卖笑生涯，偶有不遂非打即骂甚至持刀威吓。[②]

可见在其时社会，女性的贞操并不如想象中那样备受重视，特别是对那些生活在下层社会的平民女性来说，很多时候性便成为她们营生的一个资本。虽然这一时期国家对逼令或诱令女性为娼进行了一定的控制，但因为战乱的频仍，经济的不景气，法律有时也没能阻止女性这一悲惨命运的发生。

综合以上可以看出，在该时期，很多女性成为不良家庭的牺牲品。特别是有些家庭为了能维持生计，不惜牺牲女性的贞操，使其沦为赚钱的工具。而作为女性自身来说，有时也会因为经济的原因而自愿堕落。"特别是生在无产阶级家的子女，既无受教育的机会……若再遭遇困苦，他不自杀，或者窃盗外，除了出租她的肉体，又有什么别的路可走呢。"[③] 在当时，如果女性穷无可告，既得不到社会的资助，又无职业，不能自己谋生。那么为衣食所迫，结果不出下列四途："清高的沦为乞丐；卑低的，沦为娼妓；消极的，出于自杀；险恶的，投入匪群。"[④]

二　经济困境下女性的出路

清末民初，当女性遭遇经济困境时，有的便以行乞为生。特别是对生活在农村的妇女来说，情况尤其悲惨。这一时期农村经济的破产，使得男人们纷纷出外求生，但很少能寄钱回家。"留在农村的这些家庭妇女，在生活上就陷入绝境了。如果只是一个人，或者较为容易、如果有儿女那就除挨饿待死或逃荒外，就很少有其他的出路。"[⑤] 但即使作乞丐，有时也是饥不果腹，有些人出于无奈便以自杀来结束自己的生命，有的改嫁或去当娼妓，有的则以犯罪维生。

---

① 参见《鬻妻女之生计》，《盛京时报》1915年3月13日。
② 参见《夫也不良》，《大公报》1909年6月30日。
③ 许鹏飞：《犯罪学大纲》，第200页。
④ 董纯标：《从各方面论妇女职业的重要》，《妇女杂志》1927年第13卷第8号。
⑤ 陈碧云：《农村破产与农村妇女》，《东方杂志》1935年第32卷第5号。

（一）自杀、潜逃、改嫁或为娼

近代以来社会动乱，经济萧条，生存的艰难有时让很多女性无路可走。所谓的救济机构在该时期也并没有真正发挥效用，因此部分女性出于无奈便走上了绝路。而有些结婚后的女性，则会因夫家生活的贫苦而选择潜逃。有的则选择了改嫁，守节问题虽然在清代已经达到了无以复加的地步，但在清末的下层社会却又大量存在寡妇再嫁的现象。造成这一现象的原因主要有："男女比例失调、生活所迫、财产原因、缺少劳力的原因等。"① 对普通农家妇女来说，能殉夫、守节固然得到朝廷的旌表和舆论的赞扬，但真正能经得起考验者，并不在多数。正所谓"烈易而贞难，守贞者富易而贫难"，因此一般的家庭"因穷饿改节者十之八九"。面对生活的压力，即便是妇女本身有守节的意愿，也往往会迫于生存的压力而放弃了自己不嫁的权利。

改嫁有时会遇到这样或那样的问题，因此有些女性特别是年轻的女性在觉得婚姻无望或生计难寻时，便会选择去当娼妓来解决自身及家人的生活问题。"战争、饥荒及贫困等都有可能驱使妇女靠卖身求生存，使得女性找不到工作或被迫离开工作岗位，迫于无奈而出卖肉体。"② 同时许多妓女也是在遭遇经济困境时被人拐卖诱骗的，她们完全成为被人主宰的奴隶，"妓女就是拐骗罪所造成的后果"③。"更有因为生活压迫，希望与人姘度来维持的，也是很流行的事。人贩子利用这些特点，令妇女变为娼妓的也极多。"④ 清末民初，当娼妓一般情况下是不算犯罪的，但如果被丈夫或其他尊长控告，很多时候就要承担一定的罪责。

当时的社会由于战乱频仍，民不聊生，就使一批批走投无路的妇女被迫卖淫或与人通奸；但卖淫在该时期一般不算犯罪，而通奸却必须承担一定的刑事责任，似乎是同样的一种行为，而实际上却大不相同。卖淫、通奸有时受一定的年龄、容貌等条件的限制，因此有些女

---

① 郭松义：《清代妇女的守节和再嫁》，《浙江社会科学》2001 年第 1 期。
② 肖建国、姚建龙：《女性性犯罪与性受害》，第 14 页。
③ 严景耀：《中国的犯罪与社会变迁的关系》，第 58 页。
④ 麦倩会：《北平娼妓问题》，《社会学界》第 5 卷，1931 年。

性便通过诱拐等其他犯罪行为来解决自身的危机。

（二）从事通奸、诱拐等犯罪活动

清末民初，多数的妇女差不多都没有受过任何教育、任何技能的训练，她们不知道社会的黑白，生活更是要依靠别人才能生存，要是意外遇到夫或子死亡或出外不归，简直无法生活或避免引诱。因此有学者指出："贫穷是犯罪的重要原因之一，而且贫穷家庭中的女性，很多时候更容易走向犯罪。"①

由大量的女性因金钱与人通奸的案例可以看出，通奸女性所追求的并不是爱情而是生活享受，她不管和谁发生性关系都无所谓，只要这个男人能给她优越的生活。"她既无知又无聊，对陌生男人的胡言乱语全都信以为真。她不仅愿意和他发生性关系，而且有时只经过短暂的相识便会和人私奔。"② 那些陷于经济困境但却未能出卖自尊和性的女性，有的便会从事诱拐及其他犯罪活动。清末民初，对于多数的诱拐者来说，很多时候也是因为生活贫苦，无路可走才起意从事这一犯罪活动。

社会学家严景耀对犯罪与社会经济问题的关系进行了详细的论述，认为犯罪实际上就是危机发生时，犯罪者求生存的一种最佳选择。现总结如下：

第一，犯罪可以看作在发生一般社会危机或个人危机时，犯罪者求生存的最好办法。许多人在经济上犯罪主要是由于社会危机，如战争、灾荒、歉收或"革命"等，夺去了他的生路，他们在适应这些危机时无能为力，只有铤而走险。

第二，性与经济问题有深刻的联系，犯罪者也可如此解释：个人适应在社会的与个人的危机同时出现的瞬间，如果不能提供足够的社会援助就会犯坏。

第三，犯罪者可以说是某种情况的受害者。因为在某种情况下，犯罪是最好的出路以保持他的地位或保护他的存在或满足他们的最基本的需要。

第四，许多种不同的犯罪的形成过程是相同的。当一个妇女遇到

---

① 林纪东：《刑事政策学》，第56页。
② 严景耀：《中国的犯罪问题与社会变迁的关系》，第43页。

个人危机时，她可能失去生存的能力，她或者去拐骗，也可能作娼。有时她可能成为拐骗犯，但也可能成为拐骗的受害者。对于相同的危机，不同的人有不同的背景，不同的条件，不同的反应。有时是因为机遇不同，有时是在方式上、法律上不同，但从犯罪学研究角度上看，他们的差别不是很大的。犯罪者是因为社会情况迅速转变而失去适应的受害者。

第五，当我们研究犯罪受害人时，我们注意到他们各人皆有其困难之处，给别人钻空子。当我们放眼看犯罪人时，我们可以说他们是被迫犯罪。例如经济犯罪，我们很容易看到这些犯罪者是多么难以谋求生存之道而终于走上了拐骗犯的道路。犯经济罪者几乎都是穷人，或者是那些无法达到正常生活标准的人们。犯罪者多为处在经济底层的人们，他们往往是社会、个人危机的最先、最严重的受害者，而且他们无法解决他们的困难。[①]

经济上的不能独立及长期依赖思想的形成让部分女性在面对重大的经济压力时显得毫无办法，有时便只好通过犯罪来解决自己的经济难题。对于女性的生存困境，当时虽然有人意识到了女性低下的经济地位及不良的生活环境，也提出了一定的解决办法，但结果还是于事无补。

因此，女性犯罪很多时候与社会变迁有很大的关系。清末民初，女性走出家庭，走向社会，有的和男性一样为生计奔波。人们的婚姻家庭观念发生了很大的变化，部分女性开始意识到在婚姻家庭中的不平等地位并进行了一定的抗争。但传统的封建势力仍然占据着主导地位，使得多数女性只能在不良的婚姻家庭中继续苟活。其时，法律规定了女性的职业权，但社会上提供给女性的多是工资低廉、待遇低下的职位且数量很少。出于维生的需要，部分女性便会选择犯罪来作为自己生存的资本。同时，近代以来女性也获得了一定的教育权，但因受教育人数过少及教育内容的畸形性，使得多数女性没有一定的谋生技能，仍然处于无知、愚昧的状态。特别是很多家庭也未能给女性提供一个良好的成长环境，缺乏必要的道德教育和性教育，再加上社会上不良因素的诱使，部分女性便也会由此而犯罪。另外，这一时期，

---

① 严景耀：《中国的犯罪问题与社会变迁的关系》，第58—114页。

女性的经济负担沉重，但自身却很难在社会上谋到一定的职位。尤其那些在经济上依赖男性的女子，一旦遭遇变故或其他危机，便容易在生计上陷于恐慌。于是，犯罪有时便成为该时期女性解决经济困境的一种途径。虽然当时女权运动兴起，妇女解放的呼声也很高，但多数女性的境遇却没能得到改善；现实生活中男女不平等的实际状况，也让所谓的妇女运动显得苍白无力；而妇女解放也没能给女性指出一条正确的行之有效的方法和道路，使得部分女性即使本身意识到了不平等的地位也不知该如何努力，有时便会因盲目反抗而走向犯罪。

结　语

与世界上其他国度一样，中国的女性在很大程度上是一种平和的象征，在中国的传统文化中女性更是一种贤淑贞节的化身。历史上尽管不乏暴戾的妇女，但亦难以撼动妇女在一般人心目中所形成的柔弱形象，然而这种既有的印象却在清末民初受到了挑战。

和以往相比，清末民初的女性犯罪出现了骤然变化的情形。从纵向上看，无论犯罪数量还是犯罪类型，都呈现扩大趋势；从横向上看，女犯的数量还是少于男犯，但男女犯罪的比例已拉近了距离。特别是女性的犯罪类型在民初的统计中已趋齐全，除了少数几种外，几乎覆盖了男犯的所有犯罪类型。就造成这种局面的原因而言，并无任何证据表明这一时期妇女的生理状况与以往有明显的不同，尤其是从妇女所犯罪行最多的奸情类来说，性欲显然并不能成为其主要的因素。因此，妇女犯罪显然并不是孤立的事物，而是与其生活的社会环境有密不可分的联系。

首先，由大量的案例可以看出，清末民初女性犯罪多以经济目的为主。略诱、和诱、偷盗、诈欺取财等经济类案件的大量发生，无不与妇女经济困窘的状况直接相关。就连所谓的性欲罪，也多以经济利益的取得为最终目标。近代以来社会的动荡使女性承受了前所未有的经济压力，但社会上并未给女性提供更多更好的职业，女性自身的能力和智识也使其很难找到合适的工作。农村经济的破产，使得城市中贫苦女性相应增多，而大家庭的趋于瓦解及社会上救济措施的不健全，常常令这部分女性的生活无以为继。再加上多数女性无独立的经济地位，依然是经济上的无产阶级，一旦遭遇危机，便很容易陷入生存的困境。为了谋生，性有时便成为女性的一种工具，有的妇女便靠出卖自己的肉体来维持生活，娼妓的盛行便是一个很好的证明。有学者指出："当妓女是解决经济困难的最好办法。"① 而有的则与人通奸，即使违规改嫁，也多是出于经济上的考虑。由此可见，"性欲罪与经济有一种很重要的关系"②，经济因素实为女性性犯罪增多的一个动因。特别是该时期女性拐逃等经济类犯罪的增多，也可以说是女性经济压力增加的最好证明。

其次，近代以来部分传统道德体制的逐渐瓦解则为妇女犯罪打开了最后一道栅栏。清末社会由于西风大举东来，影响迅速扩大，愈来愈多的人开始对传统的观念产生了离心力。其时社会上艳情小说大量发行，"淫戏"亦得以公开上演，妇女观者众多且与男性同台演出，社会风气变异之巨可见一斑。同时随着社会的发展，所谓的"三从四德""贞烈节孝"等传统观念逐渐失去了昔日的威力。特别是在下层社会，生活的困境及教育的缺乏使其根本无暇顾及所谓的贞操、道德问题，一旦需要，犯罪便成为部分女性生存的一种方式。同时娼妓、姘居的流行，赌博、毒品的泛滥，淫糜、腐化世风的熏染，也使得女性容易受其影响而放纵其行。

特别是清末民初，女权运动兴起，妇女解放的声浪高涨，部分女性意识到自身地位的不平等，纷纷对之进行了抗争。婚姻家庭观念的变迁及新性道德的提倡，使得女性重新审视自己在婚姻中的权利和地位，于是离婚、出逃等蔚然成风。有些女性敢于摆脱传统婚姻的束缚，自己选择配偶甚至提倡独身，以获得更多的自由。妇女问题受到了前所未有的重视，女性的地位有所提高，男女不平等的现实在一定范围内得到调整。但在此际的中国，传统的封建意识仍然占有很强的统治地位，男尊女卑的社会现实也没能得到根本的改变；再加上女权运动的精英化、工作方法上的不尽如人意以及妇女自身的愚昧无知等原因，使得很多时候女性并没有获得预期的权利和自由。多数女性仍然处在社会家庭地位低下、忍辱苟活的生活状态之中，即使遭遇不幸

① 严景耀：《中国的犯罪问题与社会变迁的关系》，第77页。
② 何勤华：《法律文化史谭》，第285页。

也是"预告无门"，而那些敢于做出一丝反抗的，却要因此而承担相应的后果。同时，近代以来处在新旧思想冲突下的女性，由于并不真正了解恋爱往往走入"肉体恋爱主义"而陷入性欲的旋涡。[①] 其时颇为流行的女权主义往往将女性性行为的自由视为一项重要权利，认为缺乏了性自由是女性没有平等权利的重要表现。这样倡导性自由和性解放不仅不会受到谴责反而是一种"进步"。这一观念的产生，极大影响了当时的社会风气。有的女性缺乏一定的性道德，以致经常发生与人通奸、姘居之事，甚至为了满足自己的性欲而不惜去杀人。一方面开放和动荡的社会环境不断地增添奸情的诱因，另一方面传统的价值观依然对之难以宽恕。由此，近代以来的妇女解放思潮虽然给女性带来了一线生机和希望，但传统的男权社会依旧，使得女性有时便会因此而遭受一定的法律惩罚。

清末的修律，在学习西方法律精神的同时，对女性犯罪的惩罚相对宽松，这也在一定程度上纵容了女性犯罪，使得部分女性不惜"以身试法"。清末修律后酷刑的废除，对女性刑罚的减轻，再加上民初对修律成果的巩固和强化，使得女性在法律上获得了一定的优待。如此期的法律规定，寡妇和处女犯奸不为罪；同时"被和诱人"因法律无明文规定，亦可以免罪。另外女性的奸罪须"本夫告诉乃论"，如果丈夫们因碍于颜面等而不"告诉"或不能告诉，那犯奸的妻子们就可以逃脱法律的制裁。而家族主义的趋于解体，家法族规的失控则更导致了部分女性的"任意行事"。

因此，妇女犯罪的增多在很大程度上是社会剧变的结果，是社会文化失调的一种表现。

女性犯罪给国家和社会造成了严重的影响，成为一大社会问题。首先，女性犯罪给家庭造成了不良的影响。女性的犯奸行为使传统的家庭伦理遭到破坏，特别是一些乱伦行为的发生，更使得家庭秩序难以维持。而且奸情很多时候与人命、拐逃联系在一起，从而引发一系列的家庭悲剧。而家庭中矛盾的激化，使得婆媳、夫妻、翁媳、母子等关系恶化，特别是家庭暴力的发生，常让女性备受摧残。其次，女

---

① 贾林：《对妇女失婚的一点检讨》，《妇女杂志》1944 年第 5 卷第 4 号。

性的犯罪行为给社会带来了不稳定的因素。近代以来，随着农村经济的破产，大量的女性涌入城市。当在城市的生活难以维持以及因利益和他人发生冲突时，女性便很容易触犯法律。诱拐、通奸、诈欺取财、偷盗、贩运鸦片等犯罪活动，有时便成为女性维持生活的一种方式；而女性的杀伤罪，则让邻里、主雇、朋友之间反目成仇，给社会带来一定的困扰；亦有女性从事反政府的暗杀、暴动等行为，更是让统治者岌岌而危。

由此清末民初的妇女犯罪引起了国家和社会的重视，为了控制女性犯罪，一方面，统治者试图继续以伦理观念和制度来约束妇女，以期将妇女重新约束在三纲五常的旧道德圈子之中。因而采取了禁止淫书、淫戏，宣传贞节观念等措施。限制女性的行动自由，禁止女性观戏、进茶馆、入庙烧香，禁绝男女同行。特别是这一时期颁布的《褒扬条例》，更是通过威逼与利诱双管齐下的方式鼓励妇女守贞守节，进一步巩固传统的贞操观念。总之，统治者试图通过加强对女性身心的束缚，杜绝不良因素的影响，使得女性能够规规矩矩地扮演好贤妻良母的角色。此外，该时期社会上相继成立的各类妇女救济团体，也都不同程度地对女性进行了一定的救助，使其免于犯罪的危险。

另一方面则通过惩戒和监督来减少女性犯罪。首先是国家法律的惩罚作用。清末《大清律例》中专门针对女性犯罪的条款及对性犯罪的详细规定，无疑显示了统治者对女性犯罪的重视，特别是凌迟等残忍酷刑及对男女、尊卑同罪异罚的规定，更可以看出统治者试图通过严刑重法来控制女性犯罪所作出的"努力"。平等是许多人的追求和努力的方向，但这不是一条坦途，而是一条机关重重和荆棘密布的道路，因为，在追求性别平等的过程中会遇到许多的问题。如对于女性为什么受压迫，性别歧视如何产生和延续，真正的性别平等应该是怎样的这些问题，不管是在理论上，还是在实际生活中，都有许多种不同的观点。这些观点有的是互相补充的，有的是相悖的。观点的多元化一方面给了人们不同的理念和选择，但是另一方面也给所谓的平等理念本身的宣传和普及带来了难度。清末修律，虽然减轻了对女性的刑罚，却因清朝的覆亡而未及实施。北洋政府搬用了清末修律的成果，但在司法实践中对涉及伦理、尊卑关系的案件还是给予了重惩。其次该时期的国家和社会也对女性犯罪采取了一定的防治措施，如解放奴婢、禁止人口买卖，派出大批的巡警、地保对女性的违规行为进行监督等，都对预防和减少女性犯罪的发生起到了一定的作用。而一些社会团体如妇孺救济会等也雇佣一些人，对女性的拐逃行为进行了一定的制止，其时的民众主要是邻居也在国家政策的鼓励下，对女性犯罪进行了相应的监督。

但清末民初女性犯罪的大量出现可以看出这两者皆失其据，并非这些办法有误，而是在整个社会失德失据的动荡状态下，要想单就妇女犯罪问题有所改观显然是行不通的。近代以来的社会剧变，虽然为妇女带来了变革其命运的某种机遇，然而也带来了更多的问题。在整个社会控制机制失灵的情况下，问题显然比机遇要大得多。尽管统治者试图对女性犯罪加剧的情形进行控制，然而由于政局不稳，司法黑暗腐败，以致根本无从建立一个有效的控制机制。因为，妇女犯罪问题是和整个社会状况息息相关的，整个社会环境不良，就难以真正治理单个的社会问题。这在今天仍有重要的警示作用。

综合以上可以看出，女性犯罪的增多很多时候与社会变迁有很大的关系，女性犯罪所阐述的是女性阴暗面，由此亦展示出了人性的复杂。即它不是一种固定不变的特性，而是在某种条件下会发生变化的。清末民初女性犯罪增多的情形告诉我们，外部环境对人的影响是巨大的，恶劣的生存危机往往将人性中潜在的恶的东西诱发出来。女性犯罪给他人造成了一定的伤害，但有的犯罪女性敢于冲破礼教的束缚，努力争取属于自己的自由和权益，这对妇女解放运动亦有一定的意义。

清末民初，妇女解放声浪虽然很高，但却因为未普遍波及下层民众而无异于空中楼阁，被解放的只是部分女性。对于大多数的中国女性来说，有时即使意识到了自身地位的不平等，并努力地去争取自己的权利，也会由于各种原因而被搁浅。更何况有时还会因此而触犯当时的法律，甚至很多女性成为无辜的牺牲品，特别是这一时期女性性犯罪的高比例更说明了女性的这种无奈境遇。虽然女权运动者们满怀激情，并身体力行地进行了一定的努力，但因为其时传统的男权社会依旧，使得很多时候所谓的妇女解放并没能"解放"绝大多数的妇女，多数的女性还是按照社会所期待的角色生活着。即使有部分女性进行了反抗，有时却还要因此承受一定的法律惩罚，由此，清末民初女性犯罪的增多也可以说是女权不彰的一种表现。

参考文献

一　资料类

四川省档案馆：四川省高等法院（四川省高等审判厅），全宗号：民刑类 167，原丙 9。

成都市档案馆：警察局档案，全宗号：93。

上海市档案馆：社会团体类，全宗号：Q—117。

辽宁省档案馆：奉天高等检察厅，全宗号：11；奉天高等审判厅，全宗号：21；奉天监狱，全宗号：12。

中国第一历史档案馆：刑法部档案，全宗号：475；大理院档案，全宗号：512。

刑科题本·婚姻奸情类，全宗案卷号：2—16—2；2—26—12；2—13—2；2—14—1；2—9—32。

中国第二历史档案馆：北京政府司法部，全宗号：1049；总检察厅，全宗号：1048；京师高等审判厅，全宗号：1051。

四川省档案馆编：《清代巴县档案汇编》乾隆卷，档案出版社 1991 年版。

（汉）郑玄注，（唐）贾公彦疏：《周礼注疏》卷 90，《十三经注疏本》，中华书局 1980 年版。

（汉）班固撰，（唐）颜师古注：《汉书》，中华书局 1962 年版。

（汉）司马迁撰：《史记》卷 6，中华书局 1959 年版。

（晋）陈寿撰，（宋）裴松之注：《三国志》，中华书局 1982 年版。

（南朝宋）范晔撰，（唐）李贤等注：《后汉书》，中华书局 1965

年版。

（宋）宋慈著，杨奉琨校注：《洗冤集录校译》，群众出版社 1980 年版。

（宋）郑克编著，杨奉琨选译：《折狱龟鉴选》，群众出版社 1981 年版。

（宋）李昉等撰：《太平御览》，中华书局 1960 年版。

（明）雷梦麟撰，怀效锋、李俊点校：《读律琐言》，法律出版社 2000 年版。

（清）沈家本：《寄簃文存》，商务印书馆 2017 年版。

（清）沈家本：《沈寄簃先生遗书》，中国书店 1990 年版。

（清）沈家本撰，邓经元、骈宇骞点校：《历代刑法考》，中华书局 1985 年版。

（清）沈之奇撰，怀效锋、李俊点校：《大清律辑注》，法律出版社 1998 年版。

（清）孙星衍等辑，周天游点校：《汉官六种》，中华书局 1990 年版。

（清）虞山襟霞阁主编，王有林、史鸿雯校注：《刀笔菁华》，中华工商联合出版社 2001 年版。

（清）祝庆祺、鲍书芸等编：《刑案汇览三编》，古籍出版社 2004 年版。

睡虎地秦墓竹简整理小组编：《睡虎地秦墓竹简》，文物出版社 1978 年版。

徐珂编撰：《清稗类钞》，中华书局 1984 年版。

张枬、王忍之编：《辛亥革命前十年间时论选集》，生活·读书·新知三联书店 1963 年版。

《文史精华》编辑部编：《近代中国大案纪实》，河北人民出版社 1997 年版。

黄绍竑：《五十回忆》，岳麓书社 1999 年版。

二　新中国成立前的报刊

《申报》（日报）（1901—1919），上海申报馆，1872 年 4 月 30 日创刊。收录时间：1872 年 4 月—1949 年 5 月，上海书店 1983—1987 年影印本。

《大公报》（日报）（1902—1919），天津大公报馆，1902 年 6 月 17 日在天津创刊，人民出版社 1982 年影印本；1902 年 6 月—1949 年

1 月影印本。

《大公报》（日报）（1915—1919），长沙大公报馆，1915 年创刊，收录时间：1917 年 1 月—1927 年 3 月，人民出版社 1980 年影印本。

《晨报》北京晨报社，创刊时间不详。

《时事新报》（日报），上海时事新报馆，原名《时事报》，1907 年 12 月 9 日创刊，自 1911 年 5 月 18 日起改用《时事新报》。

《京报》，北京聚恒报房，创刊于清末。

《中华新报》，1915 年 10 月在上海创刊，收录时间：1917 年 2 月 1 日—12 月 31 日，中央委员会党史史料编纂委员会藏本，黄季陆主编：《中华民国史料丛编》B5，1970 年 10 月 10 日影印。

《民立报》（日报），上海民立报馆，1910 年 10 月 11 日创刊。

《醒俗画报》，1907 年 3 月社会活动家温世霖等人在天津发起创办。

《人镜画报》1907 年在天津创刊。

《法学新报》（期刊），辽宁省法学研究会，1927—1931 年。

《东方杂志》（月刊），上海商务印书馆东方杂志社，1904 年在上海创刊，原为月刊，自 17 卷 1920 年改为半月刊。

《天义报》（期刊），由刘师培及妻子何震等人发起，1907 年 6 月 10 日在日本东京创刊，11 期后迁至上海。

《司法公报》（期刊）（1912—1919），北京司法部参事厅，北京：司法部收发室，1912—1928 年。

《政治官报》（日报），北京政治官报局，1907 年创刊，至 1911 年 8 月。

《政府公报》，1912 年 5 月—1928 年 6 月。

《国立周报》，具体创刊时间不详。

《中国社会》（季刊），重庆中国社会问题研究会，1934 年 7 月在南京创刊，第 4 卷 1 期 1937 年起改出战时特刊，自 4 卷 3 期起迁至重庆出版。

《时事报图画杂俎》，时事报社，1907—1910 年。

《法学季刊》第 6 期 4 卷，1930 年 10 月。

《妇女杂志》（月刊），上海妇女杂志社，1915 年 1 月创刊。

《妇女共鸣》（月刊），重庆妇女共鸣社，1929 年在上海创刊，为半月刊，自 1932 年 1 月改为月刊。后迁至南京、重庆出版。

《妇女杂志》（月刊）上海妇女杂志社，1915 年创刊，1931 年停刊，
　　共出 17 卷。

《妇女月刊》，南京妇女月刊社，1941 年 11 月在重庆创刊，自 5 卷
　　1946 年起迁至南京出版，卷期续前。

《妇女生活》（半月刊），上海妇女生活半月刊社，1935 年 7 月创刊，
　　自 3 卷起改为半月刊。

《女钟》，安徽省立第一女子中学，具体创刊时间不详。

《中国新女界杂志》，该刊杂志社，创刊于清末。

《社会学界》（年刊），北京燕京大学社会学系，1927 年创刊。

《社会问题》（月刊），北京燕京大学社会问题研究会，1930 年创刊。

《监狱杂志》，河北监狱学会，创刊时间不详。

三　论文

陈碧云：《农村破产与农村妇女》，《东方杂志》1935 年第 32 卷第
　　5 号。

冯尔康：《清代的婚姻制度与妇女的社会地位述论》，《清史研究集》
　　第 5 辑，光明日报出版社 1986 年版。

郭松义：《清代 403 宗民刑案例中的私通行为考察》，《历史研究》
　　2000 年第 3 期。

郭松义：《清代妇女的守节和再嫁》，《浙江社会科学》2001 年第 1 期。

郭松义：《清代婚姻关系的变化和特点》，《中国社会科学院研究生院
　　学报》2000 年第 2 期。

黄嫣梨：《中国传统社会的法律与妇女地位》，《北京大学学报》（哲
　　学社会科学版）1997 年第 3 期。

蒋积伟：《清末民初的女权解放》，《山东省农业管理干部学院学报》
　　2003 年第 6 期。

龙伟：《堕胎非法：民国时期的堕胎罪及其司法实践》，《近代史研
　　究》2012 年第 1 期。

赖惠敏、徐思冷：《情欲与刑罚：清前期犯奸案件的历史解读
　　（1644—1795）》，《近代中国妇女史研究》1998 年第 6 期。

赖惠敏、朱庆薇：《妇女、家庭与社会：雍乾时期拐逃案的分析》，

《近代中国妇女史研究》2000 年第 8 期。

刘宁元：《北京女性史研究二十年》，《北京党史》1999 年第 5 期。

马静：《1927—1937 年北平女性犯罪研究》，《社会科学家》2013 年第 8 期。

宋立中：《清末民初江南婚姻礼俗嬗变探因》，《浙江社会科学》2004 年第 2 期。

王奇生：《民国初年的女性犯罪（1914—1936)》，《近代中国妇女史研究》1993 年第 1 期。

徐适瑞：《元代婚姻法规中的妇女问题初探》，《内蒙古社会科学》（汉文版）1999 年第 4 期。

严景耀：《北京犯罪之社会分析》，《社会学界》第 2 卷，1928 年。

周叔昭：《北平女性犯罪与妇女问题》，《东方杂志》1934 年第 31 卷第 7 号。

周叔昭：《北平一百名女犯的研究》，《社会学界》第 6 卷，1932 年。

周叔昭：《由北平女犯调查所看到的妇女问题》，《监狱杂志》1930 年第 1 卷第 3 期。

张镜予：《北京司法部犯罪统计的分析》，《社会学界》第 2 卷，1928 年。

张军：《论清末民初的救贫思想与实践》，《株洲师范高等专科学校学报》2004 年第 3 期。

周怡：《贫困研究：结构解释与文化解释的对垒》，《社会学研究》2002 年第 3 期。

赵连跃：《从清末民初婚姻家庭的新变化看妇女地位的变迁》，《广西右江民族师专学报》2000 年第 4 期。

四　专著

［俄］阿·伊·道尔戈娃主编：《犯罪学》，赵可等译，群众出版社 2000 年版。

蔡少卿：《中国近代会党史研究》，中华书局 1987 年版。

陈光中：《陈光中法学文集》，中国法制出版社 2000 年版。

陈显荣、李正典：《犯罪与社会对策：当代犯罪社会学》，群众出版社 1992 年版。

陈荫萱等：《女子法律常识》，上海女子书店1935年版。

程维荣：《中国审判制度史》，上海教育出版社2001年版。

顾鉴塘、顾鸣塘：《中国历代婚姻与家庭》，商务印书馆1996年版。

何勤华：《法律文化史谭》，商务印书馆2004年版。

康焕栋：《监狱学要义》，上海法学书局1934年版。

李剑华：《犯罪社会学》，上海法学编译社1937年版。

李交发：《中国诉讼法史》，中国检察出版社2002年版。

李中清、郭松义、定宜庄编：《婚姻家庭与人口行为》，北京大学出版社2000年版。

梁治平：《清代的习惯法：社会与国家》，中国政法大学出版社1996年版。

林吉玲：《20世纪中国女性发展史论》，山东人民出版社2001年版。

刘仰之：《犯罪学大纲》，大东书局1946年版。

吕文甲编：《妇女法律十讲》，长城书局1934年版。

罗苏文：《女性与近代中国社会》，上海人民出版社1996年版。

万安中主编：《中国监狱史》，中国政法大学出版社2003年版。

汪海燕：《刑事诉讼模式的演进》，中国人民公安大学出版社2004年版。

汪汉卿主编：《中国法律思想史》，中国科技大学出版社1993年版。

王国敏主编：《20世纪的中国妇女》，四川大学出版社2000年版。

王金玲：《社会转型中的女性犯罪》，浙江人民出版社2003年版。

王书奴：《中国娼妓史》，团结出版社2004年版。

魏国英主编：《女性学概论》，北京大学出版社2000年版。

夏晓虹：《晚清女性与近代中国》，北京大学出版社2004年版。

夏晓虹：《晚清社会文化》，湖北教育出版社2001年版。

肖建国、姚建龙：《女性性犯罪与性受害》，华东理工大学出版社2002年版。

许鹏飞：《犯罪学大纲》，上海大学书店1934年版。

杨雅彬：《近代中国社会学》，中国社会科学出版社2001年版。

衣家奇主编：《犯罪学》，湖南大学出版社2005年版。

张晋藩：《中国法律的传统与近代转型》，法律出版社1997年版。

张久祥:《犯罪心理与案例分析》,山东人民出版社 2000 年版。

张仁善:《礼·法·社会:清代法律转型与社会变迁》,天津古籍出版
社 2001 年版。

郑秦:《清代法律制度研究》,中国政法大学出版社 2000 年版。

周密:《宋代刑法史》,法律出版社 2002 年版。

周密主编:《犯罪学教程》,中央广播电视大学出版社 1990 年版。

朱力:《当代中国社会问题》,社会科学文献出版社 2008 年版。

五 学位论文

曹关群:《民国时期上海女性犯罪问题(1927—1937)》,硕士学位论
文,上海师范大学,2006 年。

何黎萍:《民国前期的女权运动:19 世纪末至 20 世纪 30 年代初》,博
士学位论文,中国社会科学院近代史研究所,1996 年。

何树宏:《从晚清到民国时期的婚姻诉讼看近代中国的法制转型》,博
士学位论文,中国人民大学,2001 年。

纪庆芳:《近代中国女性法律地位的嬗变》,硕士学位论文,河南大学,
2000 年。

乔秦玲:《近代女子教育与知识女性的觉醒(1840—1919)》,博士学位
论文,中山大学,2000 年。

孙巧云:《清末民初天津下层市民犯罪问题研究:以〈大公报〉为中
心》,硕士学位论文,福建师范大学,2009 年。

王强:《清前期女性犯罪研究》,硕士学位论文,暨南大学,2003 年。

王书吟:《二十世纪二三十年代上海地区奶妈群体的历史考察》,硕士
学位论文,华东师范大学,2013 年。

吴效马:《五四时期女性、儿童个性解放思潮研究》,博士学位论文,
北京师范大学,1998 年。

杨剑利:《清末民初华北妇女地位的社会考察(1895—1921)》,博士学
位论文,中国人民大学,2002 年。

张茂梅:《试论清末民初中国妇女的法律地位(1901—1928)》,硕士学
位论文,广西师范大学,2001 年。